ICILS 2023 #NRW

Kerstin Drossel, Birgit Eickelmann,
Jan Niemann, Johannes Niggemeier

ICILS 2023 #NRW

Computer- und informationsbezogene Kompetenzen
und Kompetenzen im Bereich Computational Thinking
von Schüler*innen in Nordrhein-Westfalen

Waxmann 2024
Münster · New York

Bibliografische Informationen der Deutschen Nationalbibliothek
Die Deutsche Nationalbibliothek verzeichnet diese Publikation in der Deutschen Nationalbibliografie; detaillierte bibliografische Daten sind im Internet über http://dnb.d-nb.de abrufbar.

Print-ISBN 978-3-8309-4950-3
E-Book-ISBN 978-3-8309-9950-8
https://doi.org/10.31244/9783830999508

Steinfurter Straße 555, 48159 Münster

www.waxmann.com
info@waxmann.com

Umschlaggestaltung: Inna Ponomareva, Münster
Satz: Roger Stoddart, Münster
Druck: Elanders Waiblingen GmbH

MIX
Papier
FSC® C016368

Gedruckt auf alterungsbeständigem Papier, säurefrei gemäß ISO 9706

Printed in Germany

Inhalt

Kapitel 1
Die IEA-Studie ICILS 2023 – Informationen zur Anlage und Durchführung der Studie

Mit der IEA-Studie ICILS 2023 (*International Computer and Information Literacy Study 2023)* werden zum dritten Mal computer- und informationsbezogene Kompetenzen von Achtklässler*innen sowie Rahmenbedingungen des Kompetenzerwerbs und Informationen zum Lehren und Lernen mit digitalen Medien aus unterschiedlichen Perspektiven schulischer Akteur*innen im internationalen Vergleich untersucht. Zudem werden mit ICILS 2023 zum zweiten Mal Kompetenzen im Bereich ‚Computational Thinking' als optionales internationales Zusatzmodul erfasst. Das Bundesland Nordrhein-Westfalen (NRW) beteiligt sich nach ICILS 2018 mit ICILS 2023 zum zweiten Mal eigenständig als sogenannter Benchmark-Teilnehmer (vgl. Abschnitt 1.1) an der Studie und nimmt dabei auch an dem vorgenannten Zusatzmodul teil. Damit ist, neben der Darlegung des Status quo des Standes der ‚Digitalisierung' im schulischen Bildungsbereich in Nordrhein-Westfalen im nationalen und internationalen Vergleich, erstmalig ein Vergleich über einen fünfjährigen Zeitraum möglich.

In dem hier vorgelegten ersten Kapitel des Berichtsbandes zur Studie ICILS 2023-NRW werden die grundlegenden Informationen zur Studie bereitgestellt. Diese werden den nachfolgenden Ergebniskapiteln vorangestellt. Dabei wird ein besonderer Fokus auf die für Nordrhein-Westfalen relevanten Informationen gelegt. Diese umfassen im Einzelnen:

- Informationen zur methodischen Anlage sowie zur Organisationsstruktur der Studie ICILS 2023 (Abschnitt 1.1)
- die Abbildung und Beschreibung des Rahmenmodells der Studie ICILS 2023 (Abschnitt 1.2)
- die Erläuterung der Kompetenzkonstrukte der in ICILS 2023 getesteten beiden Kompetenzbereiche (Abschnitt 1.3)
- Informationen zu den Untersuchungspopulationen, zur Durchführung und Datenerhebung der Studie ICILS 2023 sowie zu den Teilnahmequoten in Nordrhein-Westfalen (Abschnitt 1.4)
- eine kurze Beschreibung der in ICILS 2023 eingesetzten Erhebungsinstrumente (Abschnitt 1.5)
- Informationen zum weiteren methodischen Vorgehen (Abschnitt 1.6)

Dem vorangestellt sei angemerkt, dass weiterführende und zahlreiche vertiefende Informationen, z.B. zur Methodik der Datenanalyse und zur Konstruktion der Testitems, dem ICILS-2023-Berichtsband für Deutschland (Eickelmann, Fröhlich et al., 2024a), dem dortigen Anlagekapitel (Eickelmann, Fröhlich et al., 2024b) sowie dem internationalen ICILS-2023-Assessment-Framework (Fraillon & Rožman, 2024) entnommen werden können.

1.1 Anlage und Organisationsstruktur der Studie ICILS 2023

Im folgenden Abschnitt werden zunächst die Anlage und die Organisationsstruktur der Studie ICILS 2023 beschrieben. Dabei werden einerseits Informationen aufgezeigt, die im übergeordneten Sinne den internationalen Kontext der Studie beschreiben. Andererseits werden Spezifika zur Teilnahme Nordrhein-Westfalens an ICILS 2023 dargelegt.

Anlage der Studie ICILS 2023

Die international vergleichende Schulleistungsstudie ICILS 2023 wird von der *International Association for the Evaluation of Educational Achievement* (IEA) koordiniert. Sie untersucht zum dritten Mal nach ICILS 2018 (Eickelmann, Bos, Gerick et al., 2019b; Fraillon et al., 2019) und ICILS 2013 (Bos, Eickelmann, Gerick et al., 2014; Fraillon et al., 2014) die computer- und informationsbezogenen Kompetenzen (*computer and information literacy*, kurz: CIL) von Schüler*innen der 8. Jahrgangsstufe sowie die schulischen Rahmenbedingungen des Kompetenzerwerbs. Die Studie wird zum zweiten Mal um das mit dem Studienzyklus ICILS 2018 als internationale Option konzipierte Zusatzmodul ‚Computational Thinking' ergänzt. Deutschland nimmt seit ICILS 2013, also von Beginn an, an der Studie ICILS teil. Nordrhein-Westfalen beteiligt sich nun mit ICILS 2023 nach ICILS 2018 zum zweiten Mal als sogenannter Benchmark-Teilnehmer mit einer bundeslandspezifischen Stichprobenerweiterung an der Studie und ist damit das einzige deutsche Bundesland mit eigenen Ergebnissen.

Internationale Organisationsstruktur der Studie ICILS 2023

Die internationale Organisationsstruktur der Studie ICILS 2023 wird nachfolgend dargelegt, indem Informationen zur internationalen Studienleitung sowie zu den an ICILS 2023 beteiligten Teilnehmerländern bereitgestellt werden.

Das internationale Studienzentrum von ICILS 2023 ist bei der IEA zu verorten. Die IEA Amsterdam koordiniert die Teilnahme der Staaten bzw. Bildungssysteme an ICILS, die Überprüfung der Übersetzungen der Erhebungsinstrumente und Begleitdokumente, die Qualitätskontrolle und Qualitätssicherung der Studie sowie die internationale Veröffentlichung der Ergebnisse, während die IEA Hamburg international die Stichprobenziehung und Datenverarbeitung koordiniert.

Insgesamt nehmen 35 Teilnehmerländer an ICILS 2023 teil; darunter 34 Staaten, u.a. Deutschland sowie Nordrhein-Westfalen als (einziger) Benchmark-Teilnehmer. Die Verteilung der ICILS-2023-Teilnehmerländer ist in der Weltkarte in Abbildung 1.1 dargestellt. Dabei verteilen sich die Teilnehmerländer auf die Kontinente Asien, Europa sowie Nord- und Südamerika. Ähnlich wie in den vorherigen ICILS-Zyklen zeigt sich auch in ICILS 2023 ein Schwerpunkt der Teilnehmerländer in Europa, wobei im Rahmen von ICILS 2023 die Teilnahme europäischer Staaten von der EU durch teilweise Übernahme der internationalen Teilnahmegebühren kofinanziert wurde.

Eine Übersicht über alle Teilnehmerländer der drei ICILS-Zyklen und deren Teilnahme am Zusatzmodul ‚Computational Thinking' findet sich in Tabelle 1.1. In ICILS 2023 beteiligen sich 24 der 35 Teilnehmerländer am Zusatzmodul ‚Computational Thinking', neun davon, darunter Nordrhein-Westfalen, haben bereits in ICILS 2018 an dem Zusatzmodul teilgenommen, was für diese Teilnehmerländer eine querschnittliche Analyse über zwei Messzeitpunkte ermöglicht.

Abbildung 1.1: An ICILS 2023 beteiligte Teilnehmerländer und Nordrhein-Westfalen als Benchmark-Teilnehmer

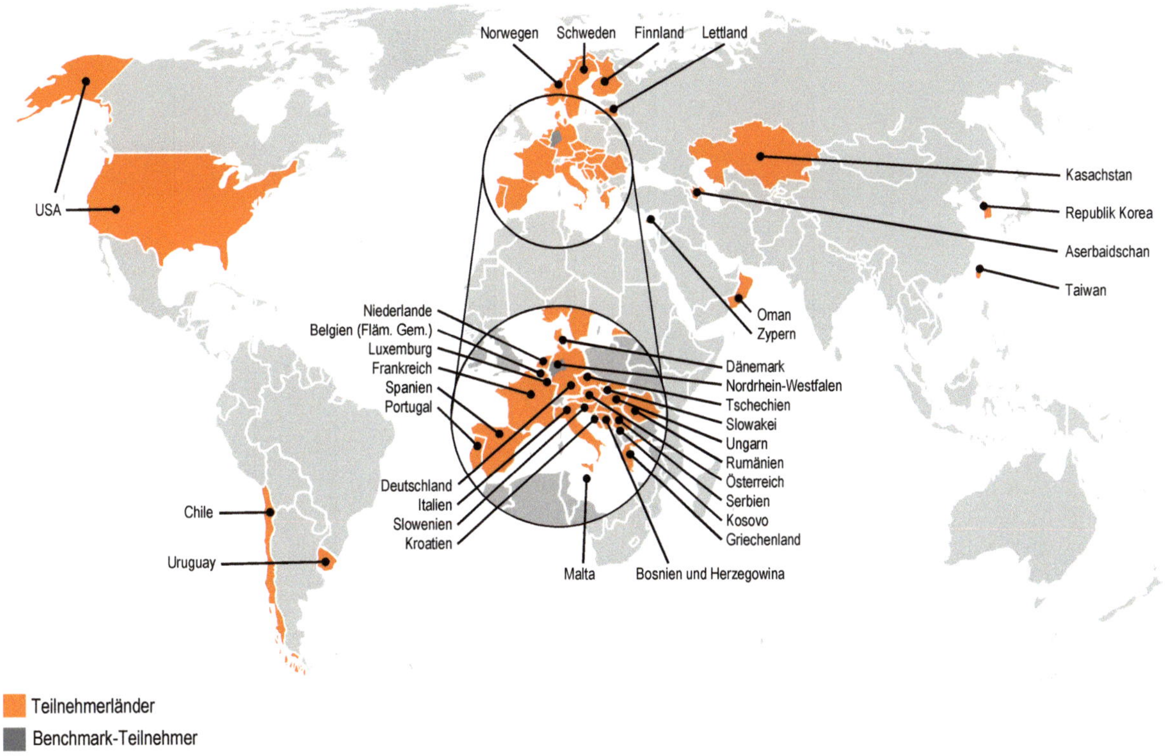

IEA: International Computer and Information Literacy Study 2023 © ICILS 2023

Teilnahme Nordrhein-Westfalens an ICILS 2023 und Organisationsstruktur der Studie ICILS 2023-NRW

Die eigenständige Teilnahme des Bundeslandes Nordrhein-Westfalen an der internationalen Studie und somit die Durchführung der Studie ICILS 2018-NRW wird vom Ministerium für Schule und Bildung des Landes Nordrhein-Westfalen (MSB) gefördert. Die Teilnahme Nordrhein-Westfalens als Teil der Stichprobe für Deutschland wird zudem vom Bundesministerium für Bildung und Forschung (BMBF) gefördert. Die Studie wird in allen ICILS-2023-Teilnehmerländern von nationalen Forschungskoordinator*innen (*National Research Coordinators, NRCs*) geleitet. Diese waren in der ersten Projektphase maßgeblich an der Entwicklung des Forschungsdesigns und der Instrumente beteiligt und sind jeweils für die Durchführung der Studie unter Berücksichtigung der hohen internationalen Standards verantwortlich. Das nationale Studienzentrum für ICILS 2023-NRW ist an der Universität Paderborn angesiedelt. Dort übernimmt PD Dr. Kerstin Drossel die wissenschaftliche Leitung als nationale Forschungskoordinatorin für Nordrhein-Westfalen, während Prof. Dr. Birgit Eickelmann (ebenfalls Universität Paderborn) erneut die wissenschaftliche Leitung der Studie ICILS 2023 für Deutschland inne hat. Die Studie ICILS 2023-NRW wird im gesamten Studienverlauf von einem Beirat unterstützt, der mit folgenden ausgewiesenen Expert*innen besetzt ist:

Tabelle 1.1: An ICILS 2023 sowie an ICILS 2018 und ICILS 2013 beteiligte Teilnehmerländer und Benchmark-Teilnehmer an der Erhebung der computer- und informationsbezogenen Kompetenzen (CIL) und der Kompetenzen im Bereich ‚Computational Thinking' (CT)

	ICILS 2023		ICILS 2018		ICILS 2013
Teilnehmer	**CIL**	**CT**	**CIL**	**CT**	**CIL**
Aserbaidschan	•				
Australien					•
Belgien (Fläm. Gem.)	•	•			
Bosnien und Herzegowina	•				
Buenos Aires (Argentinien)					•
Chile	•		•		•
Dänemark	•	•	•	•	•
Deutschland	•	•	•	•	•
Finnland	•	•	•	•	
Frankreich	•	•	•	•	
Griechenland	•				
Hongkong					•
Italien	•	•	•		
Kasachstan	•		•		
Kosovo	•				
Kroatien	•	•			•
Lettland	•	•			
Litauen					•
Luxemburg	•	•	•	•	
Malta	•	•			
Moskau (Russische Föderation)			•		
Neufundland und Labrador (Kanada)					•
Niederlande	•	•			•
Nordrhein-Westfalen	•	•	•	•	
Norwegen	•	•			•
Oman	•				
Ontario (Kanada)					•
Österreich	•	•			
Polen					•
Portugal	•	•	•	•	
Republik Korea	•	•	•	•	•
Rumänien	•				
Russische Föderation					•
Schweden	•	•			
Schweiz					•
Serbien	•	•			
Slowakei (2013: Slowa. Republik)	•	•			•
Slowenien	•	•			•
Spanien	•				
Taiwan	•	•			
Thailand					•
Tschechien (2013: Tsch. Republik)	•	•			•
Türkei					•
Ungarn	•				
Uruguay	•	•	•		
USA	•	•	•	•	
Zypern	•				

Kursiv gesetzt sind die Benchmark-Teilnehmer.

IEA: International Computer and Information Literacy Study 2023

- PD Dr. Kerstin Drossel (Universität Paderborn, wissenschaftliche Leitung der Studie ICILS 2023-NRW)
- Prof. Dr. Birgit Eickelmann (Universität Paderborn, Leitung des nationalen Forschungszentrums der Studie ICILS 2023 für Deutschland)
- Prof. Dr. Julia Gerick (TU Braunschweig, Mitglied des nationalen Konsortiums der Studie ICILS 2023)
- Bernd Groot-Wilken (Ministerium für Schule und Bildung des Landes NRW)
- Ulrich Janzen (Qualitäts- und UnterstützungsAgentur – Landesinstitut für Schule, QUA-LiS NRW)
- Guido Opheys (Ministerium für Schule und Bildung des Landes NRW)
- Dr. Tanja Reinlein (Ministerium für Schule und Bildung des Landes NRW)

Anknüpfend an die hier vorgelegte erste Berichtlegung wird gemäß dem Studiendesign der Studie ICILS 2023-NRW mit dem Beirat der Studie ein Transfer der Studienergebnisse in die Praxis erarbeitet. Ziel ist dabei, die Dissemination und Nutzung der Ergebnisse der Studie ICILS 2023-NRW für den schulischen Bildungsbereich in Nordrhein-Westfalen zu ermöglichen.

1.2 Das Rahmenmodell der Studie ICILS 2023

Die Studie ICILS 2023 basiert – wie bereits die Vorgängerzyklen ICILS 2018 und ICILS 2013 – auf einem im Kontext der Studie entwickelten Rahmenmodell zur Erklärung des Erwerbs von computer- und informationsbezogenen Kompetenzen sowie seit ICILS 2018 Kompetenzen im Bereich ‚Computational Thinking' (Fraillon & Rožman, 2024). Dieses stellt die Basis für die Entwicklung der Instrumente der Studie dar. In diesem Rahmenmodell (siehe Abbildung 1.2), das als Adaption des internationalen Rahmenmodells und basierend auf dem ICILS-2018-Rahmenmodell für Deutschland spezifisch weiterentwickelt wurde (Eickelmann, Fröhlich et al., 2024b), werden sowohl Voraussetzungen (*antecedents*) als auch Prozesse (*processes*) des Kompetenzerwerbs erfasst. In dem Modell stellen die computer- und informationsbezogenen Kompetenzen sowie die Kompetenzen im Bereich ‚Computational Thinking' die Zielperspektive im Sinne von Leistungsergebnissen (*outcomes*) dar. Es wird angenommen, dass die Lernprozesse in einem wechselseitigen Verhältnis mit den *Outcomes* in beiden Kompetenzbereichen stehen (siehe ausführlicher Eickelmann, Bos, Gerick et al., 2019a; Eickelmann, Fröhlich et al., 2024b). Dabei wird zwischen vier verschiedenen Ebenen differenziert: die Ebene des gesellschaftlichen Kontextes, die Ebene von Schule und Unterricht, die Ebene des familiären und außerschulischen Hintergrunds sowie die Ebene der Schüler*innen. Auf allen Ebenen (siehe Abbildung 1.2) werden Merkmale sowohl als Voraussetzungen als auch als Prozesse verortet, die für den Kompetenzerwerb bedeutsam sind und über die ICILS-2023-Instrumentierung erhoben werden.

Abbildung 1.2: Rahmenmodell der Studie ICILS 2023

	Voraussetzungen		Prozesse		Leistungsergebnisse
Ebene des gesellschaftlichen Kontextes	**Merkmale des Bildungssystems** • Struktur des Bildungssystems • Curricula und (Kern-)Lehrpläne • Kommunikationsinfrastruktur • Struktur der Lehrkräfteaus- und -fortbildung • Anbindung und Zugang zum Internet • Maßnahmen/Strategien für das Lehren und Lernen mit digitalen Medien		**Prozessmerkmale des Bildungssystems** • Strategien zur Implementation von digitalen Medien in Schule und Unterricht • Zielsetzungen im Kontext der Implementation und schulischen Nutzung digitaler Medien • Konzepte zu digitalisierungsbezogenen Professionalisierungsmaßnahmen • Entwicklung und Bereitstellung von digitalen Lerninhalten		
Schul- und Unterrichtsebene	**Schulmerkmale** • Verankerung von digitalen Medien im Schulprogramm/Medienkonzept • schulische(s) IT-Ausstattungskonzept und IT-Ausstattung • Einstellungen der schulischen Akteur*innen • Kompetenzen und Erfahrungen der Lehrkräfte • technischer und pädagogischer IT-Support • gemeinsames Verständnis schulischer Akteur*innen über den Einsatz digitaler Medien zur Unterstützung von Lehr- und Lernprozessen	⬌	**Prozesse in Schule und Unterricht** • Prioritäten und Zielsetzungen des schulischen Medieneinsatzes • Schulleitungshandeln • Einsatz digitaler Medien zum Lehren und Lernen und dessen Evaluation • Wissens- und Kompetenzerwerb über und mit digitale(n) Medien • digitalisierungsbezogene Kooperationen • Maßnahmen zur Förderung digitaler Kompetenzen • digitalisierungsbezogene Professionalisierung schulischer Akteur*innen und deren Evaluation • Schul- und Lernkultur • Entwicklungsprozesse zur Verbesserung der Lehr- und Lernprozesse mit digitalen Medien	⬌	**computer- und informationsbezogene Kompetenzen** **und** **Kompetenzen im Bereich ‚Computational Thinking‘**
Ebene des familiären und des außerschulischen Hintergrunds	**Familiäre und außerschulische Hintergrundmerkmale** • Ausstattung mit digitalen Medien • Zugang zu digitalen Medien und einer Internetverbindung • soziale Herkunft • Zuwanderungshintergrund • Familiensprache		**Familiäre und außerschulische Prozesse** • Umgang mit digitalen Medien • Wissens- und Kompetenzerwerb über und mit digitale(n) Medien		
Ebene der Schüler*innen	**Merkmale der Schüler*innen** • Alter • Geschlecht • Bildungsaspiration		**Individuelle Prozesse** • Selbstwirksamkeit im Umgang mit digitalen Medien • Einschätzungen der eigenen Fähigkeiten • Einstellungen und Verhaltensweisen in Bezug auf digitale Medien		

IEA: International Computer and Information Literacy Study 2023

1.3 Beschreibung der beiden Kompetenzkonstrukte in ICILS 2023

Im Rahmen von ICILS 2023 werden im internationalen Vergleich zum dritten Mal nach ICILS 2018 und ICILS 2013, und damit für Nordrhein-Westfalen zum zweiten Mal nach ICILS 2018 (vgl. Tabelle 1.1 in diesem Kapitel), die computer- und informationsbezogenen Kompetenzen von Achtklässler*innen erfasst. Zudem werden seit ICILS 2018 im Rahmen eines internationalen Zusatzmoduls, für dessen Teilnahme sich die ICILS-2023-Teilnehmerländer zusätzlich entscheiden konnten und an dem Nordrhein-Westfalen zum zweiten Mal teilnimmt, die Kompetenzen der Schüler*innen im Bereich ‚Computational Thinking' untersucht. Die beiden, den jeweiligen Tests zur Erfassung der aufgeführten Kompetenzen der Schüler*innen zugrundeliegenden Kompetenzkonstrukte werden im Folgenden kurz erläutert.

Computer- und informationsbezogene Kompetenzen

Computer- und informationsbezogene Kompetenzen (*computer and information literacy,* CIL) sind als „individuelle Fähigkeiten einer Person definiert, die es ihr erlauben, digitale Medien zum Recherchieren, Gestalten und Kommunizieren von Informationen zu nutzen und diese zu bewerten, um am Leben im häuslichen Umfeld, in der Schule, am Arbeitsplatz und in der Gesellschaft erfolgreich teilzuhaben." (Eickelmann, Bos & Labusch, 2019, S. 9)

Das Konstrukt der computer- und informationsbezogenen Kompetenzen umfasst im Rahmen von ICILS 2023 – wie bereits in ICILS 2018 und ICILS 2013 – vier Teilbereiche (*strands*) und jeweils zwei dazugehörige Aspekte (*aspects*), die sich auf die spezifischen Inhalte innerhalb des jeweiligen Teilbereichs beziehen (vgl. Abbildung 1.3 und Eickelmann, Fröhlich et al., 2024b).

Abbildung 1.3: Das Konstrukt der computer- und informationsbezogenen Kompetenzen in ICILS 2023

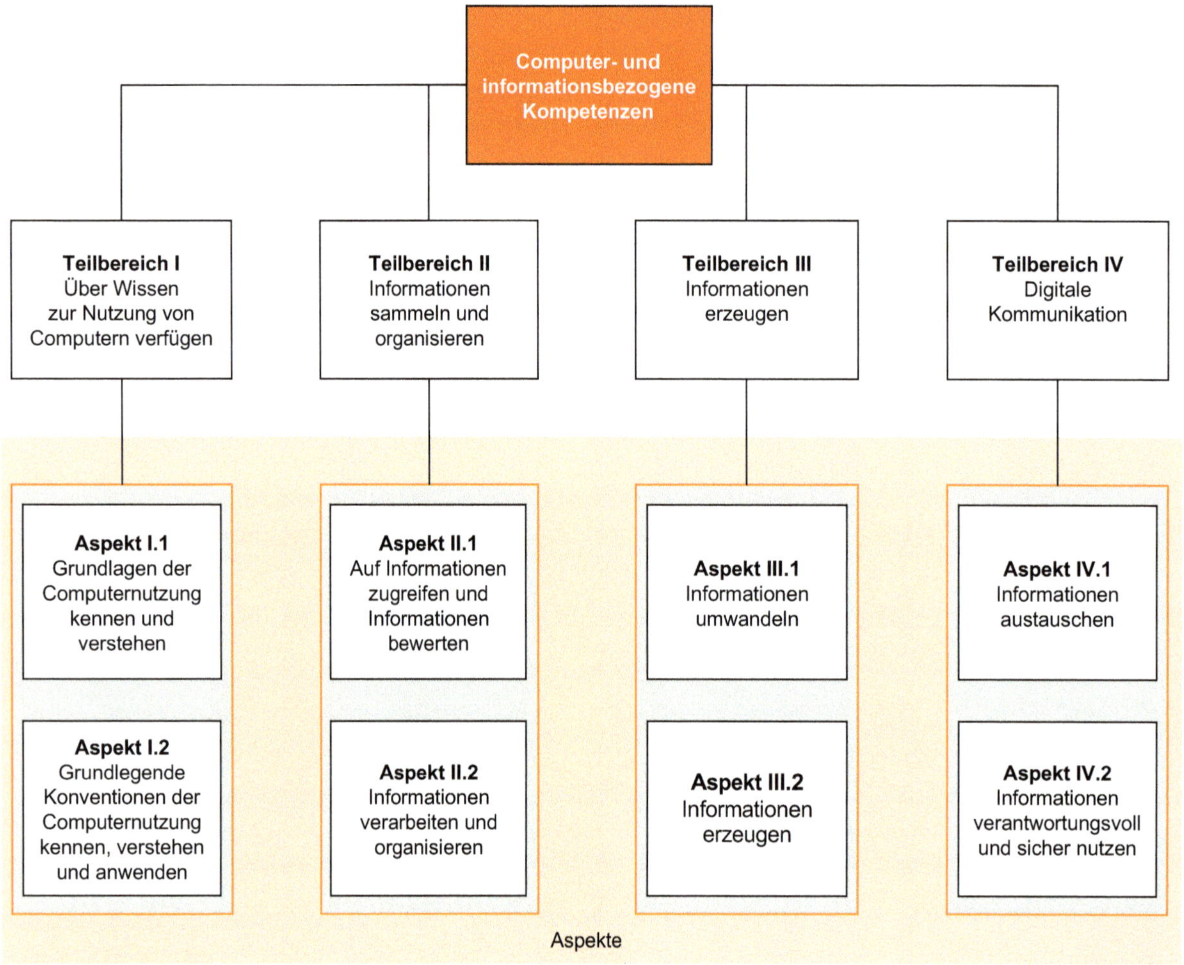

IEA: International Computer and Information Literacy Study 2023 © ICILS 2023

Das Konstrukt der Kompetenzen im Bereich ‚Computational Thinking' in der Studie ICILS 2023

Im Rahmen des Computational-Thinking-Zusatzmoduls werden in der Studie ICILS 2023 die Kompetenzen der Achtklässler*innen im Bereich ‚Computational Thinking' erfasst. Diese sind im Rahmen der Studie wie folgt definiert:

Kompetenzen im Bereich ‚Computational Thinking'
„Computational Thinking bezieht sich auf die Fähigkeit einer Person, Aspekte realweltlicher Probleme zu identifizieren, die für eine [informatische] Modellierung geeignet sind, algorithmische Lösungen für diese (Teil-)Probleme zu bewerten und selbst so zu entwickeln, dass diese Lösungen mit einem Computer operationalisiert werden können (Fraillon et al., 2019, eigene Übersetzung). Die Modellierungs- und Problemlösungsprozesse sind dabei von einer Programmiersprache unabhängig." (Eickelmann, Bos, Gerick et al., 2019a, S. 45)

Das Kompetenzkonstrukt im Bereich ‚Computational Thinking' umfasst im Rahmen der Studie ICILS 2023 – wie bereits in ICILS 2018 – zwei Teilbereiche (*strands*) und zwei bzw. drei zugehörige Aspekte (*aspects*) (vgl. Abbildung 1.4 und Eickelmann, Fröhlich et al., 2024b).

Abbildung 1.4: Das Konstrukt der Kompetenzen im Bereich ‚Computational Thinking' in ICILS 2023

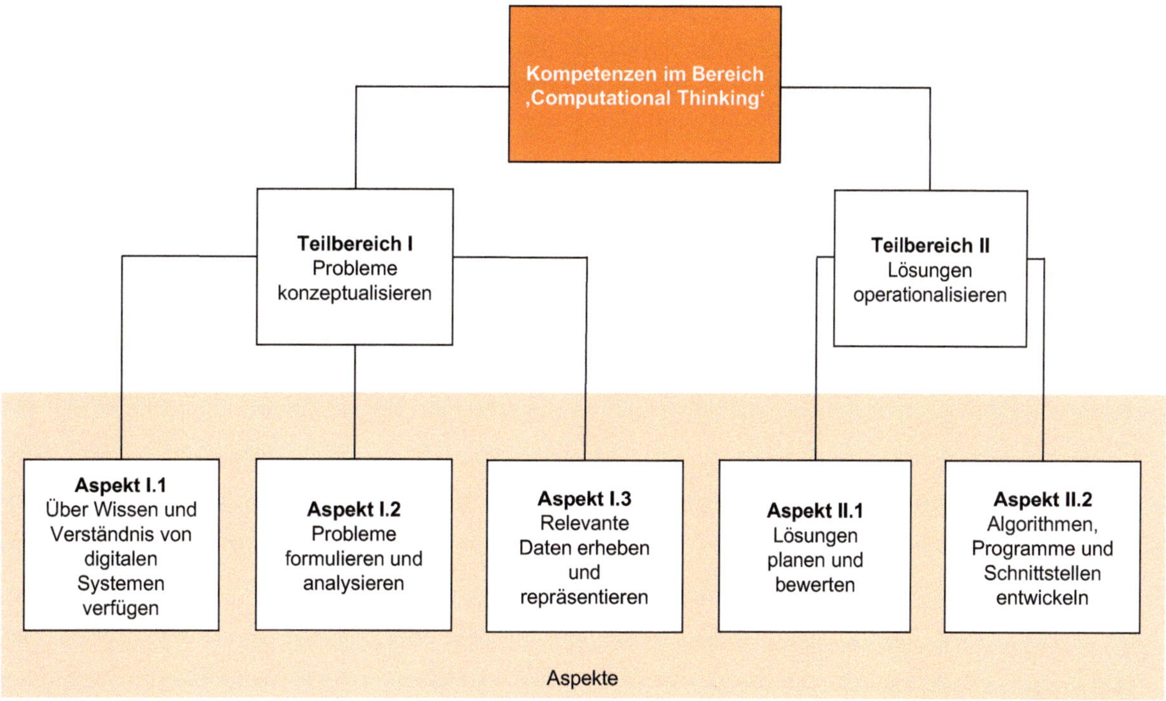

IEA: International Computer and Information Literacy Study 2023

1.4 Beschreibung der Untersuchungspopulationen und der Durchführung der Studie ICILS 2023 in Nordrhein-Westfalen und Teilnahmequoten

In diesem Abschnitt wird zunächst dargestellt, wie sich die Untersuchungspopulationen in ICILS 2023 zusammensetzen. Anschließend werden Informationen zur Durchführung der Studie ICILS 2023 dargelegt sowie die Teilnahmequoten in Nordrhein-Westfalen aufgezeigt.

Definition der Untersuchungspopulationen

Die Untersuchungspopulation aller ICILS-Studienzyklen umfasst in allen Teilnehmerländern eine repräsentative Auswahl an Schulen der Sekundarstufe I sowie von Schüler*innen der 8. Jahrgangsstufe und Lehrkräften, die in der 8. Klasse unterrichten. Zusätzlich werden die Schulleitungen und ggfs. die IT-Koordinator*innen der teilnehmenden Schulen über einen Schulfragebogen befragt. Im Rahmen der ICILS-2023-Studie nimmt Nordrhein-Westfalen – wie bereits in ICILS 2018 – eine Sonderrolle ein, da aufgrund eines sogenannten Oversamplings von 80 zusätzlichen Schulen für Nordrhein-Westfalen als einziges Bundesland in Deutschland eigene Ergebnisse dargestellt werden können. Anzumerken sei an dieser Stelle, dass die Teilnahme an der Studie ICILS 2023 in Nordrhein-Westfalen nach § 3(4) des Schulgesetzes NRW (verpflichtende Teilnahme an Vergleichsuntersuchungen als Maßnahme zur Qualitätsentwicklung und Qualitätssicherung) – mit Ausnahme des Ausfüllens des Fragebogens für Schüler*innen – verpflichtend geregelt war. Aufgrund des Stichprobendesigns in Nordrhein-Westfalen ist es, ebenso wie in Deutschland insgesamt (vgl. Eickelmann, Fröhlich et al., 2024b), möglich, Ergebnisse differenziert nach Schulform zu berichten, wobei zwischen Gymnasien und anderen Schulformen der Sekundarstufe I unterschieden werden kann. Die Förderschule, die ebenso anteilig mit in die Untersuchungspopulation fällt, kann im Rahmen der Schulformvergleiche nicht berücksichtigt werden, da der Anteil mit einer Schule in der Gesamtstichprobe für Nordrhein-Westfalen zu gering ist, um verlässliche Aussagen über diese Schulform treffen zu können. Die Ergebnisse der beteiligten Förderschule fließen jedoch in die Gesamtergebnisse aller Schulen ein.

Durchführung der Datenerhebung der Studie ICILS 2023

In allen 35 an ICILS 2023 international teilnehmenden Ländern wurde zur Erprobung der Kompetenztests sowie der Hintergrundfragebögen im Jahr 2022 ein sogenannter Feldtest in ausgewählten Schulen durchgeführt. Der Feldtest zu ICILS 2023-NRW wurde im Mai 2022 erfolgreich an 16 Schulen in Nordrhein-Westfalen durchgeführt. Neben den international vorgesehenen Verfahren wurden zusätzlich die NRW-spezifischen Ergänzungen in den Hintergrundfragebögen (siehe Abschnitt 1.5) in der Praxis pilotiert.

Die Haupterhebung der Studie ICILS 2023 fand im Jahr 2023 statt und wurde in Nordrhein-Westfalen von der IEA Hamburg als beauftragtem Subkontraktor in einem Testzeitraum von Mai bis Juni 2023 durchgeführt. Die Testung und Befragung der Schüler*innen wurde durch geschulte Testleitungen nach internationalen Standards durchgeführt. Für die computerbasierte Kompetenztestung brachten die Testleiter*innen am jeweiligen Testtag Laptops in die Schule mit. Die Laptops entsprachen dabei den international vorgegebenen technischen Anforderungen zur Erhebung und bildeten, zusammen mit dem Einsatz von USB-Sticks für die Testsoftware, eine der international vorgegebenen Möglichkeiten der technischen Testdurchführung (siehe ausführlich Fraillon & Rožman, 2024). In einer computerbasierten Übungseinheit (*Tutorial*) konnten sich die Schüler*innen am Testtag vor Beginn der offiziellen Erhebung mit der Testumgebung und den Aufgabentypen vertraut machen und Verständnisfragen z.B. zu Funktionsweisen mit den Testleiter*innen klären. Anschließend folgten die Testung der computer- und informationsbezogenen Kompetenzen sowie die Befragung der Schüler*innen auf der Grundlage des internationalen Fragebogens. In Nordrhein-Westfalen bearbeiteten die Schüler*innen im Anschluss daran die Tests zum Zusatzmodul ‚Computational Thinking' und beantworteten die für Deutschland und Nordrhein-Westfalen ergänzten Fragen papierbasiert.

Die in der Studie eingesetzten Fragebögen für Lehrkräfte, Schulleitungen sowie (ggfs. benannte) IT-Koordinator*innen wurden über eine Online-Befragung im Zeitraum von Mai bis August 2023 realisiert. Für die Teilnahme an der Online-Befragung erhielten die Lehrkräfte, Schulleitungen und (ggfs. benannten) IT-Koordinator*innen individualisierte Zugangsdaten (Benutzername und Passwort) durch die IEA Hamburg.

Die Einhaltung der internationalen Erhebungsstandards wurde durch ein nationales sowie internationales Qualitätsmonitoring für Nordrhein-Westfalen vollumfänglich bestätigt (siehe ausführlicher Eickelmann, Fröhlich et al., 2024b).

Teilnahmequoten in Nordrhein-Westfalen

Die Stichprobe von ICILS 2023 in Nordrhein-Westfalen umfasst 113 Schulen, darunter 42 Gymnasien, 70 Schulen anderer Schulformen der Sekundarstufe I bzw. Schulen mit nicht ausschließlich gymnasialem Bildungsgang sowie eine Förderschule. In Nordrhein-Westfalen gelten in ICILS 2023 mit Blick auf die Beteiligung der Schüler*innen 111 Schulen als teilnehmend, d.h., an diesen Schulen haben mehr als die Hälfte der Schüler*innen in den gezogenen Klassen an der Erhebung teilgenommen. Die Stichprobe der Schüler*innen in ICILS 2023 in Nordrhein-Westfalen umfasst 2.726 Schüler*innen der 8. Jahrgangsstufe. Bezogen auf die Stichprobe der Lehrkräfte gelten in Nordrhein-Westfalen in ICILS 2023 106 Schulen mit einer Beteiligungsquote der Lehrkräfte von über 50 Prozent als teilnehmend, sodass sich eine Stichprobe von 1.459 Lehrkräften ergibt.

Die Teilnahmequote der Schüler*innen beträgt in Nordrhein-Westfalen somit gewichtet 90.5 Prozent und die Teilnahmequote der Schulen gewichtet 98.3 Prozent, sodass sich eine kombinierte Gesamtteilnahmequote der Schüler*innen und Schulen von hohen 88.9 Prozent ergibt. Die Teilnahmequote der Lehrkräfte beträgt gewichtet 93.4 Prozent und die entsprechende Teilnahmequote der Schulen gewichtet 94.1 Prozent. Daraus resultiert eine kombinierte Gesamtteilnahmequote der Lehrkräfte und Schulen von ebenfalls hohen 87.8 Prozent. Die Rücklaufquoten in Nordrhein-Westfalen sind damit erfreulich hoch und die Datenlage ist daher im besonderen Maße belastbar und aussagekräftig. Nordrhein-Westfalen erfüllt damit, dies sei abschließend an dieser Stelle erwähnt, umfassend die hohen internationalen Vorgaben (*sampling requirements*) der IEA (Fraillon, 2024), die kombinierte Rücklaufquoten von mindestens 75 Prozent vorsehen.

1.5 Erhebungsinstrumente in ICILS 2023

In diesem Abschnitt werden die im Rahmen der Studie ICILS 2023 eingesetzten Erhebungsinstrumente und damit sowohl die Kompetenztests als auch die verschiedenen Fragebögen, die jeweils auch in Nordrhein-Westfalen eingesetzt wurden, vorgestellt. Dabei werden zusätzlich die spezifisch für Nordrhein-Westfalen vorgenommenen Ergänzungen in den Hintergrundfragebögen beschrieben. Anzumerken sei, dass der Fokus dieser Berichtlegung vorwiegend auf den Ergebnissen der international eingesetzten Instrumente liegt und die Ergebnisse zu den NRW-spezifischen Ergänzungen zu einem späteren Zeitpunkt in vertiefenden Publikationen veröffentlicht werden. Ausnahme bilden Analysen zum Umfang des Erlernens von verschiedenen Bereichen zum Umgang mit dem Internet und der Nutzung digitaler Medien in der Schule durch Schüler*innen (Kapitel 4) und die Einschätzung der Lehrkräfte bezüglich der Wichtigkeit verschiedener Akteur*innen, Dokumente und Formate als Unterstützungs- bzw. Beratungsfunktion für digitalisierungsbezogene schulische Lehr- und Lernprozesse (Kapitel 5). Weiterhin wird die Schulleitungsperspektive im Hinblick auf Prioritätensetzungen in verschiedenen NRW-spezifischen digitalisierungsbezogenen Bereichen an den Schulen dargestellt. Überdies werden Einschätzungen der Schulleitungen in Bezug auf Entwicklungsbereiche zum Lehren und Lernen in der digitalen Welt an der eigenen Schule sowie Aspekte zur Verbesserung der Nutzung von digitalen Medien zum Lehren und Lernen an der Schule durch unterschiedliche Maßnahmen, Dokumente und wahrgenommene Veränderungen im Umgang mit digitalen Medien durch bundeslandspezifische Initiativen untersucht (Kapitel 6). Zudem wird die Betrachtung des Umfangs erlernter Fähigkeiten im Bereich ‚Computational Thinking' durch Schüler*innen durch NRW-spezifische Fragen ergänzt (Kapitel 8).

Anknüpfend an das oben vorgestellte Rahmenmodell von ICILS 2023 wurden in ICILS 2023 folgende Erhebungsinstrumente entwickelt und eingesetzt: computerbasierte Tests zur Erfassung der (1) computer- und informationsbezogenen Kompetenzen sowie optional der (2) Kompetenzen im Bereich ‚Computational Thinking', (3) Fragebögen für Schüler*innen, Lehrkräfte, Schulleitungen und IT-Koordinator*innen sowie ein (4) nationaler bzw. schulsystemspezifischer Kontextfragebogen. Die Instrumente werden im Folgenden näher beschrieben.

*(1) Erfassung der computer- und informationsbezogenen Kompetenzen der Achtklässler*innen*

Zur Erfassung der computer- und informationsbezogenen Kompetenzen der Achtklässler*innen wurde in ICILS 2023, wie schon in den vorherigen Studienzyklen 2013 und 2018, ein computerbasierter Kompetenztest eingesetzt, der aus sieben Testmodulen mit einer Bearbeitungszeit von jeweils 30 Minuten besteht. Jede*r Schüler*in hat im Rahmen der Haupterhebung der Studie im Frühjahr bzw. Frühsommer 2023 davon zwei zufällig nach einem vollständig ausbalancierten Multi-Matrix-Design ausgewählte Testmodule bearbeitet (vgl. ausführlich Eickelmann, Fröhlich et al., 2024a). Die Testmodule adressieren, inhaltlich aufbereitet für die Zielpopulation der Achtklässler*innen und übersetzt in die jeweiligen Unterrichtssprachen der ICILS-2023-Teilnehmerländer, die Themen Atmung, Schulausflug, Brettspiele, Recycling, Computernutzung und Gesundheit, Internetsicherheit sowie Papierbücher und E-Books im Vergleich (vgl. ausführlich Eickelmann, Fröhlich et al., 2024b).

Die einzelnen Testmodule sind so aufgebaut, dass sie aus fünf bis acht kleineren Aufgaben, die in der Regel jeweils weniger als eine Minute Bearbeitungszeit beanspruchen, sowie aus einem größeren Aufgabenblock (sogenannte Autorenaufgaben) mit einer Bearbeitungszeit von ca. 15 bis 20 Minuten, bestehen. Um Vergleiche der Kompetenzen über die Jahre zu ermöglichen, wurden vier der bereits in ICILS 2018 eingesetzten Testmodule in ICILS 2023 erneut eingesetzt (Eickelmann, Bos et al., 2024; Eickelmann, Fröhlich et al., 2024b).

*(2) Erfassung der Kompetenzen im Bereich ‚Computational Thinking' der Achtklässler*innen*

Neben den Testmodulen zur Erfassung der computer- und informationsbezogenen Kompetenzen bearbeiteten die Achtklässler*innen zwei von vier Testmodulen zur Erfassung der Kompetenzen im Bereich ‚Computational Thinking'. Die vier Module beinhalteten Aufgaben zu folgenden Themen: landwirtschaftliche Flugdrohne, selbstfahrender Bus, Fitnesstracker sowie Tic-Tac-Toe mit Sonne und Mond. Die Module wurden ebenfalls gleichmäßig in einem Multi-Matrix-Design rotiert und den Schüler*innen zufällig zur Bearbeitung zugewiesen. Die Bearbeitungszeit pro Modul betrug jeweils etwa 25 Minuten. Zur Abbildung von Kompetenzvergleichen in und zwischen den Bildungssystemen, die sowohl an ICILS 2018 als auch ICILS 2023 teilgenommen haben, wurden die zwei in ICILS 2018 eingesetzten Module erneut eingesetzt (Eickelmann, Vahrenhold et al., 2024).

Umfassende Überblicke über die Themen der ICILS-2023-Testmodule für die Kompetenzen im Bereich ‚Computational Thinking' finden sich im ICILS-2023-Berichtsband für Deutschland (Eickelmann, Fröhlich et al., 2024a).

*(3) Erfassung von Rahmenbedingungen des Kompetenzerwerbs der Achtklässler*innen und des Lehrens und Lernens mit digitalen Medien aus unterschiedlichen Perspektiven*

Neben den Kompetenztestungen wurden in allen ICILS-2023-Teilnehmerländern zusätzlich Fragebögen für Schüler*innen, für Lehrkräfte sowie ein Schulfragebogen (mit einem pädagogischen und technischen Teil) eingesetzt, um die Rahmenbedingungen des Kompetenzerwerbs sowie Informationen zum Lehren und Lernen mit digitalen Medien aus unterschiedlichen Perspektiven abzubilden (Eickelmann, Fröhlich et al., 2024a). Neben den international vorgesehenen Fragen wurden zusätzlich NRW-spezifische Ergänzungen in den Hintergrundfragebögen vorgenommen, die ausschließlich in Nordrhein-Westfalen eingesetzt wurden und im Folgenden erörtert werden. Fragen, die spezifisch für den deutschen Teil der Studie ergänzt wurden, wurden zudem ebenfalls in NRW erhoben. Die Ergänzungen in Deutschland umfassen beispielsweise Querbezüge zur KMK-Strategie bzw. zum KMK-Ergänzungspapier ‚Lehren und Lernen in der digitalen Welt' (KMK, 2021).

Der Fragebogen für Schüler*innen der 8. Jahrgangsstufe beinhaltet neben der Erfassung der Perspektive der Schüler*innen auf das Lehren und Lernen in der digitalen Welt u.a. soziodemografische Angaben wie Alter, Geschlecht und Familienmerkmale. Anzumerken sei, dass Nordrhein-Westfalen für alle Hintergrundfragebögen von der internationalen Option Gebrauch gemacht hat, das Geschlecht in ICILS 2023 nicht mehr wie in den vorherigen Studien binär zu erheben und erstmals die Antwortkategorie *divers*[1] ergänzt wurde. Ebenfalls basiert die Erfassung der sozialen Herkunft im Vergleich zu ICILS 2018 erstmals auf einem neuen Erhebungsansatz für Familienmodelle, das nun u.a. auch gleichgeschlechtliche Elternpaare und Alleinerziehende berücksichtigt. Neben den individuellen und familiären Merkmalen werden im Fragebogen für die Schüler*innen auch Angaben im Kontext der Nutzung digitaler Medien für das Lernen erfasst. So wurden die teilnehmenden Achtklässler*innen neben der schulbezogenen Nutzungshäufigkeit digitaler Medien z.B. zu ihren Einstellungen zum Lernen mit digitalen Medien, zu ihrer Wahrnehmung gesellschaftlicher Relevanz digitaler Medien sowie zum Umgang mit sozialen Medien und Cybermobbing befragt (Eickelmann, Fröhlich et al., 2024a). Als spezifische Aspekte für Nordrhein-Westfalen wurden zusätzlich Fragen zum Umfang des Erlernens verschiedener digitalisierungsbezogener Aufgaben bzw. Themenbereiche in der Schule in den Fragebögen ergänzt, die sich auf den Medienkompetenzrahmen NRW (Medienberatung NRW, 2017) beziehen. Der internationale Teil der Fragebögen wurde von den Schüler*innen digital ausgefüllt, während die für Deutschland und NRW-spezifisch ergänzten Fragen papierbasiert zur Verfügung gestellt wurden.

Im Online-Fragebogen für Lehrkräfte wurden die Lehrkräfte, die in der 8. Jahrgangsstufe unterrichten, zu individuellen Hintergrundmerkmalen (z.B. Alter und Geschlecht) und weiteren personenbezogenen Angaben (u.a. unterrichtete Fächer) befragt. Der Kern der Fragen adressiert unter anderem Aspekte der Nutzung digitaler Medien zum Lehren und Lernen, digitalisierungsbezogene Bestandteile der Lehrkräfteausbildung, die selbsteingeschätzten digitalisierungsbezogenen Kompetenzen sowie die Einschätzungen der Lehrkräfte im Hinblick auf die schulische IT-Ausstattung und den technischen Support. Damit die zentralen Aussagen der Lehrkräfte zielgerichtet erhoben werden können, wurden die Lehrkräfte in Teilen des Fragebogens gebeten, ihre Antworten auf eine Referenzklasse zu beziehen. Darunter wird in der Studie ICILS immer diejenige Klasse in der 8. Jahrgangsstufe verstanden, die die Lehrkraft am letzten Dienstag vor der Befragung regulär unterrichtet hat. Unterrichtete die Lehrkraft an diesem Dienstag keine 8. Klasse, wurde sie gebeten, sich auf die erste 8. Klasse zu beziehen, die sie nach diesem Dienstag unterrichtet hat (Eickelmann, Fröhlich et al., 2024a). Neben diesen international in allen ICILS-2023-Teilnehmerländern eingesetzten Fragen wurden darüber hinaus für Nordrhein-Westfalen Informationen zu Entwicklungsbereichen zum Lehren und Lernen in der digitalen Welt bspw. darauf bezogen, inwieweit an der jeweiligen Schule die Kompetenzen der Schüler*innen entlang des *Medienkompetenzrahmens NRW* gefördert werden, erhoben. Auch wurden die Einschätzungen dazu erfasst, inwieweit die Lehrkräfte verschiedene Fähigkeiten der Schüler*innen bezogen auf den Umgang bzw. die Nutzung digitaler Medien fördern und inwieweit verschiedene Akteur*innen (z.B. Dezernent*innen für Bildung in der digitalen Welt) bzw. Dokumente (z.B. Impulspapier II des Ministeriums für Schule und Bildung des Landes Nordrhein-Westfalen (MSB)) für die Lehrkräfte eine wichtige Unterstützungs- bzw. Beratungsfunktion für digitalisierungsbezogene schulische Lehr- und Lernprozesse haben.

Als Drittes wurde in ICILS 2023 ein online-basierter Schulfragebogen eingesetzt, der sich in einen allgemeinen bzw. pädagogischen Teil für die Schulleitung und in einen technischen Fragebogenteil gliedert. Die Schulleitung konnte für den technischen Fragebogenteil entscheiden, ob sie diesen selbst ausfüllt oder dies an die schulischen IT-Koordinator*innen oder eine andere Person, die über das benötigte Wissen verfügt, delegiert (Eickelmann, Fröhlich et al., 2024a). In Nordrhein-Westfalen haben 3.1 Prozent der Schulleitungen (gewichtet auf die Schüler*innenpopulation, vgl. Abschnitt 1.6)

---

1 Die Antwortmöglichkeit divers wird aufgrund der zu geringen Fallzahl in der Stichprobe sowie der besseren internationalen Vergleichbarkeit (Eickelmann, Fröhlich et al., 2024a) nicht berichtet.

selbst den Fragebogen ausgefüllt und in allen anderen Fällen z.B. an eine*n zuständig*e IT-Koordinator*in delegiert.

Der pädagogische Teil des Schulfragebogens, der von den Schulleitungen ausgefüllt wurde, umfasst inhaltlich zentrale Rahmendaten der Schule sowie pädagogische und organisatorische Rahmenbedingungen des Erwerbs computer- und informationsbezogener Kompetenzen und von Kompetenzen im Bereich ‚Computational Thinking'. Zudem wird mit dem Fragebogen die Perspektive der Schulleitung und Aspekte von Schulleitungshandeln erfasst. Als inhaltliche Beispiele seien hier die Einschätzung der Relevanz verschiedener schulischer Bildungsziele und die schulischen Prioritätensetzungen im Kontext des Lehrens und Lernens mit digitalen Medien genannt. Diese beziehen sich u.a. auf technologische Unterstützungsstrukturen für den Einsatz digitaler Medien im Unterricht und zum schulischen Lernen sowie auf Angaben zu Erwartungen der Schulleitungen an Lehrkräfte in Bezug auf den Erwerb von Wissen und Fähigkeiten in unterschiedlichen digitgalisierungsbezogenen Bereichen. In diesem Schulleitungsfragebogen ist weiterhin spezifisch für Nordrhein-Westfalen die Prioritätensetzung in verschiedenen Bereichen wie bspw. der Arbeit mit dem *Medienkompetenzrahmen NRW* zur Förderung der Medienkompetenz von Schüler*innen erfasst. Darüber hinaus wurden für Nordrhein-Westfalen Aspekte bezogen auf digitalisierungsbezogene Themen in der Zusammenarbeit mit den Schulträgern, Aspekte der Personal- und Schulentwicklung, Rahmenbedingungen des Faches Informatik sowie den veränderten Umgang mit digitalen Medien durch NRW-weite Initiativen wie den NRW-Impulspapieren zum Lernen mit digitalen Medien oder der digitalen Fortbildungsoffensive des Landes Nordrhein-Westfalen ergänzt.

Mit dem technisch ausgerichteten Teil des Schulfragebogens wurden vor allem Daten zu den technologischen Rahmenbedingungen des Lehrens und Lernen mit digitalen Medien an der jeweiligen Schule erfasst. Neben Informationen, welche die ggfs. benannten IT-Koordinator*innen selbst betreffen, umfassen diese insbesondere IT-ausstattungsbezogene Merkmale der Schule (Verfügbarkeit von digitalen Medien für Schüler*innen bzw. Lehrkräfte), vorhandene Unterstützungsangebote (technischer und pädagogischer IT-Support) sowie Angaben zu Zuständigkeiten in der Schule für den technischen IT-Support. Spezifische Ergänzungen, die ausschließlich in Nordrhein-Westfalen erhoben wurden, beziehen sich auf den pädagogischen IT-Support für Lehrkräfte, die Internetanbindung der Schule sowie auf die Wahrnehmung von Unterstützungs- und Beratungsangeboten bezogen auf digitalisierungsbezogene schulische Lehr- und Lernprozesse.

(4) Erfassung nationaler bzw. schulsystemspezifischer Kontextbedingungen

Mit dem sogenannten nationalen Kontextfragebogen (*National Context Survey*) werden spezifische Informationen zum jeweiligen Bildungssystem der Teilnehmerländer erfasst. So werden bspw. Angaben über die Strukturen des jeweiligen Bildungssystems, Reformen und Entwicklungen im Kontext der Digitalisierung von Schulen sowie der Lehrkräftebildung und zur Verankerung von digitalen Medien in den Curricula der Bildungssysteme erhoben. Die Verantwortung zu Angaben in dem nationalen Kontextfragebogen obliegt der nationalen Studienleitung für NRW und somit der wissenschaftlichen Studienleitung PD Dr. Kerstin Drossel, die zur Beantwortung der Fragen die Expertise des oben genannten Beirates der Studie ICILS 2023-NRW hinzugezogen hat.

1.6 Informationen zum weiteren methodischen Vorgehen

Im folgenden Abschnitt werden weitere Informationen zum methodischen Design und Vorgehen der ICILS-2023-Studie skizziert, die für das Lesen und die Einordnung der in den nachfolgenden Kapiteln dargestellten Ergebnisse wichtig sind. Diese umfassen zunächst Informationen zur Bildung und Zusammensetzung der internationalen bzw. europäischen Vergleichsgruppe. Anschließend wird auf ICILS-2023-Teilnehmerländer eingegangen, die in der vorliegenden Berichtlegung aufgrund fehlender Datenqualität oder Rücklaufquoten nicht bzw. nicht durchgehend für die Analysen berücksichtigt werden können. Zudem werden Besonderheiten der Stichproben im internationalen Vergleich erläutert sowie das für die Abbildungen und Tabellen in dieser Berichtlegung entwickelte Fußnotensystem dargestellt. Diesen Abschnitt abschließend werden Informationen zu Signifikanzberechnungen und Gewichtungen dargelegt. Weitere Informationen zum methodischen Vorgehen lassen sich der Berichtlegung der Studie ICILS 2023 für Deutschland entnehmen (siehe Eickelmann, Fröhlich et al., 2024b).

Bildung von Vergleichsgruppen

Die nachfolgend in diesem Berichtsband dargestellten Analyseergebnisse für Nordrhein-Westfalen werden, wo es möglich und sinnvoll ist, zur Einordnung mit einem internationalen Mittelwert und einem Mittelwert der Vergleichsgruppe EU verglichen. Im Folgenden wird die Zusammensetzung des internationalen Mittelwertes und des Mittelwertes der Vergleichsgruppe EU für die Daten der Schüler*innen sowie der Lehrkräfte in ICILS 2023 erläutert. Dabei ist die Vergleichsgruppenbildung jeweils differenziert nach den verschiedenen Stichproben in ICILS 2023 zu betrachten. Aus diesem Grund werden die international geltenden Standards bzw. Ausschlusskriterien für die jeweilige Zusammensetzung der Vergleichsgruppenwerte sowohl für die Daten der Schüler*innen (Testung und Befragung) als auch für die Daten der Lehrkräfte (Befragung) aufgeführt. Aufgrund des Designs der Stichprobe der Studie ICILS 2023 werden alle Angaben aus dem pädagogischen und technischen Teil des Schulfragebogens auf die Population der Schüler*innen gewichtet, sodass für die hier zugehörigen europäischen bzw. internationalen Vergleichsgruppenwerte dieselben Kriterien wie für die Daten der Schüler*innen gelten.

Erstens gehen in die Berechnung der internationalen Mittelwerte die Daten derjenigen ICILS-2023-Teilnehmerländer ein, die die von der IEA festgelegten internationalen Standards, z.B. in Bezug auf die notwenigen Rücklaufquoten, erfüllen. In diesem Berichtsband werden diese Mittelwerte in gewohnter Weise als ‚internationaler Mittelwert' bezeichnet. In die Berechnung dieses internationalen Mittelwertes gehen somit diejenigen Teilnehmerländer nicht ein, die die von der IEA formulierten Standards in Bezug auf die Teilnahmequoten bzw. die Vorgaben für die einzelnen Stichproben nicht erfüllen. In der Zusammenschau ergeben sich fünf Ausschlusskriterien:

I. Die Gesamtteilnahmequote der Schüler*innen und Schulen liegt unter 75 Prozent (Chile, die Niederlande und die USA).
II. Die Gesamtteilnahmequote der Lehrkräfte und Schulen liegt unter 75 Prozent (Belgien (Fläm. Gem.), Bosnien und Herzegowina, Chile, Dänemark, Deutschland, Frankreich, der Kosovo, Luxemburg, Malta, die Niederlande, Österreich, Schweden, Uruguay, die USA und Zypern).
III. Die Erhebung mit der Zielpopulation hat in der ersten Hälfte des Schuljahres stattgefunden (Rumänien).
IV. Das internationale Stichprobenverfahren bezogen auf die Lehrkräftebefragung wurde nicht befolgt (der Oman, die Slowakei).

V. Benchmark-Teilnehmer gehen gemäß den internationalen Vorgaben nicht in internationale Mittelwerte von IEA-Studien ein. Dies trifft in ICILS 2023 auf Nordrhein-Westfalen als einziger Benchmark-Teilnehmer der Studie zu. Hierbei ist jedoch zum Verständnis anzumerken, dass Nordrhein-Westfalen zwar nicht als eigenes Teilnehmerland für die Berechnung des internationalen Mittelwertes berücksichtigt wird, die Daten aus Nordrhein-Westfalen jedoch anteilig in den Wert von Deutschland und dadurch auch in den internationalen Mittelwert für die Daten der Schüler*innen eingehen.

Es sei zudem darauf hingewiesen, dass die international für die Kompetenzbetrachtungen gebildeten Mittelwerte, die sich über die ICILS-Zyklen aus jeweils verschiedenen Teilnehmerländern zusammensetzen, über den methodischen Ansatz der gemeinsamen Skalierung über die Zyklen miteinander verglichen werden können.

Damit zweitens die Ergebnisse für Nordrhein-Westfalen in einen europäischen Vergleich eingeordnet werden können, wird, wie auch in der Berichtlegung für Deutschland (Eickelmann, Fröhlich et al., 2024a), ein Mittelwert gebildet, der als Mittelwert der Vergleichsgruppe EU (kurz: VG EU) bezeichnet wird.

Um einerseits ein möglichst umfangreiches Bild der EU-Teilnehmerländer zu erhalten und andererseits die Qualitätseinschätzung der Daten angemessen zu berücksichtigen, werden folgende Ausschlusskriterien für das Einbeziehen einzelner EU-Teilnehmerländer angesetzt:

VI. Die Gesamtteilnahmequote der Schüler*innen und Schulen liegt unter 50 Prozent (dies betrifft nur die Niederlande).
VII. Die Gesamtteilnahmequote der Lehrkräfte und Schulen liegt unter 50 Prozent (dies betrifft Luxemburg und die Niederlande).
VIII. Das Stichprobenverfahren bezogen auf die Lehrkräfte wurde nicht befolgt (die Slowakei).
IX. Benchmark-Teilnehmer gehen nicht in die Vergleichsgruppe EU ein. Dies trifft in ICILS 2023 auf Nordrhein-Westfalen zu. Hierbei ist jedoch anzumerken, dass Nordrhein-Westfalen zwar nicht als eigenes Teilnehmerland in der Vergleichsgruppe EU berücksichtigt wird, die Daten aus Nordrhein-Westfalen jedoch anteilig in den Wert von Deutschland und dadurch auch in die Berechnung der Werte der Vergleichsgruppe EU eingehen.

Die sich so ergebende Zusammensetzung im Sinne eines Überblicks über alle jeweils einbezogenen ICILS-2023-Teilnehmerländer kann dem Berichtsband der Studie ICILS 2023 für Deutschland (Eickelmann, Fröhlich et al., 2024b) entnommen werden. Ergänzt sei an dieser Stelle, dass entsprechend die Vergleichsgruppen für das Zusatzmodul zum Kompetenzbereich ‚Computational Thinking' gebildet wurden, an dem ein Großteil, aber nicht alle ICILS-2023-Teilnehmerländer teilgenommen haben (vgl. Tabelle 1.1 in diesem Kapitel).

Nicht zu berücksichtigende ICILS-2023-Teilnehmerländer in der Berichtlegung

Aufgrund zu geringer Teilnahmequoten oder bei Nichteinhaltung der international von der IEA vorgegebenen Qualitäts- und Erhebungsstandards sind in ICILS 2023 und damit auch in den Analysen und der Berichtlegung der Ergebnisse in verschiedenen Kapiteln des hier vorliegenden ICILS-2023-Berichtsbandes für Nordrhein-Westfalen jeweils ein oder mehrere ICILS-2023-Teilnehmerländer ausgeschlossen. Im Folgenden werden dazu, den einzelnen Ergebniskapiteln vorangestellt, diejenigen ICILS-2023-Teilnehmerländer angeführt, die von verschiedenen Ausschlusskriterien betroffen sind. Dabei wird zwischen den nicht berichteten ICILS-2023-Teilnehmerländern bezogen auf die (1) Ergebnisse der Lehrkräfte sowie auf die nicht berichteten ICILS-2023-Teilnehmerländer bezogen auf die (2) Ergebnisse der Schüler*innen und damit verbunden die auf die Population der Schüler*innen bezogenen Ergebnisse des pädagogischen und technischen Teils der Schulbefragung differenziert. Zudem ist bezogen auf die Schüler*innen zwischen Ergebnissen zu computer- und informationsbezogenen Kompetenzen und den im Rahmen des Zusatzmoduls erhobenen Kompetenzen im Bereich ‚Computational Thinking' zu unterscheiden, da nicht alle ICILS-2023-Teilnehmerländer an dieser internationalen Zusatzoption teilgenommen haben (siehe Tabelle 1.1 in diesem Kapitel).

1) *Nicht berichtete ICILS-2023-Teilnehmerländer bezogen auf die Ergebnisse der Lehrkräfte*

Im Kontext der Ergebnisbeschreibungen mit Bezug auf die Lehrkräfte werden in dem vorliegenden Berichtsband die ICILS-2023-Teilnehmerländer Bosnien und Herzegowina, Chile, Luxemburg, die Niederlande und Uruguay aufgrund einer Teilnahmequote von unter 50 Prozent nicht in den Darstellungen aufgeführt. Aufgrund von Abweichungen der ICILS-2023-Erhebungsstandards werden zudem die Slowakei und der Oman in diesem Kontext ebenfalls nicht dargestellt, sodass im Ergebnis in den entsprechenden lehrkräftebezogenen Analysen in diesem Berichtsband immer 28 der 35 ICILS-2023-Teilnehmerländer Berücksichtigung finden.

2) *Nicht berichtete ICILS-2023-Teilnehmerländer bezogen auf die Ergebnisse der Schüler*innen sowie auf die Ergebnisse des pädagogischen und technischen Teils der Schulbefragung*

Bezüglich der ICILS-2023-Ergebnisse, die auf Angaben der Schüler*innen sowie der Schulleitungen bzw. der IT-Koordinator*innen, die den pädagogischen bzw. technischen Teil des Schulfragebogens ausgefüllt haben und immer auf die Population der Schüler*innen gewichtet werden, sind im vorliegenden Berichtsband durchgehend die ICILS-2023-Ergebnisse der Teilnehmerländer berücksichtigt, in denen die internationalen Standards zu Rücklaufquoten (unter 50 Prozent) und Erhebungsdurchführungen erreicht wurden und deren Datenqualität somit hinreichend aussagekräftig ist. Chile und die Niederlande sind daher ausgenommen. Dies gilt darüber hinaus auch für die ICILS-2023-Ergebnisdarstellungen, die Ergebnisse der Schüler*innen hinsichtlich computer- und informationsbezogener Kompetenzen sowie Kompetenzen im Bereich ‚Computational Thinking' umfassen.

Abschließend sei an dieser Stelle ergänzt, dass im Anhang des internationalen Berichtsbandes (Fraillon, 2024) die Ergebnisse der von Ausschlusskriterien betroffenen Teilnehmerländer der Vollständigkeit halber, jedoch mit einem entsprechenden Hinweis auf die begrenzte Reichweite und Interpretierbarkeit der Daten, angeführt sind und bei Interesse dort eingesehen werden können.

Besonderheiten der Stichproben im internationalen Vergleich und das Fußnotensystem in diesem Berichtsband

Im vorliegenden Berichtsband für Nordrhein-Westfalen werden die folgenden Fußnoten verwendet, um auf die verschiedenen stichprobenbedingten Besonderheiten hinzuweisen:

1 – In ICILS 2023 hat die Erhebung mit der Zielpopulation in der ersten Hälfte des Schuljahres stattgefunden.
2 – In ICILS 2023 liegt die Gesamtausschlussquote über 5% (aber nicht über 10%).
3 – In ICILS 2023 hohe Gesamtausschlussquote von über 35%.
4 – In ICILS 2023 liegt die Gesamtteilnahmequote der Lehrkräfte und Schulen unter 75% (aber über 50%).
5 – In ICILS 2023 liegt die Gesamtteilnahmequote der Schüler*innen und Schulen unter 75% (aber über 50%).
6 – In ICILS 2023 abweichender Erhebungszeitraum.
7 – In ICILS 2018 Unterschreitung des Mindestdurchschnittsalters der Schüler*innen von 13.5 Jahren.
8 – In ICILS 2023 entspricht die nationale Zielpopulation nicht der 8. Jahrgangsstufe.
9 – In ICILS 2018 lag die Gesamtausschlussquote über 5% (aber nicht über 10%).
10 – In ICILS 2018 lag die Gesamtteilnahmequote der Schüler*innen und Schulen unter 75% (aber über 50%).
11 – In ICILS 2018 abweichender Erhebungszeitraum.

A – Differenzen zu 100% sind im Rundungsverfahren begründet.
B – Inkonsistenzen in berichteten Differenzen sind im Rundungsverfahren begründet.
C – Wert wird aufgrund von zu geringer Antwortquote (unter 40%) in ICILS 2023 nicht berichtet.
D – Für Gruppen mit unzureichender Datengrundlage werden keine Werte angegeben (Hinweis: Gemäß internationalen Vorgaben liegt eine unzureichende Datengrundlage vor, sobald eine zu geringe Fallzahl (weniger als 30) und/oder eine sehr geringe Streuung der entsprechenden Daten zu verzeichnen ist).
E – Gemäß dem internationalen Vorgehen werden für diese Analysen die Anteile der Mädchen und Jungen zur Grundgesamtheit 100% zusammengefasst.
F – Gemäß dem internationalen Vorgehen werden für die Berechnung der Mittelwerte der beiden Vergleichsgruppen nur diejenigen ICILS-2023-Teilnehmerländer berücksichtigt, die für alle abgebildeten Schüler*innengruppen eine ausreichende Datengrundlage aufweisen.
G – Aufgrund der Betrachtung ausgewählter Kategorien des Zuwanderungshintergrunds summieren sich die Anteile nicht zu 100% auf.
H – Gemäß dem internationalen Vorgehen werden für diese Analysen die Anteile der Mädchen und Jungen zur Grundgesamtheit 100% zusammengefasst.
I – Gemäß dem internationalen Vorgehen werden für die Berechnung der Mittelwerte der beiden Vergleichsgruppen nur diejenigen ICILS-2023-Teilnehmerländer berücksichtigt, die für alle abgebildeten Schüler*innengruppen eine ausreichende Datengrundlage aufweisen.
J – Aufgrund der Betrachtung ausgewählter Kategorien des Zuwanderungshintergrunds summieren sich die Anteile nicht zu 100% auf.

Signifikanzberechnungen und Gewichtungen

In dem hier vorgelegten Berichtsband bilden die Daten und Werte, die sich für Nordrhein-Westfalen ergeben, den statistischen Bezugspunkt. Dies und damit die dahinterliegenden Analysen und Signifikanzprüfungen ermöglichen, die Ergebnisse Nordrhein-Westfalens unmittelbar im nationalen (hier: im Vergleich zu den Ergebnissen Deutschlands) sowie im internationalen Vergleich einzuordnen. Die in diesem Band berichteten Ergebnisse basieren auf Datenanalysen mit dem IEA IDB Analyzer (International Database Analyzer – Version 5.0.32) – einem auf die Analyse der Daten von *Large Scale Assessments* zugeschnittenen statistischen Software-Tool der IEA (IEA, 2022). Zur statistischen Absicherung von Unterschieden in den Mittelwerten und prozentualen Anteilen zwischen Nordrhein-Westfalen und den anderen ICILS-2023-Teilnehmerländern sowie den beiden vorbeschriebenen Vergleichsgruppen werden diese mithilfe von t-Tests auf einem fünfprozentigen Signifikanzniveau zufallskritisch geprüft (Gonzales, 2014). Da Nordrhein-Westfalen ebenfalls in die Stichprobe für Deutschland gewichtet eingeht, wird dies bei der statistischen Bestimmung des Standardfehlers der Differenz zwischen Nordrhein-Westfalen und dem internationalen Mittelwert sowie dem Mittelwert der Vergleichsgruppe EU berücksichtigt. Dies ist insofern von Relevanz, als dass die Stichprobe von Deutschland Teil der genannten Vergleichsgruppen ist und es ohne diese Berücksichtigung zu Verzerrungen der Ergebnisse kommen würde. Folglich wird für die Signifikanzprüfung und ausschließlich für diese der gewichtete Anteil (22.1%) der Daten der Schüler*innen Nordrhein-Westfalens aus der Stichprobe für Deutschland herausgenommen und damit der Netto-Standardfehler der Differenz bestimmt. Die Berechnung dieser Unterschiede wird automatisiert mithilfe des IEA IDB Analyzers durchgeführt.

In ICILS 2023 ist es weiterhin notwendig, für die Schüler*innen und Lehrkräfte Stichprobengewichte in den Datenanalysen systematisch zu berücksichtigen, sodass aus stichprobenbasierten Untersuchungen Rückschlüsse auf die Grundgesamtheit gezogen werden können. Diese Rückschlüsse können nur dann korrekt gezogen werden, wenn die Stichprobe im Vergleich zur Grundgesamtheit nicht verzerrt ist oder die vorhandene Verzerrung methodisch berücksichtigt wird. Die Wahrscheinlichkeit für Schüler*innen und Lehrkräfte, in die Stichprobe gezogen zu werden, kann aufgrund des in ICILS 2023 verwendeten Stichprobenziehungsverfahrens von Schule zu Schule variieren. Aus diesem Grund werden Stichprobengewichte berechnet, die bei der Datenanalyse systematisch berücksichtigt werden. In ICILS 2023 handelt es sich dabei um ein Schulgewicht, ein Gewicht der Schüler*innen sowie ein Gewicht der Lehrkräfte. Detaillierte Informationen zur Zusammensetzung der Gewichte in ICILS 2023 können ab dem Jahr 2025 dem technischen Report zur Studie ICILS 2023 entnommen werden.

Da die Stichprobe in ICILS 2023 wie in den beiden vorangegangenen Studienzyklen ICILS 2018 und ICILS 2013 als *Cluster Sample* angelegt ist, wird zur Schätzung von Stichproben- und Messfehlern das *Jackknife-Replication-Verfahren* (Johnson & Rust, 1992; Rust, 2013) angewendet, um eine korrekte Bestimmung der Standardfehler und damit der Signifikanzen sicherzustellen.

Zur Ermittlung der Populationsschätzwerte der computer- und informationsbezogenen Kompetenzen sowie der Kompetenzen im Bereich ‚Computational Thinking' der Schüler*innen wird in ICILS 2023 der sogenannte *Plausible Value-Ansatz* (Mislevy, 1991; Mislevy et al., 1992) gewählt. Wie bereits in den vorangegangenen ICILS-Zyklen werden dazu für jeden Kompetenzbereich fünf *plausible values* gezogen.

Anschaulich erkennt man die Ergebnisse der Signifikanzprüfungen in den für die folgenden Kapitel entwickelten Darstellungen (Abbildungen und Tabellen) u.a. an den Quadraten sowie alternativ an den nach oben oder unten gerichteten Dreiecken. Diese sind in jeder Darstellung spezifisch erläutert, wobei die Quadrate immer darauf hinweisen, dass im Vergleich zu Nordrhein-Westfalen keine signifikanten Unterschiede vorliegen. Weiterhin finden sich ergänzend in den Textteilen, die die zentralen Ergebnisse der vorgelegten Abbildungen und Tabellen jeweils erläutern, Hinweise auf die Ergebnisse der durchgehend durchgeführten Signifikanzprüfungen.

Literatur

Bos, W., Eickelmann, B. & Gerick, J. (2014). Computer- und informationsbezogene Kompetenzen von Schülerinnen und Schülern der 8. Jahrgangsstufe in Deutschland im internationalen Vergleich. In W. Bos, B. Eickelmann, J. Gerick, F. Goldhammer, H. Schaumburg, K. Schwippert, M. Senkbeil, R. Schulz-Zander & H. Wendt (Hrsg.), *ICILS 2013. Computer- und informationsbezogene Kompetenzen von Schülerinnen und Schülern in der 8. Jahrgangsstufe im internationalen Vergleich* (S. 113–145). Waxmann. https://doi.org/10.25656/01:11459

Eickelmann, B., Bos, W., Gerick, J. & Fröhlich, N. (2024). Computer- und informationsbezogene Kompetenzen von Schüler*innen der 8. Jahrgangsstufe in Deutschland im dritten internationalen Vergleich. In B. Eickelmann, N. Fröhlich, W. Bos, J. Gerick, F. Goldhammer, H. Schaumburg, K. Schwippert, M. Senkbeil & J. Vahrenhold (Hrsg.), *ICILS 2023 #Deutschland. Computer- und informationsbezogene Kompetenzen und Kompetenzen im Bereich Computational Thinking von Schüler*innen im internationalen Vergleich* (S. 47–72). Waxmann. https://doi.org/10.31244/9783830999492.02

Eickelmann, B., Bos, W., Gerick, J., Goldhammer, F., Schaumburg, H., Schwippert, K., Senkbeil, M. & Vahrenhold, J. (2019a). Anlage, Forschungsdesign und Durchführung der Studie ICILS 2018. In B. Eickelmann, W. Bos, J. Gerick, F. Goldhammer, H. Schaumburg, K. Schwippert, M. Senkbeil & J. Vahrenhold (Hrsg.), *ICILS 2018 #Deutschland. Computer- und informationsbezogene Kompetenzen von Schülerinnen und Schülern im zweiten internationalen Vergleich und Kompetenzen im Bereich Computational Thinking* (S. 33–77). Waxmann. https://doi.org/10.25656/01:18320

Eickelmann, B., Bos, W., Gerick, J., Goldhammer, F., Schaumburg, H., Schwippert, K., Senkbeil, M. & Vahrenhold, J. (Hrsg.). (2019b). *ICILS 2018 #Deutschland. Computer- und informationsbezogene Kompetenzen von Schülerinnen und Schülern im zweiten internationalen Vergleich und Kompetenzen im Bereich Computational Thinking.* Waxmann. https://doi.org/10.25656/01:18166

Eickelmann, B., Bos, W. & Labusch, A. (2019). Die Studie ICILS 2018 im Überblick. Zentrale Ergebnisse und mögliche Entwicklungsperspektiven. In B. Eickelmann, W. Bos, J. Gerick, F. Goldhammer, H. Schaumburg, K. Schwippert, M. Senkbeil & J. Vahrenhold (Hrsg.), *ICILS 2018 #Deutschland. Computer- und informationsbezogene Kompetenzen von Schülerinnen und Schülern im zweiten internationalen Vergleich und Kompetenzen im Bereich Computational Thinking* (S. 7–32). Waxmann. https://doi.org/10.25656/01:18319

Eickelmann, B., Fröhlich, N., Bos, W., Gerick, J., Goldhammer, F., Schaumburg, H., Schwippert, K., Senkbeil, M. & Vahrenhold, J. (Hrsg.). (2024a). *ICILS 2023 #Deutschland. Computer- und informationsbezogene Kompetenzen und Kompetenzen im Bereich Computational Thinking von Schüler*innen im internationalen Vergleich.* Waxmann. https://doi.org/10.31244/9783830999492

Eickelmann, B., Fröhlich, N., Bos, W., Gerick, J., Goldhammer, F., Schaumburg, H., Schwippert, K., Senkbeil, M. & Vahrenhold, J. (2024b). Die IEA-Studie ICILS 2023 – Informationen zur Anlage und Durchführung der Studie. In B. Eickelmann, N. Fröhlich, W. Bos, J. Gerick, F. Goldhammer, H. Schaumburg, K. Schwippert, M. Senkbeil & J. Vahrenhold (Hrsg.), *ICILS 2023 #Deutschland. Computer- und informationsbezogene Kompetenzen und Kompetenzen im Bereich Computational Thinking von Schüler*innen im internationalen Vergleich* (S. 7–45). Waxmann. https://doi.org/10.31244/9783830999492.01

Eickelmann, B., Vahrenhold, J., Drossel, K., Niggemeier, J. & Niemann, J. (2024). Kompetenzen im Bereich ‚Computational Thinking' von Schüler*innen in Deutschland im zweiten internationalen Vergleich. In B. Eickelmann, N. Fröhlich, W. Bos, J. Gerick, F. Goldhammer, H. Schaumburg, K. Schwippert, M. Senkbeil & J. Vahrenhold (Hrsg.), *ICILS 2023 #Deutschland. Computer- und informationsbezogene Kompetenzen und Kompetenzen im Bereich Computational Thinking von Schüler*innen im internationalen Vergleich* (S. 255–287). Waxmann. https://doi.org/10.31244/9783830999492.08

Fraillon, J. (Hrsg.). (2024). *An international perspective on digital literacy: Results from ICILS 2023.* IEA. https://www.iea.nl/publications/icils-2023-international-report

Fraillon, J., Ainley, J., Schulz, W., Duckworth, D. & Friedman, T. (Hrsg.). (2019). *IEA International Computer and Information Literacy Study 2018. Assessment framework.* Springer. https://doi.org/10.1007/978-3-030-19389-8

Fraillon, J., Ainley, J., Schulz, W., Friedman, T. & Gebhardt, E. (2014). *Preparing for life in a digital age. The IEA International Computer and Information Literacy Study. International report.* Springer. https://doi.org/10.1007/978-3-319-14222-7

Fraillon, J. & Rožman, M. (Hrsg.). (2024). *IEA International Computer and Information Literacy Study 2023. Assessment framework.* IEA. https://www.iea.nl/sites/default/files/2023-12/20231221%20ICILS2023_Assessment_Framework__Final_0.pdf

Gonzales, E. J. (2014). Calculating standard errors of sample statistics when using international large-scale assessment data. In R. Strietholt, W. Bos, J.-E. Gustafsson & M. Rosén (Hrsg.), *Educational policy evaluation through international comparative assessments* (S. 59–73). Waxmann.

IEA (International Association for the Evaluation of Educational Achievement). (2022). *Help manual for the IEA IDB Analyzer (Version 5.0).* IEA. https://www.iea.nl/sites/default/files/2022-06/IDB-Analyzer-Manual-(Version-5-0).pdf

Johnson, E. G. & Rust, K. F. (1992). Population inferences and variance estimation for NAEP data. *Journal of Educational Statistics, 17*(2), 175–190. https://doi.org/10.2307/1165168

KMK (Ständige Konferenz der Kultusminister der Länder in der Bundesrepublik Deutschland). (2021). *Lehren und Lernen in der digitalen Welt. Die ergänzende Empfehlung zur Strategie „Bildung in der digitalen Welt". Beschluss der Kultusministerkonferenz vom 09.12.2021.* https://www.kmk.org/fileadmin/veroeffentlichungen_beschluesse/2021/2021_12_09-Lehren-und-Lernen-Digi.pdf

Medienberatung NRW. (2017). *Medienkompetenzrahmen NRW.* https://medienkompetenzrahmen.nrw/

Mislevy, R. J. (1991). Randomization-based inference about latent variables from complex samples. *Psychometrika, 56*(2), 177–196. https://doi.org/10.1007/BF02294457

Mislevy, R. J., Beaton, A. E., Kaplan, B. & Sheehan, K. M. (1992). Estimating population characteristics from sparse matrix samples of item responses. *Journal of Educational Measurement, 29*(2), 133–161. https://doi.org/10.1111/j.1745-3984.1992.tb00371.x

Rust, K. (2013). Sampling, weighting, and variance estimation in international large-scale assessments. In L. Rutkowski, M. von Davier & D. Rutkowski (Hrsg.), *Handbook of international large-scale assessment. Background, technical issues, and methods of data analysis* (S. 118–152). CRC.

Kapitel 2
Computer- und informationsbezogene Kompetenzen von Schüler*innen der 8. Jahrgangsstufe in Nordrhein-Westfalen im zweiten internationalen Vergleich

Das nun folgende erste Ergebniskapitel präsentiert die zentralen Ergebnisse der Studie ICILS 2023 (*International Computer and Information Literacy Study 2023*) zu den computer- und informationsbezogenen Kompetenzen von Achtklässler*innen in Nordrhein-Westfalen im zweiten internationalen Vergleich. Diese umfassen damit insbesondere auch Vergleichsmöglichkeiten zu den Ergebnissen für Deutschland sowie Vergleiche über einen Fünfjahreszeitraum seit ICILS 2018 (Eickelmann et al., 2019). Informationen zum theoretischen Konstrukt der computer- und informationsbezogenen Kompetenzen, welche der Testung zugrunde liegen, sind dem ersten Kapitel dieser Berichtlegung zu entnehmen.

Die Ergebnisdarstellung in diesem Kapitel umfasst vier Themenbereiche:

- Ergebnisse der Studie ICILS 2023 zu den computer- und informationsbezogenen Kompetenzen der Schüler*innen in Nordrhein-Westfalen im internationalen Vergleich und im Vergleich zu ICILS 2018, wobei die mittleren Kompetenzwerte jeweils um die Werte der Leistungsstreuung ergänzt werden (Abschnitt 2.1)
- Ergebnisse zur Verteilung der Schüler*innen auf die Kompetenzstufen der computer- und informationsbezogenen Kompetenzen in ICILS 2023 im internationalen Vergleich sowie für Nordrhein-Westfalen im Vergleich zu ICILS 2018 (Abschnitt 2.2)
- Ergebnisse von Schulformvergleichen der mittleren Kompetenzstände und der Leistungsstreuung der mittleren computer- und informationsbezogenen Kompetenzen der Schüler*innen in ICILS 2023 und ICILS 2018 in Nordrhein-Westfalen (Abschnitt 2.3)
- Ergebnisse von Schulformvergleichen hinsichtlich der Verteilung der Schüler*innen auf die Kompetenzstufen der computer- und informationsbezogenen Kompetenzen in ICILS 2023 und für Nordrhein-Westfalen in ICILS 2018 (Abschnitt 2.4)

Weitere, möglicherweise für Nordrhein-Westfalen relevante Ergebnisse der Studie ICILS 2023 zu den computer- und informationsbezogenen Kompetenzen von Achtklässler*innen im internationalen Vergleich, insbesondere die genaue Beschreibung der Kompetenzentwicklungen seit ICILS 2018, finden sich im Berichtsband der Studie ICILS 2023 für Deutschland (Eickelmann, Bos et al., 2024). Im Hinblick auf die Darstellung der nachfolgenden Analysen sei vorab angemerkt, dass für die internationalen Vergleiche nur diejenigen 33 der insgesamt 35 ICILS-2023-Teilnehmerländer berücksichtigt werden können, die – wie Nordrhein-Westfalen – mit Blick auf die hier analysierten Daten gemäß internationalen Vorgaben eine hinreichend hohe und damit zuverlässige Datenqualität aufweisen (vgl. Kapitel 1 in diesem Band). Keine Berücksichtigung finden damit die Niederlande und Chile.

2.1 Ergebnisse zu den computer- und informationsbezogenen Kompetenzen von Schüler*innen in ICILS 2023 und ICILS 2018 im internationalen Vergleich

Die Ergebnisse zu den mittleren Kompetenzwerten und zur Leistungsstreuung der computer- und informationsbezogenen Kompetenzen der Achtklässler*innen in Nordrhein-Westfalen im internationalen Vergleich werden im nachfolgenden Abschnitt ausgeführt. Weiterhin werden die mittleren Kompetenzunterschiede in den computer- und informationsbezogenen Kompetenzen im Vergleich über einen Zeitraum von fünf Jahren präsentiert.

Die mittleren computer- und informationsbezogenen Kompetenzen der Achtklässler*innen in Nordrhein-Westfalen im internationalen Vergleich mit den hier 33 zu berücksichtigenden ICILS-2023-Teilnehmerländern werden in Abbildung 2.1 dargestellt. Neben den mittleren Kompetenzwerten (M), den jeweiligen Standardabweichungen (SD) sowie den Standardfehlern (SE) sind sogenannte Perzentilbänder dargestellt. Diese bilden als wichtige Informationen u.a. die Leistungsstreuung in den Teilnehmerländern sowie in den Vergleichsgruppen ab. Je größer der mittlere Kompetenzwert ist, desto weiter rechts liegt die Mitte des Perzentilbandes. Ergänzend zur reinen Betrachtung der Mittelwerte verdeutlichen die Perzentilbänder anschaulich die Heterogenität der mittleren Kompetenzen im internationalen Vergleich. Die Breite der Perzentilbänder bildet ab, wie stark in jedem ICILS-2023-Teilnehmerland die Testergebnisse der Schüler*innen um den Mittelwert des jeweiligen Teilnehmerlandes streuen. In diesem Kapitel wird die Streubreite der computer- und informationsbezogenen Kompetenzen zwischen dem 5. und dem 95. Perzentil des Kompetenzspektrums betrachtet. Dieser Wert kann in seiner Interpretation als Indikator für die Bildungsgerechtigkeit innerhalb eines ICILS-2023-Teilnehmerlandes im Bereich der computer- und informationsbezogenen Kompetenzen herangezogen werden. Die Ergebnisse der zugehörigen Abbildung 2.1 sind absteigend nach der Höhe der mittleren Kompetenzwerte der Schüler*innen in den hier abgebildeten ICILS-2023-Teilnehmerländern sortiert.

Folgende zentrale Ergebnisse werden für Nordrhein-Westfalen ersichtlich:

- In ICILS 2023 erreichen die nordrhein-westfälischen Achtklässler*innen in den mittleren computer- und informationsbezogenen Kompetenzen 485 Punkte. Damit ist für Nordrhein-Westfalen im Vergleich zu ICILS 2018 (515 Punkte) ein signifikanter und deutlicher Kompetenzrückgang um 30 Punkte zu verzeichnen.
- Der mittlere Kompetenzwert der Schüler*innen in ICILS 2023 in Nordrhein-Westfalen liegt statistisch signifikant und erstmals deutlich unter dem Wert Deutschlands (502 Punkte) sowie signifikant unter dem Mittelwert der europäischen Vergleichsgruppe EU (493 Punkte), jedoch, in einem insgesamt schwachen Staatenfeld, noch signifikant über dem internationalen Mittelwert (476 Punkte).
- Im Vergleich zu Nordrhein-Westfalen erreichen neben Deutschland 16 weitere der zu berücksichtigenden ICILS-2023-Teilnehmerländer ein signifikant höheres mittleres Kompetenzniveau der computer- und informationsbezogenen Kompetenzen, darunter die Republik Korea (540 Punkte), Tschechien (525 Punkte), Dänemark (518 Punkte), Taiwan (515 Punkte) und Belgien (Fläm. Gem.) (511 Punkte) mit teilweise deutlich über 510 Punkten.
- Signifikant niedrigere mittlere Kompetenzwerte als in Nordrhein-Westfalen im Bereich der computer- und informationsbezogenen Kompetenzen liegen in elf der hier berichteten ICILS-2023-Teilnehmerländer vor. Besonders geringe mittlere computer- und informationsbezogene Kompetenzen lassen sich dabei im Oman

Abbildung 2.1: Computer- und informationsbezogene Kompetenzen von Schüler*innen in ICILS 2023 in Nordrhein-Westfalen im internationalen Vergleich und in ICILS 2018 in Nordrhein-Westfalen

	Teilnehmer	M	(SE)	SD	(SE)	
	Republik Korea	540	(2.5)	88	(1.4)	▲
[2]	Tschechien	525	(2.1)	69	(1.7)	▲
[2]	Dänemark	518	(2.7)	76	(2.0)	▲
	Taiwan	515	(3.0)	87	(1.9)	▲
	Belgien (Fläm. Gem.)	511	(4.4)	83	(3.2)	▲
[2]	Portugal	510	(3.0)	80	(2.1)	▲
[2]	Lettland	509	(3.6)	79	(1.9)	▲
	Finnland	507	(3.6)	85	(2.2)	▲
[2]	Österreich	506	(2.5)	76	(1.8)	▲
	Ungarn	505	(3.8)	84	(3.5)	▲
[2]	Schweden	504	(3.0)	85	(1.7)	▲
[2] [8]	Norwegen	502	(2.9)	85	(1.8)	▲
	Deutschland	**502**	**(3.5)**	**87**	**(2.8)**	▲
	Slowakei	499	(2.7)	82	(1.8)	▲
	Frankreich	498	(2.7)	74	(1.6)	▲
[2]	Spanien	495	(1.9)	82	(1.3)	▲
	Luxemburg	494	(2.0)	88	(1.1)	▲
	VG EU	**493**	**(0.7)**	**85**	**(0.5)**	▲
	Italien	491	(2.6)	75	(2.6)	■
[2]	Kroatien	487	(3.9)	99	(2.4)	■
[2]	***Nordrhein-Westfalen***	**485**	**(4.1)**	**92**	**(2.5)**	–
[2]	Slowenien	483	(2.3)	82	(1.3)	■
[5]	USA	482	(6.6)	107	(3.2)	■
	Internat. Mittelwert	**476**	**(0.6)**	**88**	**(0.4)**	▼
	Malta	475	(2.5)	105	(1.8)	▼
	Zypern	460	(2.6)	101	(1.9)	▼
	Griechenland	460	(3.3)	91	(1.7)	▼
	Uruguay	447	(3.6)	100	(1.8)	▼
[2]	Serbien	443	(3.7)	91	(1.8)	▼
[3]	Bosnien und Herzegowina	440	(3.8)	104	(2.7)	▼
[1] [2] [6]	Rumänien	418	(5.3)	103	(2.8)	▼
[2]	Kasachstan	407	(3.1)	89	(1.6)	▼
	Oman	379	(3.0)	103	(1.7)	▼
[2]	Kosovo	356	(4.1)	101	(2.1)	▼
	Aserbaidschan	319	(5.1)	100	(3.2)	▼
	Vergleich ICILS 2018 ***Nordrhein-Westfalen***	**515**	**(2.6)**	**75**	**(2.1)**	▲ (grau)

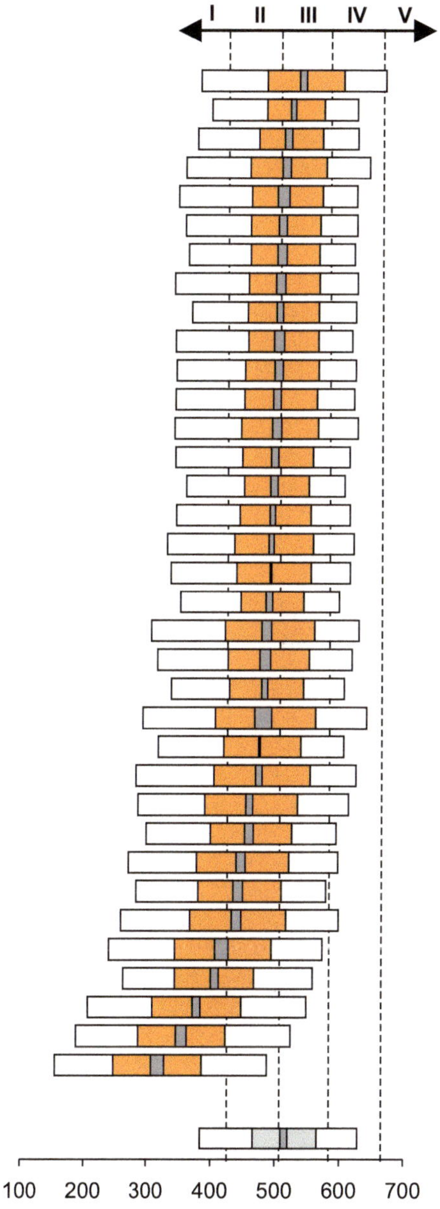

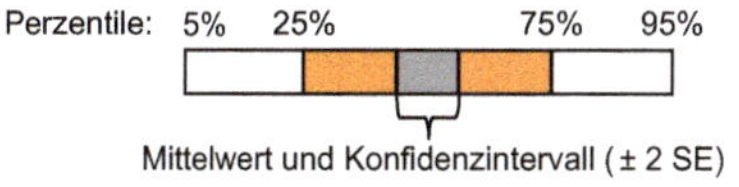

▲ Mittelwert in ICILS 2023 signifikant größer als in Nordrhein-Westfalen in ICILS 2023 ($p < .05$).

■ Kein signifikanter Unterschied in ICILS 2023 zum Mittelwert in Nordrhein-Westfalen in ICILS 2023.

▼ Mittelwert in ICILS 2023 signifikant kleiner als in Nordrhein-Westfalen in ICILS 2023 ($p < .05$).

▲ (grau) Mittelwert in ICILS 2018 signifikant größer als in Nordrhein-Westfalen in ICILS 2023 ($p < .05$).

■ (grau) Kein signifikanter Unterschied zum Mittelwert in Nordrhein-Westfalen in ICILS 2023.

▼ (grau) Mittelwert in ICILS 2018 signifikant kleiner als in Nordrhein-Westfalen in ICILS 2023 ($p < .05$).

Die mit Zahlen beschrifteten Fußnoten werden in Kapitel 1 in diesem Berichtsband erläutert.
Kursiv gesetzt ist der Benchmark-Teilnehmer Nordrhein-Westfalen.

IEA: International Computer and Information Literacy Study 2023

(379 Punkte), im Kosovo (356 Punkte) und in Aserbaidschan (319 Punkte) feststellen.

- Keine signifikanten Unterschiede in den mittleren Kompetenzwerten der Schüler*innen im Vergleich zu Nordrhein-Westfalen zeigen sich für die ICILS-2023-Teilnehmerländer Italien (491 Punkte), Kroatien (487 Punkte), Slowenien (483 Punkte) und die USA (482 Punkte).
- Während Nordrhein-Westfalen über die Jahre einen deutlichen Kompetenzrückgang in den computer- und informationsbezogenen Kompetenzen zu verzeichnen hat (s.o.), und u.a. auch für Deutschland, jedoch nicht im gleichen Maße (16 Punkte) Kompetenzrückgänge zu verzeichnen sind, verzeichnen mit Italien und Luxemburg zwei europäische Staaten einen Kompetenzzuwachs zwischen ICILS 2018 und ICILS 2023 (ohne Abbildung). Interessant erscheint zudem, dass sich im betrachteten Zeitraum in weiteren Teilnehmerländern Kompetenzrückgänge abbilden, u.a. in Dänemark und die USA.
- Die Leistungsstreuung der computer- und informationsbezogenen Kompetenzen der Schüler*innen zwischen dem 5. und dem 95. Perzentil des Kompetenzspektrums beträgt in ICILS 2023 in Nordrhein-Westfalen 302 Punkte. Die geringste Streubreite liegt bei 225 Punkten (Tschechien) und die größte Streubreite liegt bei 348 Punkten (USA). Deutschland weist eine Streubreite von 283 Punkten auf. An dieser Stelle sei ergänzt, dass die Streubreite der computer- und informationsbezogenen Kompetenzen in Nordrhein-Westfalen über die Jahre und auch mit Blick auf andere Staaten vergleichsweise hoch ausfällt und somit auf große Kompetenzunterschiede innerhalb der nordrhein-westfälischen Schüler*innenschaft hinweist. Diese Befundlage wird in Kapitel 3 in diesem Band aufgegriffen und zunächst auf der Individualebene der Schüler*innen vertiefend untersucht.

2.2 Ergebnisse zur Verteilung der Schüler*innen auf die Kompetenzstufen der computer- und informationsbezogenen Kompetenzen in ICILS 2023 im internationalen Vergleich und in ICILS 2018 in Nordrhein-Westfalen

Nachfolgend wird in Abbildung 2.2 dargestellt, wie sich die Achtklässler*innen in ICILS 2023 im internationalen Vergleich auf die fünf Kompetenzstufen der computer- und informationsbezogenen Kompetenzen (Fraillon, 2024) verteilen. Zusätzlich wird im unteren Bereich der Abbildung die Kompetenzstufenverteilung für Nordrhein-Westfalen, wie sie sich in ICILS 2018 ergeben hat, dargestellt. Im rechten Teil der Abbildung sind zudem die kumulierten Anteile der Schüler*innen aufgeführt, die die entsprechenden Kompetenzstufen erreichen, womit die Anteile jeweils rechnerisch zusammengefasst werden. Die Sortierung der hier zu berücksichtigenden Teilnehmerländer in der zugehörigen Abbildung 2.2 erfolgt nach absteigender Reihenfolge der Höhe der Anteile der Schüler*innen, die in ICILS 2023 die höchste Kompetenzstufe V erreicht haben.

Folgende zentrale Ergebnisse werden für Nordrhein-Westfalen ersichtlich:

- Nordrhein-Westfalen weist mit einem Anteil von weniger als einem Prozent (0.8%) einen sehr geringen Anteil an Achtklässler*innen auf, der in ICILS 2023 die oberste Kompetenzstufe V der computer- und informationsbezogenen Kompetenzen erreicht. Nur dieser kleine Anteil ist somit in der Lage, u.a. selbstständig ermittelte Informationen sicher zu bewerten und zu organisieren sowie inhaltlich und formal anspruchsvolle Informationsprodukte zu erzeugen. In ICILS 2018 war dieser Anteil ebenfalls nicht sehr hoch (1.8%), jedoch statistisch größer als nun in

Abbildung 2.2: Prozentuale Verteilung der Schüler*innen auf die Kompetenzstufen der computer- und informationsbezogenen Kompetenzen in ICILS 2023 im internationalen Vergleich und in ICILS 2018 in Nordrhein-Westfalen

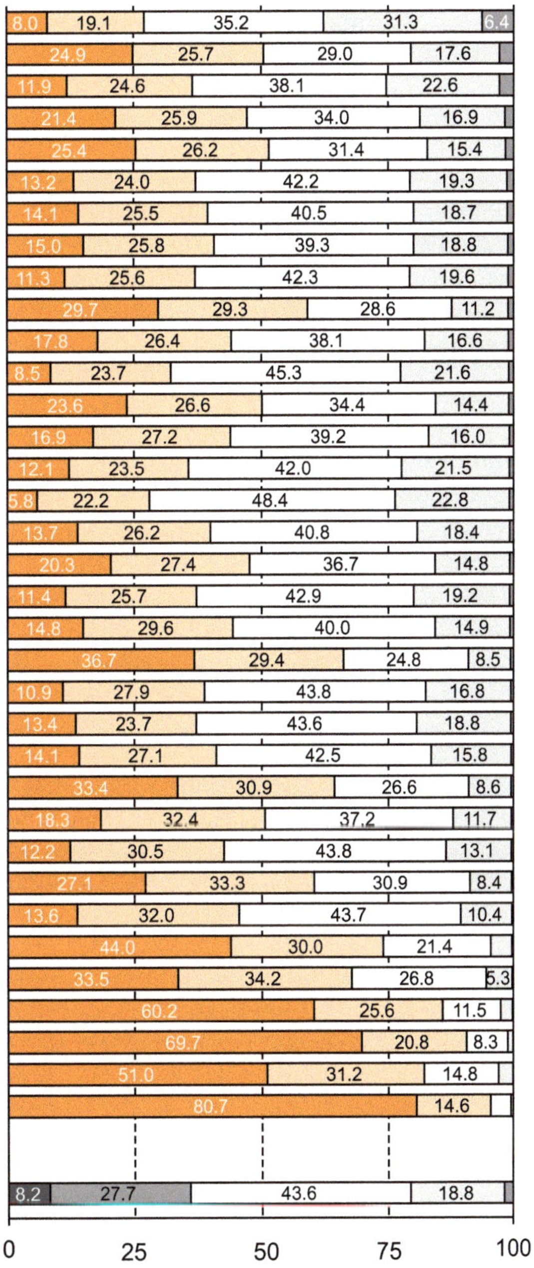

	Teilnehmer[A]	II %	III %	IV %	V %
		Anteil (%) der Schüler*innen, der mindestens diese Kompetenzstufe erreicht			
	Republik Korea	92.0	72.9	37.7	6.4
5	USA	75.1	49.5	20.5	2.9
	Taiwan	88.1	63.5	25.4	2.8
2	Kroatien	78.6	52.7	18.6	1.8
	Malta	74.6	48.4	17.1	1.6
	Finnland	86.8	62.9	20.6	1.3
2	Schweden	85.9	60.5	19.9	1.3
	Deutschland	85.0	59.2	19.9	1.1
2	Portugal	88.7	63.0	20.7	1.1
	Zypern	70.3	41.0	12.3	1.1
	Luxemburg	82.2	55.8	17.7	1.0
2	Dänemark	91.5	67.8	22.6	1.0
	Internat. Mittelwert	76.4	49.8	15.4	1.0
	VG EU	83.1	56.0	16.8	0.8
	Belgien (Fläm. Gem.)	87.9	64.4	22.4	0.8
2	Tschechien	94.2	72.0	23.6	0.8
2 8	Norwegen	86.3	60.0	19.2	0.8
2	***Nordrhein-Westfalen***	79.7	52.3	15.6	0.8
2	Lettland	88.6	62.8	19.9	0.7
2	Spanien	85.2	55.6	15.6	0.7
3	Bosnien und Herzegowina	63.3	33.9	9.1	0.6
2	Österreich	89.1	61.3	17.4	0.6
	Ungarn	86.6	62.9	19.3	0.5
	Slowakei	85.9	58.8	16.3	0.5
	Uruguay	66.6	35.7	9.1	0.5
2	Slowenien	81.7	49.3	12.1	0.4
	Frankreich	87.8	57.3	13.5	0.4
	Griechenland	86.4	54.4	10.7	0.3
	Italien	56.0	26.0	4.6	0.3
1 2 6	Rumänien	56.0	26.0	4.6	0.3
2	Serbien	66.5	32.3	5.5	0.2
	Oman	39.8	14.1	2.7	0.2
2	Kosovo	30.3	9.5	1.2	0.1
2	Kasachstan	49.0	17.8	3.0	0.1
	Aserbaidschan	19.3	4.7	0.5	0.0
	Vergleich ICILS 2018[A]				
	Nordrhein-Westfalen	91.8	64.2	20.6	1.8

ICILS 2023		ICILS 2018
■	% der Schüler*innen, die genau Kompetenzstufe I erreichen	■
■	% der Schüler*innen, die genau Kompetenzstufe II erreichen	■
□	% der Schüler*innen, die genau Kompetenzstufe III erreichen	□
□	% der Schüler*innen, die genau Kompetenzstufe IV erreichen	□
■	% der Schüler*innen, die genau Kompetenzstufe V erreichen	■

Die mit Zahlen beschrifteten Fußnoten werden in Kapitel 1 in diesem Berichtsband erläutert.
Kursiv gesetzt ist der Benchmark-Teilnehmer Nordrhein-Westfalen.
[A] Differenzen zu 100% sind im Rundungsverfahren begründet.

IEA: International Computer and Information Literacy Study 2023

ICILS 2023. Für den überwiegenden Teil der weiteren ICILS-2023-Teilnehmerländer ergeben sich ebenfalls eher geringe Anteile, für Deutschland bspw. 1.1 Prozent, was sich auch im internationalen Mittelwert (1.0%) und dem Wert für die europäische Vergleichsgruppe EU (0.8%) widerspiegelt. Auffällig ist, dass in der Republik Korea der international höchste Anteil der Schüler*innen (6.4%) die höchste Kompetenzstufe V erreicht.

- Eine erste Erklärung für den Kompetenzeinbruch seit ICILS 2018 und möglicherweise eines der alarmierendsten Ergebnisse der ICILS-2023-Studie für Nordrhein-Westfalen ist, dass fast die Hälfte (47.7%) der Achtklässler*innen nur computer- und informationsbezogene Kompetenzen erreicht, die den unteren beiden Kompetenzstufen entsprechen. Dieser beachtliche Anteil an Schüler*innen in Nordrhein-Westfalen verfügt damit nur über sehr rudimentäre und basale Fähigkeiten im kompetenten Umgang mit digitalen Medien. In ICILS 2018 war dieser Wert für Nordrhein-Westfalen ebenfalls bereits sehr hoch (gerundet 35.8%), ist aber im Fünfjahreszeitraum zwischen ICILS 2018 und ICILS 2023 statistisch signifikant, aber vor allem in dem Maße möglicherweise nicht erwartbar, gestiegen.
- In ICILS 2023 fällt der Anteil (47.7%) der nordrhein-westfälischen Schüler*innen, der lediglich Kompetenzstufe I und II erreicht, zudem signifikant größer aus als in Deutschland (40.8%) sowie in der europäischen Vergleichsgruppe EU (gerundet 44.0%), während der auf den internationalen Mittelwert bezogene Anteil (50.2%) sich statistisch nicht signifikant vom Anteil in Nordrhein-Westfalen unterscheidet.
- Die entsprechenden Anteile der Schüler*innen auf den unteren beiden Kompetenzstufen sind besonders in Dänemark (32.2%), Tschechien (28.0%) und in der Republik Korea (27.1%) signifikant geringer als die entsprechenden Anteile in Nordrhein-Westfalen.
- Die entsprechenden Anteile für die Kompetenzstufen III und IV der computer- und informationsbezogenen Kompetenzen können der Abbildung 2.2 entnommen werden. Dabei umfasst erst die Kompetenzstufe IV Kompetenzbeschreibungen, die auf einen eigenständigen, selbstständigen und reflektierten Umgang mit digitalen Medien hinweisen. Diese können so als mögliches Mindestziel für zukünftige Entwicklungen angesehen werden, das bisher in Nordrhein-Westfalen jedoch nur von 15.6 Prozent der Jugendlichen in der betrachteten Altersgruppe erreicht wird.

2.3 Ergebnisse von Schulformvergleichen der mittleren Kompetenzstände und Leistungsstreuung in den computer- und informationsbezogenen Kompetenzen der Schüler*innen in ICILS 2023 und ICILS 2018 in Nordrhein-Westfalen

Der folgende Abschnitt stellt die Ergebnisse von Schulformvergleichen zu Kompetenzständen und zur Leistungsstreuung der computer- und informationsbezogenen Kompetenzen in Nordrhein-Westfalen für ICILS 2023 dar. Zudem werden Vergleiche zu ICILS 2018 abgebildet. Berichtet wird hierzu der Vergleich der mittleren Kompetenzen von Schüler*innen an Gymnasien und an anderen Schulformen der Sekundarstufe I (vgl. dazu auch Kapitel 1).

Abbildung 2.3 stellt für Nordrhein-Westfalen die mittleren computer- und informationsbezogenen Kompetenzen von Achtklässler*innen differenziert nach Schulformzugehörigkeit in ICILS 2023 und im Vergleich dazu auch nochmals für ICILS 2018 dar.

Abbildung 2.3: Mittlere computer- und informationsbezogene Kompetenzen von Schüler*innen nach Schulform in ICILS 2023 und ICILS 2018 in Nordrhein-Westfalen

	M	(SE)	SD	(SE)
ICILS 2023				
Gymnasien	545	(2.7)	63	(2.2)
Andere Schulformen der Sek. I	452	(4.6)	87	(2.9)
ICILS 2018				
Gymnasien	562	(3.0)	58	(1.9)
Andere Schulformen der Sek. I	486	(3.8)	71	(2.5)

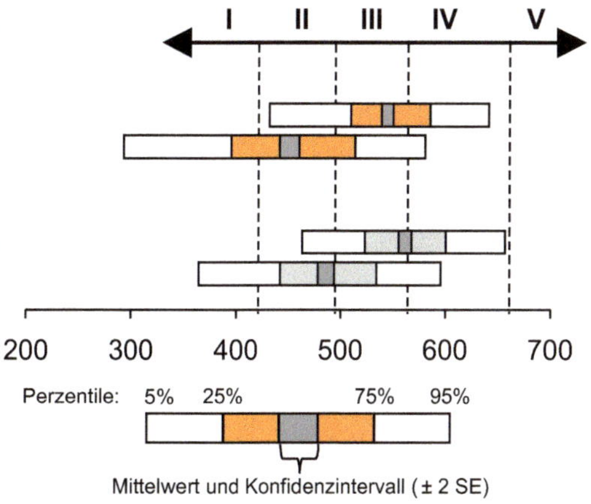

IEA: International Computer and Information Literacy Study 2023

Folgende zentrale Ergebnisse werden für Nordrhein-Westfalen ersichtlich:

- An Gymnasien in Nordrhein-Westfalen erreichen die Schüler*innen im Mittel 545 Punkte in den computer- und informationsbezogenen Kompetenzen. An den nicht gymnasialen Schulformen der Sekundarstufe I sind es im Mittel lediglich 452 Punkte.
- Die geringen Kompetenzstände sowie der signifikante Kompetenzunterschied von gerundet 93 Punkten zuungunsten der Schüler*innen an den nicht gymnasialen Schulformen der Sekundarstufe I in Nordrhein-Westfalen, erscheint besorgniserregend hoch. Der Kompetenzunterschied in den mittleren computer- und informationsbezogenen Kompetenzen zwischen den Schüler*innen der beiden betrachteten Schulformen fällt in ICILS 2023 zudem noch einmal signifikant höher aus als in ICILS 2018 (Unterschied: 76 Punkte) und zeigt, dass hier die Kompetenzschere über die Jahre auseinandergegangen ist.
- Im Vergleich zu ICILS 2018 (Gymnasien: 562 Punkte, andere Schulformen der Sekundarstufe I: 486 Punkte) sind in ICILS 2023 die jeweiligen mittleren computer- und informationsbezogenen Kompetenzen sowohl an Gymnasien als auch an den nicht gymnasialen Schulformen der Sekundarstufe I signifikant geringer. Damit wird insbesondere deutlich, dass die mittleren Kompetenzstände der computer- und informationsbezogenen Kompetenzen auch an den Gymnasien in Nordrhein-Westfalen über die Jahre rückläufig sind.
- Es zeigt sich zudem, dass die Heterogenität der Kompetenzstände in den computer- und informationsbezogenen Kompetenzen an beiden betrachteten Schulformen erheblich ist. Sie ist jedoch an den nicht gymnasialen Schulformen der Sekundarstufe I statistisch signifikant größer als an den Gymnasien in Nordrhein-Westfalen. So beträgt die Streubreite der Kompetenzen der Gymnasiast*innen in den computer- und informationsbezogenen Kompetenzen zwischen dem 5. und dem 95. Perzentil des Kompetenzspektrums 209 Punkte (ohne Abbildung). Dieser Wert ist deutlich kleiner als die Streubreite der Kompetenzen von Schüler*innen anderer Schulformen der Sekundarstufe I (288 Punkte).
- Mit Blick auf die einzelnen Schulformen zeigen sich im Mittel sowohl für Schüler*innen an nordrhein-westfälischen Gymnasien als auch den anderen Schulformen der Sekundarstufe I jeweils signifikante Kompetenzrückgänge im Vergleich zwischen ICILS 2023. Diese betragen für die Gymnasien durchschnittlich 17 Punkte (ICILS 2018: 562 Punkte, ICILS 2023: 545 Punkte) und sind für die anderen Schul-

formen der Sekundarstufe I mit einem Rückgang von gerundet 35 Punkten nochmals deutlich größer (ICILS 2018: 486 Punkte, ICILS 2023: 452 Punkte). Zu ergänzen ist, dass sich für Deutschland insgesamt kein Kompetenzrückgang an den Gymnasien, sondern nur an den nicht gymnasialen Schulformen der Sekundarstufe I im betrachteten Zeitraum zeigt (vgl. Eickelmann, Bos et al., 2024).

2.4 Ergebnisse von Schulformvergleichen hinsichtlich der Verteilung der Schüler*innen auf die Kompetenzstufen der computer- und informationsbezogenen Kompetenzen in ICILS 2023 und ICILS 2018 in Nordrhein-Westfalen

In dem folgenden Abschnitt werden Ergebnisse von Schulformvergleichen hinsichtlich der Verteilung der Achtklässler*innen auf die Kompetenzstufen der computer- und informationsbezogenen Kompetenzen in ICILS 2023 und ICILS 2018 für Nordrhein-Westfalen ergänzt. Dabei sei insbesondere wieder das Augenmerk auf die jeweiligen Anteile der Schüler*innen auf der höchsten Kompetenzstufe V der computer- und informationsbezogenen Kompetenzen sowie auf den beiden unteren Kompetenzstufen (I und II) gelenkt.

In Abbildung 2.4 ist dargestellt, wie sich die Achtklässler*innen in ICILS 2023 und zuvor schon in ICILS 2018 in Nordrhein-Westfalen differenziert nach Schulform auf die Kompetenzstufen der computer- und informationsbezogenen Kompetenzen verteilen bzw. verteilt haben.

Abbildung 2.4: Prozentuale Verteilung der Schüler*innen auf die Kompetenzstufen der computer- und informationsbezogenen Kompetenzen nach Schulform in ICILS 2023 und ICILS 2018 in Nordrhein-Westfalen

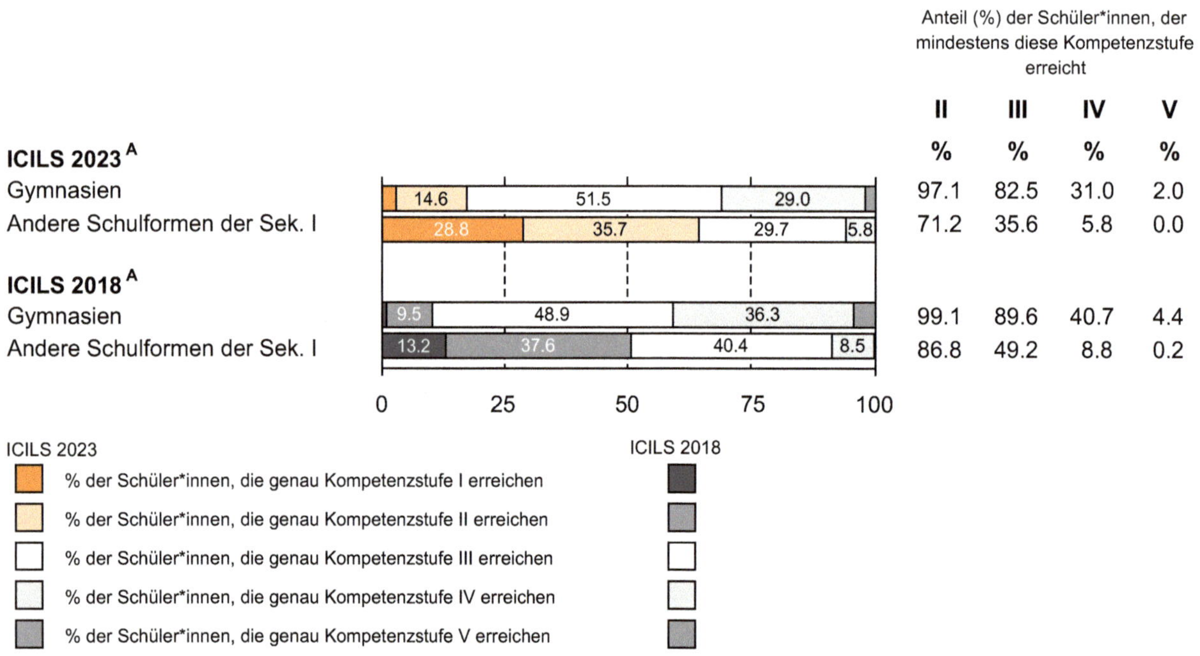

[A] Differenzen zu 100% sind im Rundungsverfahren begründet.

IEA: International Computer and Information Literacy Study 2023

Folgende zentrale Ergebnisse werden für Nordrhein-Westfalen ersichtlich:

- Die höchste Kompetenzstufe V wird von 2.0 Prozent der Schüler*innen der Gymnasien in ICILS 2023 in Nordrhein-Westfalen erreicht. An anderen Schulformen der Sekundarstufe I erreichen hingegen fast keine Schüler*innen die Kompetenzstufe V (gerundet 0%). In ICILS 2018 erreichten in Nordrhein-Westfalen im Vergleich mehr als doppelt so viele (4.4%) Gymnasiast*innen und zumindest noch erkennbare 0.2 Prozent der Schüler*innen an anderen Schulformen der Sekundarstufe I die Kompetenzstufe V.
- An den Gymnasien in ICILS 2023 in Nordrhein-Westfalen verfügen 17.5 Prozent der Schüler*innen lediglich über Kompetenzen auf den untersten beiden Kompetenzstufen I und II. Der entsprechende Anteil an Schüler*innen an den nicht gymnasialen Schulformen der Sekundarstufe I in Nordrhein-Westfalen ist mit fast zwei Dritteln (gerundet 64.4%) extrem hoch und, wenn das einer gesonderten Erwähnung wert ist, signifikant höher als der Anteil an Gymnasien in Nordrhein-Westfalen. Für beide Schulformen fällt zudem der Vergleich zu ICILS 2018 ernüchternd aus: Seinerzeit waren die entsprechenden Anteile auf den kumulierten Kompetenzstufen I und II sowohl an Gymnasien (10.4%) als auch an anderen Schulformen der Sekundarstufe I (50.8%) signifikant kleiner als die entsprechenden Anteile in ICILS 2023.
- Einzelergebnisse zu den Kompetenzstufen III und IV können der Abbildung 2.4 entnommen werden. Schaut man hierbei wieder auf das Erreichen der Kompetenzstufe IV als mögliche Zielperspektive der Förderung digitaler Kompetenzen in Schulen, so wird ersichtlich, dass diese Kompetenzstufe von immerhin 31.0 Prozent der Gymnasiast*innen erreicht wird und damit gleichsam von 69.0 Prozent der Gymnasiast*innen wiederum auch nicht erreicht wird. Für Achtklässler*innen an den anderen Schulformen der Sekundarstufe I trifft dies nur auf weniger als 6 Prozent zu (5.8%).

Literatur

Eickelmann, B., Bos, W., Gerick, J. & Fröhlich, N. (2024). Computer- und informationsbezogene Kompetenzen von Schüler*innen der 8. Jahrgangsstufe in Deutschland im dritten internationalen Vergleich. In B. Eickelmann, N. Fröhlich, W. Bos, J. Gerick, F. Goldhammer, H. Schaumburg, K. Schwippert, M. Senkbeil & J. Vahrenhold (Hrsg.), *ICILS 2023 #Deutschland. Computer- und informationsbezogene Kompetenzen und Kompetenzen im Bereich Computational Thinking von Schüler*innen im internationalen Vergleich* (S. 47–72). Waxmann. https://doi.org/10.31244/9783830999492.02

Eickelmann, B., Massek, C. & Labusch, A. (2019). *ICILS 2018 #NRW. Erste Ergebnisse der Studie ICILS 2018 für Nordrhein-Westfalen im internationalen Vergleich.* Waxmann. https://doi.org/10.25656/01:18167

Fraillon, J. (Hrsg.). (2024). *An international perspective on digital literacy: Results from ICILS 2023.* IEA. https://www.iea.nl/publications/icils-2023-international-report

Kapitel 3
Computer- und informationsbezogene Kompetenzen im Zusammenhang mit Hintergrundmerkmalen der Schüler*innen in Nordrhein-Westfalen im internationalen Vergleich

Ergänzend zu den in Kapitel 2 berichteten Ergebnissen hinsichtlich computer- und informationsbezogener Kompetenzen von Schüler*innen im internationalen Vergleich werden in dem nachfolgenden Ergebniskapitel vertiefend die Kompetenzstände von Achtklässler*innen differenziert nach den sogenannten Schüler*innenhintergrundmerkmalen Geschlecht, Zuwanderungshintergrund, Familiensprache sowie der sozialen Herkunft der Schüler*innen, operationalisiert über das kulturelle Kapital, betrachtet. Für die zugehörigen Analysen und Beschreibungen werden die dafür relevanten Angaben der Schüler*innen aus den in der Studie ICILS 2023 (*International Computer and Information Literacy Study 2023*) zusätzlich zu den Kompetenztests eingesetzten Hintergrundfragebögen verwendet. Untersucht wird im Einzelnen, ob und in welchem Maße in Nordrhein-Westfalen Unterschiede in den computer- und informationsbezogenen Kompetenzen im Zusammenhang mit den vorgenannten vier ausgewählten Hintergrundmerkmalen der Schüler*innen bestehen. Zudem bieten sich zusätzlich zu internationalen Verortungen insbesondere Vergleichsmöglichkeiten zu den Ergebnissen für Deutschland sowie – wo möglich und sinnvoll – Vergleiche für Nordrhein-Westfalen über einen Fünfjahreszeitraum seit ICILS 2018 (Eickelmann et al., 2019) an.

Die Ergebnisdarstellung in diesem Kapitel umfasst fünf Themenbereiche:

- Ergebnisse zu den computer- und informationsbezogenen Kompetenzständen und -unterschieden in ICILS 2023 entlang des betrachteten Hintergrundmerkmals Geschlecht der Schüler*innen in Nordrhein-Westfalen im internationalen Vergleich und im Vergleich zu ICILS 2018 in Nordrhein-Westfalen sowie zur Verteilung auf die Kompetenzstufen unter Berücksichtigung des betrachteten Hintergrundmerkmals in Nordrhein-Westfalen in ICILS 2023 und ICILS 2018 (Abschnitt 3.1)
- Ergebnisse zu den computer- und informationsbezogenen Kompetenzständen und -unterschieden in ICILS 2023 entlang des betrachteten Hintergrundmerkmals Zuwanderungshintergrund der Schüler*innen in Nordrhein-Westfalen im internationalen Vergleich und im Vergleich zu ICILS 2018 in Nordrhein-Westfalen sowie zur Verteilung auf die Kompetenzstufen unter Berücksichtigung des betrachteten Hintergrundmerkmals in Nordrhein-Westfalen in ICILS 2023 und ICILS 2018 (Abschnitt 3.2)
- Ergebnisse zu den computer- und informationsbezogenen Kompetenzständen und -unterschieden in ICILS 2023 entlang des betrachteten Hintergrundmerkmals Familiensprache der Schüler*innen in Nordrhein-Westfalen im internationalen Vergleich und im Vergleich zu ICILS 2018 in Nordrhein-Westfalen sowie zur Verteilung auf die Kompetenzstufen unter Berücksichtigung des betrachteten Hintergrundmerkmals in Nordrhein-Westfalen in ICILS 2023 und ICILS 2018 (Abschnitt 3.3)

- Ergebnisse zu den computer- und informationsbezogenen Kompetenzständen und -unterschieden in ICILS 2023 entlang des betrachteten Hintergrundmerkmals soziale Herkunft der Schüler*innen – operationalisiert über das kulturelle Kapital – in Nordrhein-Westfalen im internationalen Vergleich und im Vergleich zu ICILS 2018 in Nordrhein-Westfalen sowie zur Verteilung auf die Kompetenzstufen unter Berücksichtigung des betrachteten Hintergrundmerkmals in Nordrhein-Westfalen in ICILS 2023 und ICILS 2018 (Abschnitt 3.4)
- Ergebnisse zur regressionsanalytischen Erklärung von Unterschieden in den computer- und informationsbezogenen Kompetenzen durch Schüler*innenhintergrundmerkmale in Nordrhein-Westfalen in ICILS 2023 (Abschnitt 3.5)

Weitere Ergebnisse der Studie ICILS 2023 zu den in diesem Kapitel betrachteten Themenfeldern, die möglicherweise für Nordrhein-Westfalen von Relevanz sind, finden sich im nationalen Berichtsband der Studie ICILS 2023 für Deutschland (Eickelmann et al., 2024). Dort finden sich bspw. Ergebnisse zur Nutzungshäufigkeit digitaler Medien sowie Aspekte der Einstellungen der Schüler*innen zu digitalen Medien differenziert nach den betrachteten Hintergrundmerkmalen der Schüler*innen im internationalen Vergleich (Casamassima et al., 2024).

Mit Blick auf die Darstellung der nachfolgenden Analysen sei vorab angemerkt, dass für die internationalen Vergleiche nur diejenigen 33 der insgesamt 35 ICILS-2023-Teilnehmerländer berücksichtigt werden können, die – wie Nordrhein-Westfalen – mit Bezug auf die hier analysierten Daten gemäß internationalen Vorgaben eine hinreichend hohe und damit zuverlässige Datenqualität aufweisen (vgl. Kapitel 1 in diesem Band). Chile und die Niederlande sind daher im Folgenden ausgenommen.

3.1 Ergebnisse zu den computer- und informationsbezogenen Kompetenzen und zur Verteilung auf die Kompetenzstufen nach Geschlecht der Schüler*innen

Im Rahmen der ICILS-2023-Studie wurde den Achtklässler*innen erstmalig die Möglichkeit gegeben, im Fragebogen zwischen drei Geschlechterkategorien zu wählen: *weiblich*, *männlich*, *dritte Kategorie* (in Nordrhein-Westfalen: *divers*). Die dritte Kategorie wurde seitens der internationalen Studienleitung von ICILS 2023 als mögliche nationale Adaption angeboten und in einem Teil der ICILS-2023-Teilnehmerländer, darunter auch in Nordrhein-Westfalen und Deutschland, gewählt und miterfasst. In Nordrhein-Westfalen haben 1.6 Prozent der Achtklässler*innen das Geschlecht *divers* angegeben. Aufgrund der für diese Kategorie zu geringen Fallzahl und damit einhergehend für Vergleiche zu hohen statistischen Fehlerwerten sowie aufgrund der Anschlussfähigkeit an die internationale Gesamtdarstellung (siehe Kapitel 1 in diesem Band) werden im Folgenden die Kompetenzunterschiede zwischen Mädchen und Jungen dargestellt. Dieses Vorgehen ermöglicht zudem einen Vergleich mit den zugehörigen Ergebnissen aus ICILS 2018.

Somit werden in dem nachfolgenden Abschnitt zunächst die Ergebnisse zu den mittleren Kompetenzwerten und den Kompetenzunterschieden in den computer- und informationsbezogenen Kompetenzen zwischen Mädchen und Jungen in ICILS 2023 im internationalen Vergleich und in ICILS 2018 in Nordrhein-Westfalen untersucht. Des Weiteren wird die prozentuale Verteilung der nordrhein-westfälischen Mädchen und Jungen auf die fünf Kompetenzstufen der computer- und informationsbezogenen Kompetenzen in ICILS 2023 aufgegriffen und mit den Ergebnissen aus ICILS 2018 verglichen.

Computer- und informationsbezogene Kompetenzen von Mädchen und Jungen

In Abbildung 3.1 sind die mittleren Kompetenzwerte und -unterschiede in den computer- und informationsbezogenen Kompetenzen zwischen Mädchen und Jungen in ICILS 2023 im internationalen Vergleich und in ICILS 2018 in Nordrhein-Westfalen dargestellt und um die prozentualen Anteile der Mädchen und Jungen in den jeweiligen Teilnehmerländern ergänzt, die im Hinblick auf den internationalen Vergleich jeweils rechnerisch zu einer Grundgesamtheit von 100 Prozent zusammengefasst werden. Sortiert sind die Ergebnisse in der folgenden Abbildung absteigend nach der Größe der mittleren Kompetenzunterschiede zwischen Mädchen und Jungen in den hier abgebildeten ICILS-2023-Teilnehmerländern.

Folgende zentrale Ergebnisse werden für Nordrhein-Westfalen ersichtlich:

- In Nordrhein-Westfalen lässt sich wie bereits in ICILS 2018 mit ICILS 2023 erneut – im Gegensatz zum Gesamteindruck in Deutschland – kein signifikanter Kompetenzunterschied zwischen Mädchen (488 Punkte) und Jungen (482 Punkte) der 8. Jahrgangsstufe in den computer- und informationsbezogenen Kompetenzen feststellen.
- Betrachtet man die computer- und informationsbezogenen Kompetenzen der Mädchen und Jungen im internationalen Vergleich in ICILS 2023, kann festgestellt werden, dass im internationalen Mittel ein signifikanter Kompetenzunterschied von 19 Punkten und in der Vergleichsgruppe EU ein signifikanter Kompetenzunterschied von 17 Punkten zugunsten der Mädchen vorliegt. In Deutschland beträgt der Kompetenzvorsprung der Mädchen 10 Punkte.
- Insgesamt kann in der Gesamtbetrachtung erneut – wie bereits in ICILS 2018 und ICILS 2013 – aufgezeigt werden, dass die Mädchen in der überwiegenden Zahl der ICILS-2023-Teilnehmerländer, jedoch nicht in Nordrhein-Westfalen, einen signifikanten Kompetenzvorsprung gegenüber den Jungen aufweisen und in keinem Teilnehmerland die Jungen ein signifikant höheres Kompetenzniveau erreichen.

Abbildung 3.1: Kompetenzstände und -unterschiede in den mittleren computer- und informationsbezogenen Kompetenzen zwischen Mädchen und Jungen in ICILS 2023 im internationalen Vergleich und in ICILS 2018 in Nordrhein-Westfalen (in Punkten)

	Teilnehmer	**Mädchen**			**Jungen**			**Kompetenzunterschied**[B]		
		%[H]	M_1	(SE)	%[H]	M_2	(SE)	M_1–M_2	(SE)	
	Oman	48.2	406	(3.2)	51.8	354	(4.9)	53	(5.9)	▲
2	Kroatien	49.1	505	(4.6)	50.9	469	(4.7)	37	(5.1)	▲
	Malta	50.5	493	(3.1)	49.5	460	(3.6)	32	(4.2)	▲
	Taiwan	46.4	531	(2.9)	53.6	501	(3.8)	30	(3.3)	▲
	Republik Korea	48.9	556	(3.1)	51.1	527	(3.1)	29	(3.9)	▲
2	Slowenien	49.0	497	(2.8)	51.0	471	(2.7)	27	(2.9)	▲
	Zypern	50.9	473	(2.9)	49.1	447	(3.7)	26	(4.3)	▲
2 8	Norwegen	49.0	516	(3.0)	51.0	490	(3.7)	26	(3.7)	▲
5	USA	50.7	493	(6.8)	49.3	468	(7.5)	25	(6.0)	▲
	Finnland	50.6	519	(3.5)	49.4	494	(4.5)	24	(3.8)	▲
2	Dänemark	48.7	531	(2.6)	51.3	508	(3.6)	23	(3.6)	▲
2	Lettland	49.8	520	(3.7)	50.2	498	(4.4)	22	(3.7)	▲
	Aserbaidschan	47.2	329	(5.4)	52.8	309	(5.6)	20	(4.4)	■
	Luxemburg	48.7	504	(2.5)	51.3	484	(2.5)	19	(3.1)	■
	Internat. Mittelwert	**48.9**	**486**	**(0.6)**	**51.1**	**467**	**(0.7)**	**19**	**(0.7)**	▲
2	Spanien	48.0	505	(2.0)	52.0	486	(2.4)	19	(2.5)	▲
	Italien	48.6	500	(2.7)	51.4	482	(3.1)	18	(2.6)	▲
	VG EU	**49.3**	**502**	**(0.8)**	**50.7**	**485**	**(0.8)**	**17**	**(0.8)**	■
	Belgien (Fläm. Gem.)	46.7	520	(5.2)	53.3	504	(5.1)	16	(4.9)	■
2	Schweden	47.9	513	(3.4)	52.1	497	(3.7)	16	(4.0)	■
2	Österreich	50.8	513	(2.8)	49.2	498	(3.2)	15	(3.3)	■
	Griechenland	49.0	468	(3.5)	51.0	453	(4.2)	15	(3.9)	■
2	Kasachstan	48.6	415	(3.3)	51.4	400	(3.7)	15	(3.3)	■
2	Kosovo	48.5	363	(4.9)	51.5	349	(4.3)	14	(4.5)	■
3	Bosnien und Herzegowina	47.8	447	(4.6)	52.2	434	(4.8)	13	(5.7)	■
1 2 6	Rumänien	49.7	424	(6.4)	50.3	412	(5.8)	12	(5.9)	■
2	Serbien	48.3	449	(4.1)	51.7	438	(4.2)	11	(4.0)	■
	Deutschland	**48.6**	**507**	**(3.7)**	**51.4**	**497**	**(4.1)**	**10**	**(3.7)**	■
2	Portugal	50.2	514	(3.6)	49.8	505	(3.5)	9	(3.5)	■
	Slowakei	50.2	503	(3.0)	49.8	494	(3.1)	8	(2.8)	■
	Frankreich	50.5	502	(3.0)	49.5	494	(3.1)	8	(2.9)	■
	Ungarn	49.6	508	(4.2)	50.4	502	(4.3)	6	(3.7)	■
	Uruguay	48.6	450	(4.0)	51.4	444	(4.4)	6	(4.2)	■
2	***Nordrhein-Westfalen***	**47.0**	**488**	**(3.7)**	**53.0**	**482**	**(6.3)**	**6**	**(6.5)**	–
2	Tschechien	49.1	527	(2.4)	50.9	524	(2.1)	3	(1.8)	■
	Vergleich ICILS 2018									
	Nordrhein-Westfalen	**48.1**	**517**	**(3.3)**	**51.9**	**513**	**(3.2)**	**4**	**(3.8)**	■

Kompetenzunterschied M_1–M_2

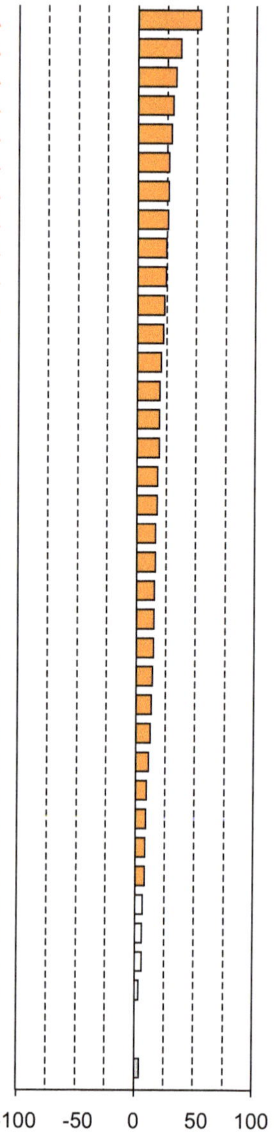

▲ Kompetenzunterschied in ICILS 2023 betragsmäßig signifikant größer als in Nordrhein-Westfalen in ICILS 2023 ($p < .05$).

■ Kein betragsmäßig signifikanter Unterschied in ICILS 2023 zum Kompetenzunterschied in Nordrhein-Westfalen in ICILS 2023.

▼ Kompetenzunterschied in ICILS 2023 betragsmäßig signifikant kleiner als in Nordrhein-Westfalen in ICILS 2023 ($p < .05$).

▲ Kompetenzunterschied in ICILS 2018 betragsmäßig signifikant größer als in Nordrhein-Westfalen in ICILS 2023 ($p < .05$).

■ Kein betragsmäßig signifikanter Unterschied in ICILS 2018 zum Kompetenzunterschied in Nordrhein-Westfalen in ICILS 2023.

▼ Kompetenzunterschied in ICILS 2018 betragsmäßig signifikant kleiner als in Nordrhein-Westfalen in ICILS 2023 ($p < .05$).

ICILS 2023		ICILS 2018
■	Teilnehmer mit signifikantem Kompetenzunterschied ($p < .05$).	■
□	Teilnehmer ohne signifikanten Kompetenzunterschied.	□

Die mit Zahlen beschrifteten Fußnoten werden in Kapitel 1 in diesem Berichtsband erläutert.
Kursiv gesetzt ist der Benchmark-Teilnehmer Nordrhein-Westfalen.
[B] Inkonsistenzen in berichteten Differenzen sind im Rundungsverfahren begründet.
[H] Gemäß des internationalen Vorgehens werden für diese Analysen die Anteile der Mädchen und Jungen zur Grundgesamtheit 100% zusammengefasst.

IEA: International Computer and Information Literacy Study 2023

Verteilung der Mädchen und Jungen auf die Kompetenzstufen der computer- und informationsbezogenen Kompetenzen

Die prozentuale Verteilung der Mädchen und Jungen auf die fünf Kompetenzstufen der computer- und informationsbezogenen Kompetenzen in ICILS 2023 und ICILS 2018 in Nordrhein-Westfalen wird in Abbildung 3.2 dargestellt.

Abbildung 3.2: Prozentuale Verteilung der Mädchen und Jungen auf die Kompetenzstufen der computer- und informationsbezogenen Kompetenzen in ICILS 2023 und ICILS 2018 in Nordrhein-Westfalen

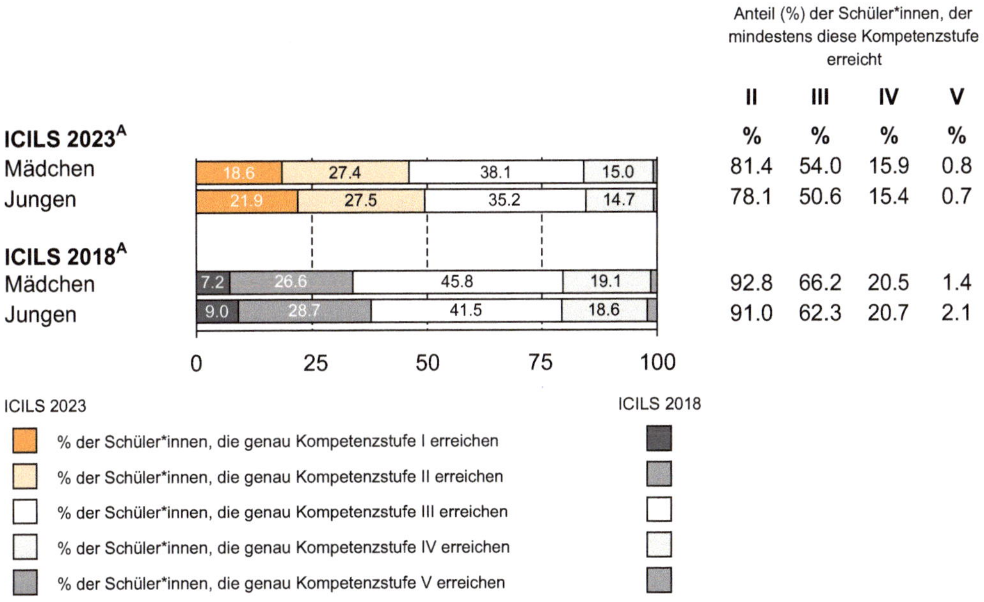

A Differenzen zu 100% sind im Rundungsverfahren begründet.

IEA: International Computer and Information Literacy Study 2023 © ICILS 2023

Folgende zentrale Ergebnisse werden für Nordrhein-Westfalen ersichtlich:

- Zur Leistungsspitze (Kompetenzstufe V) in Nordrhein-Westfalen gehören in ICILS 2023 0.8 Prozent der Mädchen und 0.7 Prozent der Jungen und diese Anteile unterscheiden sich statistisch gesehen nicht voneinander. Deutlich wird damit, dass, wie bereits in ICILS 2018, nur ein sehr kleiner Anteil sowohl der Mädchen als auch der Jungen in Nordrhein-Westfalen die höchste Kompetenzstufe erreicht und damit in der Lage ist, Informationen selbstständig zu ermitteln, sicher zu bewerten und anspruchsvolle Informationsprodukte zu erzeugen.
- In ICILS 2023 verfügt fast die Hälfte der Mädchen (46.0%) und der Jungen (49.4%) der 8. Jahrgangsstufe in Nordrhein-Westfalen über computer- und informationsbezogene Kompetenzen, die nur den untersten beiden Kompetenzstufen entsprechen. Damit zeigt sich – wie auch schon in ICILS 2018 (Mädchen: 33.8%; Jungen: 37.7%) – kein signifikanter Unterschied zwischen den Anteilen der Mädchen und Jungen, die lediglich über rudimentäre und basale Fähigkeiten im kompetenten Umgang mit digitalen Medien verfügen. Im Fünfjahresvergleich ist jedoch auffällig, dass die Anteile in beiden Gruppen, wie auch in der gesamten Schüler*innenschaft der Achtklässler*innen (vgl. Kapitel 2), deutlich gestiegen sind. Auffällig ist zudem, dass sowohl die Anteile der Mädchen als auch der Jungen, die lediglich auf der untersten Kompetenzstufe I zu verorten sind, in ICILS 2023 (Mädchen: 18.6%; Jungen: 21.9%) mehr als doppelt so hoch und damit signifikant größer ausfallen als noch in ICILS 2018 (Mädchen: 7.2%; Jungen: 9.0%).

3.2 Ergebnisse zu den computer- und informationsbezogenen Kompetenzen und zur Verteilung auf die Kompetenzstufen nach Zuwanderungshintergrund von Schüler*innen

Der nachfolgende Abschnitt analysiert und beschreibt die mittleren Kompetenzwerte und -unterschiede in den computer- und informationsbezogenen Kompetenzen von Schüler*innen differenziert nach Zuwanderungshintergrund in ICILS 2023 im internationalen Vergleich sowie ergänzend nochmals zum Vergleich für Nordrhein-Westfalen in ICILS 2018. Zusätzlich wird auch für die hier vorgenommene Unterteilung der Schüler*innenstichprobe die prozentuale Verteilung der Achtklässler*innen auf die Kompetenzstufen der computer- und informationsbezogenen Kompetenzen nach Zuwanderungshintergrund in ICILS 2023 und ICILS 2018 in Nordrhein-Westfalen dargestellt. Zu ergänzen sei an dieser Stelle, dass sich eine ausführliche Beschreibung der umfassenden Differenzierung und Operationalisierung des Zuwanderungshintergrunds der Schüler*innen im Rahmen der ICILS-2023-Studie im Berichtsband der Studie ICILS 2023 für Deutschland (Eickelmann et al., 2024) findet (hier in Kapitel 3: Casamassima et al., 2024).

*Computer- und informationsbezogene Kompetenzen von Schüler*innen nach Zuwanderungshintergrund*

In Abbildung 3.3 sind die mittleren Kompetenzwerte und Unterschiede in den computer- und informationsbezogenen Kompetenzen von Schüler*innen nach Zuwanderungshintergrund in ICILS 2023 im internationalen Vergleich und ICILS 2018 in Nordrhein-Westfalen dargestellt. Die Ergebnisse in der Abbildung sind in einem ersten Zugang absteigend nach der Größe der Kompetenzunterschiede zwischen Schüler*innen ohne Zuwanderungshintergrund (*kein Elternteil im Ausland geboren, Schüler*in im Inland geboren*) und mit Zuwanderungshintergrund in der ersten Zuwanderungsgeneration (*beide Elternteile im Ausland geboren, Schüler*in im Ausland geboren*) in den hier abgebildeten ICILS-2023-Teilnehmerländern sortiert. Es sei an dieser Stelle darauf hingewiesen, dass für neun der betrachteten ICILS-2023-Teilnehmerländer aufgrund einer unzureichenden Datengrundlage in Bezug auf die Gruppe *beide Elternteile im Ausland und Schüler*in im Ausland geboren* keine mittleren computer- und informationsbezogenen Kompetenzen angegeben werden können. Eine unzureichende Datengrundlage liegt nach internationalen Vorgaben vor, sobald eine zu geringe Fallzahl (weniger als 30) und/oder eine sehr geringe Streuung der entsprechenden Daten vorliegt (vgl. Kapitel 1 in diesem Berichtsband).

Folgende zentrale Ergebnisse werden für Nordrhein-Westfalen ersichtlich:

- In ICILS 2023 erreichen nordrhein-westfälische Schüler*innen ohne Zuwanderungshintergrund im Mittel 516 Punkte in den computer- und informationsbezogenen Kompetenzen. Hingegen erzielen Schüler*innen mit Zuwanderungshintergrund (in der ersten Zuwanderungsgeneration) lediglich 434 Punkte. Für ICILS 2023 ergibt sich damit für Nordrhein-Westfalen ein mittlerer Kompetenzunterschied von 82 Punkten (ICILS 2018: 64 Punkte).

Abbildung 3.3: Kompetenzstände und -unterschiede in den mittleren computer- und informationsbezogenen Kompetenzen von Schüler*innen nach Zuwanderungshintergrund in ICILS 2023 im internationalen Vergleich und in ICILS 2018 in Nordrhein-Westfalen (in Punkten)

	Teilnehmer	Kein Elternteil im Ausland geboren – Schüler*in im Inland geboren %[J]	M_1	(SE)	Beide Elternteile im Ausland geboren – Schüler*in im Ausland geboren %[J]	M_2[D]	(SE)	Kompetenzunterschied[B] M_1–M_2	(SE)	
2	***Nordrhein-Westfalen***	**49.8**	**516**	**(4.2)**	**13.1**	**434**	**(8.0)**	**82**	**(8.6)**	–
	Deutschland	**56.3**	**528**	**(2.9)**	**13.1**	**447**	**(11.2)**	**81**	**(11.0)**	■
	Griechenland	74.9	471	(3.3)	3.3	390	(12.2)	81	(12.0)	■
	Finnland	85.0	517	(3.0)	2.9	436	(12.5)	81	(12.5)	■
2	Dänemark	77.2	530	(2.1)	5.5	467	(9.4)	63	(9.5)	■
2	Schweden	63.0	518	(3.2)	10.2	466	(7.0)	52	(7.5)	▼
2	Slowenien	75.4	494	(2.4)	6.1	447	(6.0)	48	(6.3)	▼
	Belgien (Fläm. Gem.)	61.4	533	(4.3)	10.3	487	(8.2)	46	(9.0)	▼
2	Tschechien	85.8	530	(1.9)	2.8	485	(6.6)	44	(6.6)	▼
	Frankreich	66.9	511	(2.8)	5.2	469	(9.9)	42	(9.7)	▼
2	Spanien	71.6	508	(1.8)	8.7	466	(4.3)	42	(4.3)	▼
	VG EU[I]	**68.7**	**508**	**(0.7)**	**8.2**	**466**	**(2.3)**	**42**	**(2.4)**	▼
2	Portugal	70.0	516	(3.2)	8.4	477	(7.2)	39	(7.2)	▼
2	Österreich	58.5	520	(3.0)	12.0	482	(5.5)	38	(6.3)	▼
2	Kroatien	76.4	494	(4.2)	1.9	457	(18.1)	37	(18.3)	▼
	Internat. Mittelwert[I]	**71.0**	**496**	**(0.7)**	**7.7**	**464**	**(2.2)**	**32**	**(2.3)**	▼
	Italien	77.3	495	(2.6)	3.0	463	(6.7)	31	(7.5)	▼
2 8	Norwegen	68.3	518	(2.6)	7.3	489	(5.7)	29	(6.1)	▼
	Luxemburg	20.0	515	(3.1)	29.0	492	(3.5)	23	(4.4)	▼
	Ungarn	92.1	509	(3.5)	1.1	490	(16.8)	19	(17.6)	▼
	Malta	67.6	488	(3.0)	12.4	472	(8.5)	16	(8.5)	▼
5	USA	61.1	494	(6.0)	5.8	480	(22.0)	14	(21.3)	▼
2	Kasachstan	87.0	408	(3.0)	2.6	395	(9.9)	13	(10.1)	▼
	Uruguay	88.9	456	(3.7)	1.7	463	(19.9)	-7	(20.5)	▼
	Zypern	57.6	459	(3.7)	12.4	491	(9.7)	-31	(11.6)	▼
	Oman	80.4	387	(2.9)	8.4	474	(6.0)	-87	(6.7)	■
	Aserbaidschan	91.4	327	(4.9)	0.7	-	-	-	-	
3	Bosnien und Herzegowina	88.3	446	(3.8)	1.2	-	-	-	-	
2	Kosovo	93.1	362	(4.1)	0.5	-	-	-	-	
4	Lettland	85.4	514	(4.2)	1.2	-	-	-	-	
	Republik Korea	94.8	548	(2.4)	0.5	-	-	-	-	
1 2 6	Rumänien	89.8	437	(4.5)	0.7	-	-	-	-	
2	Serbien	80.2	461	(3.3)	1.0	-	-	-	-	
	Slowakei	91.8	506	(3.0)	0.5	-	-	-	-	
	Taiwan	89.0	520	(2.9)	0.3	-	-	-	-	
	Vergleich ICILS 2018 *Nordrhein-Westfalen*	**58.1**	**535**	**(3.2)**	**6.3**	**471**	**(9.4)**	**64**	**(10.4)**	■

Kompetenzunterschied M_1–M_2

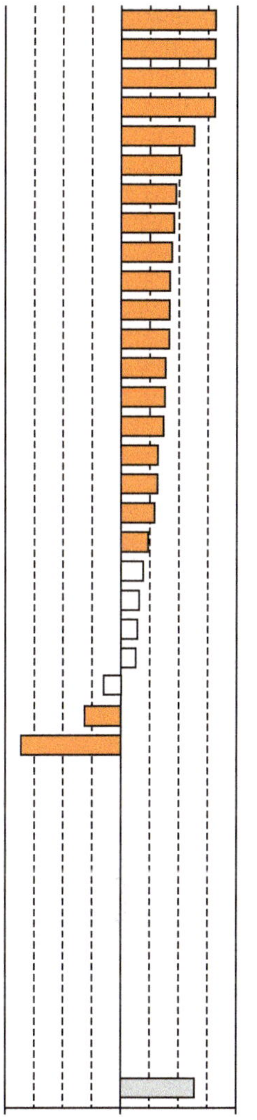

ICILS 2023 / ICILS 2018

■ Teilnehmer mit signifikantem Kompetenzunterschied (p < .05).

□ Teilnehmer ohne signifikantem Kompetenzunterschied

▲ Kompetenzunterschied in ICILS 2023 betragsmäßig signifikant größer als in Nordrhein-Westfalen in ICILS 2023 (p < .05).

■ Kein betragsmäßig signifikanter Unterschied in ICILS 2023 zum Kompetenzunterschied in Nordrhein-Westfalen in ICILS 2023.

▼ Kompetenzunterschied in ICILS 2023 betragsmäßig signifikant kleiner als in Nordrhein-Westfalen in ICILS 2023 (p < .05).

▲ Kompetenzunterschied in ICILS 2018 betragsmäßig signifikant größer als in Nordrhein-Westfalen in ICILS 2023 (p < .05).

■ Kein betragsmäßig signifikanter in Unterschied in ICILS 2018 zum Kompetenzunterschied in Nordrhein-Westfalen in ICILS 2023.

▼ Kompetenzunterschied in ICILS 2018 betragsmäßig signifikant kleiner als in Nordrhein-Westfalen in ICILS 2023 (p < .05).

Die mit Zahlen beschrifteten Fußnoten werden in Kapitel 1 in diesem Berichtsband erläutert.
Kursiv gesetzt ist der Benchmark-Teilnehmer Nordrhein-Westfalen.
[B] Inkonsistenzen in berichteten Differenzen sind im Rundungsverfahren begründet.
[D] Für Gruppen mit unzureichender Datengrundlage werden keine Werte angegeben (gehen auch nicht in die Berechnung der Mittelwerte der beiden Vergleichsgruppen ein).
[I] Gemäß des internationalen Vorgehens werden für die Berechnung der Mittelwerte der beiden Vergleichsgruppen nur diejenigen ICILS-2023-Teilnehmerländer berücksichtigt, die für alle abgebildeten Schüler*innengruppen eine ausreichende Datengrundlage aufweisen.
[J] Aufgrund der Betrachtung ausgewählter Kategorien des Zuwanderungshintergrunds summieren sich die Anteile nicht zu 100% auf.

- Die in ICILS 2023 für Nordrhein-Westfalen so erfassten Kompetenzunterschiede liegen statistisch im Bereich des für Deutschland festgestellten Unterschieds (81 Punkte).
- Aufgrund der sehr unterschiedlichen Zuwanderungsstrukturen in den ICILS-2023-Teilnehmerländern wird an dieser Stelle auf eine vertiefende international vergleichende Betrachtung verzichtet. Zur Orientierung und bei Interesse an den Ergebnissen einzelner Teilnehmerländer sei auf Abbildung 3.3 hingewiesen.

*Verteilung der Schüler*innen auf die Kompetenzstufen der computer- und informationsbezogenen Kompetenzen nach Zuwanderungshintergrund*

In Abbildung 3.4 ist die prozentuale Verteilung der nordrhein-westfälischen Schüler*innen nach Zuwanderungshintergrund auf die Kompetenzstufen der computer- und informationsbezogenen Kompetenzen in ICILS 2023 und ICILS 2018 dargestellt. Hierbei werden nun weitere Gruppen betrachtet. Bezüglich der im Folgenden berichteten Gruppen ist festzuhalten, dass die erste Zuwanderungsgeneration jene umfasst, bei der beide Elternteile und die Schüler*innen im Ausland geboren wurden (siehe oben). Wurden beide Elternteile im Ausland und die Schüler*innen jedoch in Deutschland geboren, handelt es sich um die sogenannte zweite Zuwanderungsgeneration. Weiterhin werden diejenigen Schüler*innen mit einbezogen, die genau ein im Ausland geborenes Elternteil haben, aber selbst nicht im Ausland geboren wurden.

Abbildung 3.4: Prozentuale Verteilung der Schüler*innen auf die Kompetenzstufen der computer- und informationsbezogenen Kompetenzen nach Zuwanderungshintergrund in ICILS 2023 und ICILS 2018 in Nordrhein-Westfalen

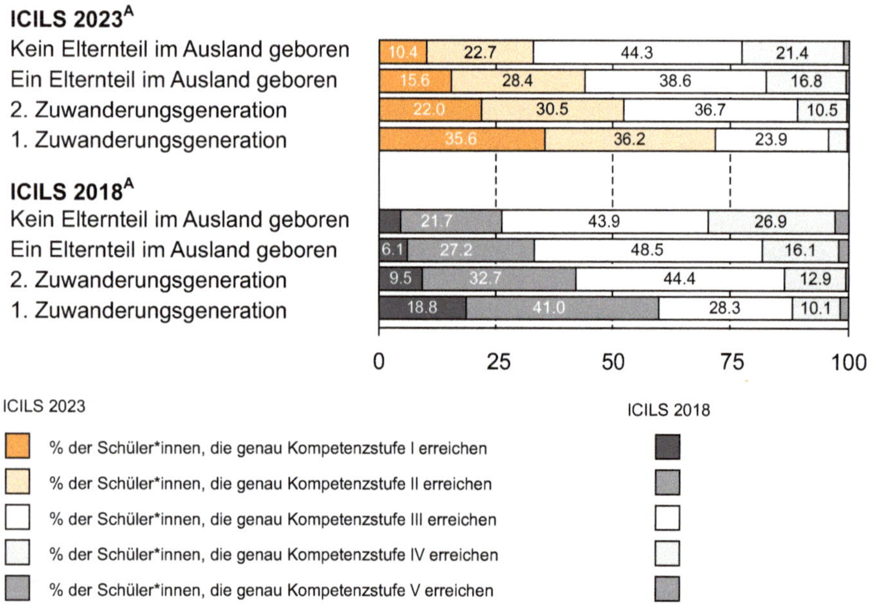

Anteil (%) der Schüler*innen, der mindestens diese Kompetenzstufe erreicht

	II	III	IV	V
	%	%	%	%
ICILS 2023[A]				
Kein Elternteil im Ausland geboren	89.6	66.9	22.6	1.2
Ein Elternteil im Ausland geboren	84.4	56.0	17.4	0.7
2. Zuwanderungsgeneration	78.0	47.6	10.9	0.4
1. Zuwanderungsgeneration	64.4	28.2	4.4	0.3
ICILS 2018[A]				
Kein Elternteil im Ausland geboren	95.4	73.7	29.8	2.9
Ein Elternteil im Ausland geboren	93.9	66.7	18.2	2.1
2. Zuwanderungsgeneration	90.5	57.9	13.5	0.6
1. Zuwanderungsgeneration	81.2	40.2	11.8	1.7

[A] Differenzen zu 100% sind im Rundungsverfahren begründet.

IEA: International Computer and Information Literacy Study 2023

Folgende zentrale Ergebnisse werden für Nordrhein-Westfalen ersichtlich:

- In ICILS 2023 erreicht fast ein Drittel (33.1%) der nordrhein-westfälischen Achtklässler*innen ohne Zuwanderungshintergrund nur ein Kompetenzniveau, welches den unteren beiden Kompetenzstufen I und II entspricht.
- Der entsprechende Anteil liegt für im Inland geborene Schüler*innen, von denen ein Elternteil im Ausland geboren wurde, bei hohen 44.0 Prozent. Für Schüler*innen der zweiten Zuwanderungsgeneration liegt der entsprechende Anteil bei ebenfalls hohen 52.4 Prozent, während der Anteil der ersten Zuwanderungsgeneration bei sehr hohen 71.8 Prozent liegt.

3.3 Ergebnisse zu den computer- und informationsbezogenen Kompetenzen und zur Verteilung auf die Kompetenzstufen nach Familiensprache von Schüler*innen

Der nachfolgende Abschnitt stellt daher die aktuellen Ergebnisse zu den Kompetenzständen und -unterschieden in den mittleren computer- und informationsbezogenen Kompetenzen der Schüler*innen nach Familiensprache in ICILS 2023 im internationalen Vergleich dar. Diese werden zudem für Nordrhein-Westfalen mit den Ergebnissen der Studie ICILS 2018 verglichen. Weiterhin werden Ergebnisse zur prozentualen Verteilung der Achtklässler*innen nach der Familiensprache auf die Kompetenzstufen der computer- und informationsbezogenen Kompetenzen in ICILS 2023 und ICILS 2018 in Nordrhein-Westfalen berichtet.

*Computer- und informationsbezogene Kompetenzen von Schüler*innen nach Familiensprache*

In Abbildung 3.5 sind zunächst die Kompetenzstände und -unterschiede in den mittleren computer- und informationsbezogenen Kompetenzen der Schüler*innen nach Familiensprache in ICILS 2023 im internationalen Vergleich und in ICILS 2018 in Nordrhein-Westfalen dargestellt. Dabei wird zwischen der Testsprache und einer anderen Sprache unterschieden. Sortiert sind die Ergebnisse in der zugehörigen Abbildung 3.5 absteigend nach der Größe der Kompetenzunterschiede zwischen Schüler*innen mit der Testsprache (für Nordrhein-Westfalen: Deutsch) als Familiensprache und einer anderen Sprache als Familiensprache in den hier dargestellten ICILS-2023-Teilnehmerländern. Für zwei Teilnehmerländer (Republik Korea und Taiwan) werden aufgrund einer zu geringen Datengrundlage in Bezug auf die Gruppe der Schüler*innen mit einer anderen Sprache als Familiensprache keine mittleren computer- und informationsbezogenen Kompetenzen angegeben.

Folgende zentrale Ergebnisse werden für Nordrhein-Westfalen ersichtlich:

- In ICILS 2023 verfügen nordrhein-westfälische Schüler*innen der 8. Jahrgangsstufe, in deren Familien überwiegend Deutsch gesprochen wird (504 Punkte), im Mittel über 55 Punkte höhere computer- und informationsbezogene Kompetenzstände als Schüler*innen, die zu Hause überwiegend eine andere Sprache sprechen (449 Punkte).
- Der in ICILS 2023 in Nordrhein-Westfalen erfasste Kompetenzunterschied liegt statistisch im Bereich des für Deutschland aufgezeigten Kompetenzunterschieds (gerundet 59 Punkte) zuungunsten der Schüler*innen, die in der Familie überwiegend eine andere Sprache als Deutsch sprechen.

Abbildung 3.5: Kompetenzstände und -unterschiede in den computer- und informationsbezogenen Kompetenzen von Schüler*innen nach der Familiensprache in ICILS 2023 im internationalen Vergleich und in ICILS 2018 in Nordrhein-Westfalen (in Punkten und in Prozent)

	Teilnehmer	Test-sprache			Eine andere Sprache			Kompetenz-unterschied[B]		
		%[A]	M_1	(SE)	%[A]	M_2[D]	(SE)	$M_1–M_2$	(SE)	
	Slowakei	89.3	508	(2.8)	10.7	421	(7.0)	88	(7.6)	▲
2	Serbien	96.7	446	(3.7)	3.3	382	(13.0)	63	(12.9)	■
	Deutschland	**72.8**	**521**	**(2.7)**	**27.2**	**463**	**(7.6)**	**59**	**(7.2)**	■
2	***Nordrhein-Westfalen***	**68.5**	**504**	**(5.4)**	**31.5**	**449**	**(6.2)**	**55**	**(7.6)**	–
	Griechenland	89.0	466	(3.2)	11.0	412	(8.0)	54	(7.7)	■
	Uruguay	97.4	450	(3.5)	2.6	399	(15.7)	51	(15.4)	■
2	Kroatien	95.1	491	(3.9)	4.9	442	(12.4)	49	(12.8)	■
	Finnland	89.5	514	(3.1)	10.5	466	(8.4)	48	(7.6)	■
2	Dänemark	90.3	524	(2.3)	9.7	476	(7.9)	48	(7.2)	■
	Belgien (Fläm. Gem.)	69.9	525	(4.5)	30.1	478	(5.9)	48	(6.0)	■
2	Slowenien	86.3	491	(2.2)	13.7	448	(4.7)	43	(4.7)	■
	Frankreich	82.8	505	(2.6)	17.2	466	(5.7)	39	(5.4)	■
2	Österreich	73.4	516	(2.7)	26.6	478	(3.7)	38	(4.0)	▼
2	Schweden	79.4	513	(3.0)	20.6	477	(5.0)	36	(5.1)	▼
	VG EU	**78.2**	**502**	**(0.7)**	**21.8**	**466**	**(1.7)**	**36**	**(1.7)**	▼
2	Tschechien	93.2	528	(2.0)	6.8	493	(5.1)	35	(4.3)	▼
	Italien	75.4	499	(2.4)	24.6	465	(4.3)	34	(4.2)	▼
	Luxemburg	20.6	520	(3.3)	79.4	488	(2.2)	33	(3.5)	▼
2	Portugal	95.0	512	(2.9)	5.0	481	(9.7)	30	(9.2)	▼
	Malta	21.9	500	(4.3)	78.1	471	(2.8)	30	(4.6)	▼
	Internat. Mittelwert[I]	**81.4**	**479**	**(0.6)**	**18.6**	**450**	**(1.6)**	**29**	**(1.6)**	▼
2 8	Norwegen	84.3	509	(2.7)	15.7	481	(4.9)	29	(4.8)	▼
2	Lettland	73.3	516	(4.1)	26.7	491	(6.4)	26	(6.2)	▼
5	USA	77.2	491	(5.9)	22.8	470	(11.4)	22	(9.6)	▼
	Ungarn	97.7	506	(3.9)	2.3	491	(14.6)	15	(15.0)	▼
2	Spanien	74.7	500	(1.9)	25.3	485	(5.0)	15	(5.4)	▼
2	Kasachstan	88.3	407	(3.2)	11.7	406	(7.5)	2	(7.7)	▼
3	Bosnien und Herzegowina	95.0	440	(3.8)	5.0	443	(12.2)	-2	(12.0)	▼
2	Kosovo	95.9	356	(4.1)	4.1	359	(12.8)	-3	(12.4)	▼
1 2 6	Rumänien	95.9	421	(5.1)	4.1	424	(11.6)	-3	(11.0)	▼
	Zypern	77.1	461	(3.2)	22.9	478	(7.5)	-17	(8.8)	▼
	Oman	82.3	374	(2.8)	17.7	412	(6.2)	-38	(5.8)	▼
	Aserbaidschan	92.0	317	(5.1)	8.0	355	(12.8)	-38	(12.8)	▼
	Republik Korea	99.2	542	(2.5)	0.8	-	-	-	-	
	Taiwan	99.7	516	(2.9)	0.3	-	-	-	-	
	Vergleich ICILS 2018 ***Nordrhein-Westfalen***	**77.3**	**530**	**(2.7)**	**22.7**	**484**	**(5.2)**	**47**	**(5.9)**	■

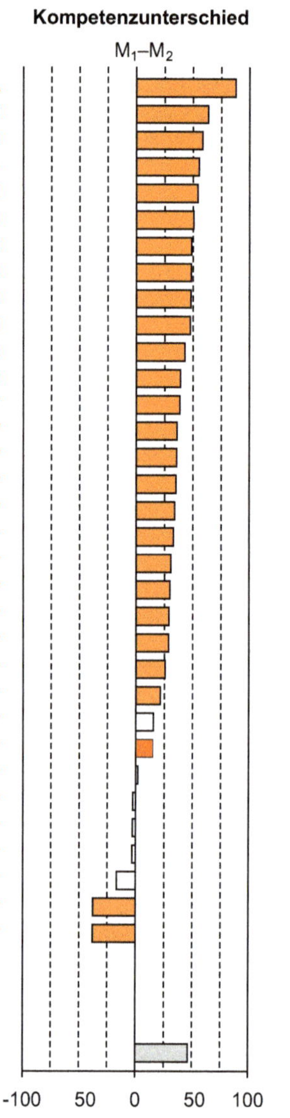

ICILS 2023 / ICILS 2018

Teilnehmer mit signifikantem Kompetenzunterschied (p < .05).

Teilnehmer ohne signifikanten Kompetenzunterschied

▲ Kompetenzunterschied in ICILS 2023 betragsmäßig signifikant größer als in Nordrhein-Westfalen in ICILS 2023 (p < .05).

■ Kein betragsmäßig signifikanter Unterschied in ICILS 2023 zum Kompetenzunterschied in Nordrhein-Westfalen in ICILS 2023.

▼ Kompetenzunterschied in ICILS 2023 betragsmäßig signifikant kleiner als in Nordrhein-Westfalen in ICILS 2023 (p < .05).

▲ Kompetenzunterschied in ICILS 2018 betragsmäßig signifikant größer als in Nordrhein-Westfalen in ICILS 2023 (p < .05).

■ Kein betragsmäßig signifikanter in Unterschied in ICILS 2018 zum Kompetenzunterschied in Nordrhein-Westfalen in ICILS 2023.

▼ Kompetenzunterschied in ICILS 2018 betragsmäßig signifikant kleiner als in Nordrhein-Westfalen in ICILS 2023 (p < .05).

Die mit Zahlen beschrifteten Fußnoten werden in Kapitel 1 in diesem Berichtsband erläutert.
Kursiv gesetzt ist der Benchmark-Teilnehmer Nordrhein-Westfalen.
[A] Differenzen zu 100% sind im Rundungsverfahren begründet.
[B] Inkonsistenzen in berichteten Differenzen sind im Rundungsverfahren begründet.
[D] Für Gruppen mit unzureichender Datengrundlage werden keine Werte angegeben (gehen auch nicht in die Berechnung der Mittelwerte der beiden Vergleichsgruppen ein).
[I] Gemäß des internationalen Vorgehens werden für die Berechnung der Mittelwerte der beiden Vergleichsgruppen nur diejenigen ICILS-2023-Teilnehmerländer berücksichtigt, die für alle abgebildeten Schüler*innengruppen eine ausreichende Datengrundlage aufweisen.

IEA: International Computer and Information Literacy Study 2023

- Mit Blick auf den in ICILS 2018 in Nordrhein-Westfalen erfassten Kompetenzunterschied (Unterschied: gerundet 47 Punkte) zeigen sich entlang der Familiensprache keine signifikanten Unterschiede im Vergleich zu ICILS 2023, sodass damit ein über fünf Jahre gleichbleibend hoher Unterschied in den Kompetenzen zuungunsten der Schüler*innen mit einer anderen Sprache als Deutsch als Familiensprache aufgezeigt werden kann. Bei der Interpretation dieses Ergebnisses ist jedoch das für Nordrhein-Westfalen insgesamt gesunkene mittlere Kompetenzniveau der computer- und informationsbezogenen Kompetenzen zu berücksichtigen.
- Betrachtet man den für Nordrhein-Westfalen festgestellten Kompetenzunterschied in ICILS 2023 entlang der Familiensprache im internationalen Vergleich, wird deutlich, dass dieser signifikant größer ausfällt als der internationale Mittelwert des Unterschieds in den mittleren computer- und informationsbezogenen Kompetenzen (Unterschied: 29 Punkte) und der entsprechende Mittelwert der Vergleichsgruppe EU (Unterschied: 36 Punkte).
- Im Vergleich zu Nordrhein-Westfalen weisen 19 der hier betrachteten ICILS-2023-Teilnehmerländer – darunter Österreich (Unterschied: 38 Punkte), Schweden (Unterschied: 36 Punkte) und Norwegen (Unterschied: gerundet 29 Punkte) – signifikant kleinere Kompetenzunterschiede in den mittleren computer- und informationsbezogenen Kompetenzen der Schüler*innen entlang der Familiensprache auf. Im Gegensatz dazu zeigt sich lediglich in der Slowakei (Unterschied: gerundet 88 Punkte) ein signifikant noch größerer Kompetenzunterschied als in Nordrhein-Westfalen.

*Verteilung der Schüler*innen auf die Kompetenzstufen der computer- und informationsbezogenen Kompetenzen nach Familiensprache*

In Abbildung 3.6 ist zur vertiefenden Betrachtung die prozentuale Verteilung der Schüler*innen auf die Kompetenzstufen der computer- und informationsbezogenen Kompetenzen nach der Familiensprache in ICILS 2023 und im Vergleich über einen Fünfjahreszeitraum in ICILS 2018 in Nordrhein-Westfalen dargestellt.

Abbildung 3.6: Prozentuale Verteilung der Schüler*innen auf die Kompetenzstufen der computer- und informationsbezogenen Kompetenzen nach der Familiensprache in ICILS 2023 und ICILS 2018 in Nordrhein-Westfalen

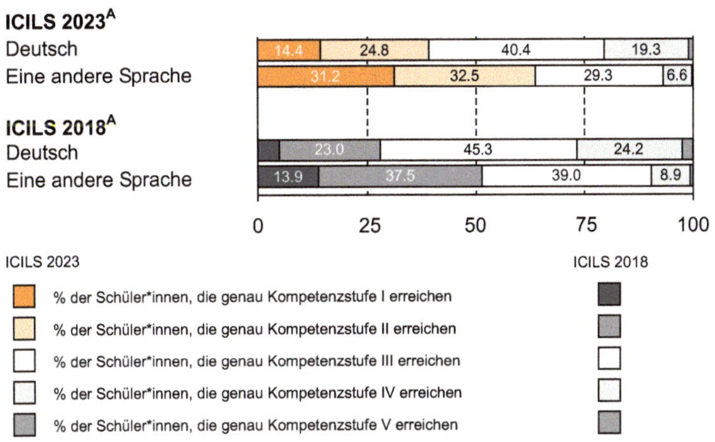

Anteil (%) der Schüler*innen, der mindestens diese Kompetenzstufe erreicht

	II %	III %	IV %	V %
ICILS 2023 – Deutsch	85.6	60.8	20.4	1.0
ICILS 2023 – Eine andere Sprache	68.8	36.2	6.9	0.3
ICILS 2018 – Deutsch	95.1	72.0	26.7	2.5
ICILS 2018 – Eine andere Sprache	86.1	48.5	9.6	0.6

[A] Differenzen zu 100% sind im Rundungsverfahren begründet.

IEA: International Computer and Information Literacy Study 2023 © ICILS 2023

Folgende zentrale Ergebnisse werden für Nordrhein-Westfalen ersichtlich:

- Zur Leistungsspitze (Kompetenzstufe V) in ICILS 2023 in Nordrhein-Westfalen gehören lediglich 1.0 Prozent der Schüler*innen, die Deutsch als Familiensprache angeben, und 0.3 Prozent – und damit sogar ein signifikant kleinerer Anteil (ohne Abbildung) – der Schüler*innen, die eine andere Sprache als Familiensprache angeben. Letztlich ergibt sich aber für alle Schüler*innen (vgl. auch Kapitel 2 in diesem Band) ein sehr geringer Anteil, der in der Lage ist, selbstständig ermittelte Informationen sicher zu bewerten und zu organisieren sowie inhaltlich und formal anspruchsvolle Informationsprodukte zu erzeugen. Im Vergleich zu den Anteilen in ICILS 2018 (Familiensprache Deutsch: 2.5%; eine andere Sprache: 0.6%) lässt sich bezogen auf die Schüler*innen in Nordrhein-Westfalen mit Deutsch als Familiensprache feststellen, dass die Anteile der Schüler*innen auf Kompetenzstufe V in ICILS 2023 (1.0%) signifikant kleiner ausfallen. Hingegen zeigt sich im Fünfjahresvergleich für Schüler*innen, die in der Familie überwiegend eine andere Sprache als Deutsch sprechen (0.3%), kein weiterer signifikanter Rückgang, aber auch kein Zuwachs.
- Weiterhin verfügen in ICILS 2023 nahezu 40 Prozent (39.2%) der nordrhein-westfälischen Schüler*innen der 8. Jahrgangsstufe, die Deutsch als Familiensprache angeben, und zudem mehr als 60 Prozent (63.8%) der Schüler*innen, die eine andere Sprache als Familiensprache angeben, lediglich über rudimentäre und basale Fähigkeiten im kompetenten Umgang mit digitalen Medien, die den untersten beiden Kompetenzstufen der computer- und informationsbezogenen Kompetenzen zuzuordnen sind.
- Vergleicht man die ICILS-2023-Ergebnisse für Nordrhein-Westfalen mit den Ergebnissen in ICILS 2018, fällt besonders auf, dass sich der Anteil der Schüler*innen beider betrachteter Gruppen auf der alleruntersten Kompetenzstufe I signifikant und deutlich vergrößert hat. Dabei ist mit ICILS 2023 sogar ein beinahe dreimal so hoher Anteil der Schüler*innen mit Deutsch als Familiensprache (ICILS 2018: 4.9%; ICILS 2023: 14.4%) zu verzeichnen und ein immerhin noch mehr als doppelt so großer Anteil in Bezug auf die Gruppe der Schüler*innen mit einer anderen Sprache als Familiensprache (ICILS 2018: 13.9%; ICILS 2023: 31.2%).

3.4 Ergebnisse zu den computer- und informationsbezogenen Kompetenzen und zur Verteilung auf die Kompetenzstufen nach sozialer Herkunft der Schüler*innen

Um die Relevanz der sozialen Herkunft der Schüler*innen, also den Aspekt der sozialbedingten Disparitäten im Hinblick auf den Kompetenzerwerb computer- und informationsbezogener Kompetenzen zu betrachten, werden im Folgenden die mittleren Kompetenzstände und -unterschiede in den computer- und informationsbezogenen Kompetenzen von Schüler*innen nach kulturellem Kapital in ICILS 2023 im internationalen Vergleich und in ICILS 2018 in Nordrhein-Westfalen dargelegt. Darüber hinaus wird die prozentuale Verteilung der Schüler*innen auf die Kompetenzstufen der computer- und informationsbezogenen Kompetenzen nach kulturellem Kapital in ICILS 2023 und ICILS 2018 in Nordrhein-Westfalen aufgezeigt. Dabei wird – wie bereits im Rahmen der vorangegangenen ICILS-Zyklen – die Anzahl der Bücher im Haushalt als Indikator für das kulturelle Kapital herangezogen, da sich dieser unverändert als erklärungsmächtigstes Merkmal zur Operationalisierung der sozialen Herkunft erwiesen hat (Hatlevik et al., 2018; Scherer & Siddiq, 2019; Senkbeil et al., 2019).

*Computer- und informationsbezogene Kompetenzen von Schüler*innen nach kulturellem Kapital*

In Abbildung 3.7 sind die Kompetenzstände und -unterschiede der computer- und informationsbezogenen Kompetenzen von Schüler*innen aus Familien mit hohem kulturellen Kapital (*mehr als 100 Bücher*) und mit niedrigem kulturellen Kapital (*maximal 100 Bücher*) in ICILS 2023 im internationalen Vergleich und in ICILS 2018 in Nordrhein-Westfalen dargestellt. Die Ergebnisse in der Abbildung sind absteigend nach den Kompetenzunterschieden zwischen den Schüler*innen mit niedrigem und hohem kulturellen Kapital in den hier berichteten ICILS-2023-Teilnehmerländern sortiert.

Folgende zentrale Ergebnisse werden für Nordrhein-Westfalen ersichtlich:

- In ICILS 2023 verfügen nordrhein-westfälische Schüler*innen der 8. Jahrgangsstufe, die aus Familien mit hohem kulturellen Kapital stammen, über mittlere Kompetenzstände von 526 Punkten in den computer- und informationsbezogenen Kompetenzen. Vergleichend dazu erreichen Schüler*innen aus einer Familie mit niedrigem kulturellen Kapital (468 Punkte) im Mittel signifikant niedrigere computer- und informationsbezogene Kompetenzen.
- Der somit in ICILS 2023 für Nordrhein-Westfalen festgestellte signifikante Unterschied (Unterschied: 58 Punkte) liegt damit im Bereich des für Deutschland verzeichneten Kompetenzunterschieds (Unterschied: 57 Punkte).
- Betrachtet man die mit ICILS 2023 für Nordrhein-Westfalen aufgezeigten sozial bedingten Disparitäten in den computer- und informationsbezogenen Kompetenzen im Vergleich zu den entsprechenden Befunden in ICILS 2018, zeigen sich mit Blick auf den Fünfjahreszeitraum keine signifikanten Unterschiede in den berechneten Kompetenzunterschieden zwischen Achtklässsler*innen mit niedrigem bzw. hohem kulturellen Kapital.
- Im internationalen Vergleich in ICILS 2023 hingegen wird deutlich, dass der Kompetenzunterschied in Nordrhein-Westfalen (Unterschied: 58 Punkte, siehe oben) zuungunsten der Schüler*innen aus Familien mit niedrigem kulturellen Kapital signifikant größer ausfällt als der Unterschied für den internationalen Mittelwert (Unterschied: 41 Punkte) und den Mittelwert der Vergleichsgruppe EU (Unterschied: 43 Punkte).
- Darüber hinaus ist erwähnenswert, dass kein hier berichtetes ICILS-2023-Teilnehmerland bei Differenzierung nach sozialer Herkunft einen signifikant größeren Kompetenzunterschied in den mittleren computer- und informationsbezogenen Kompetenzen aufweist als Nordrhein-Westfalen.
- Im weiteren Vergleich ergeben sich in 19 der hier berichteten ICILS-2023-Teilnehmerländern – darunter Österreich (Unterschied: 45 Punkte), Frankreich (Unterschied: 44 Punkte), Dänemark (Unterschied: gerundet: 32 Punkte) und Norwegen (Unterschied: 31 Punkte) – signifikant kleinere Kompetenzunterschiede in den mittleren computer- und informationsbezogenen Kompetenzen zwischen Schüler*innen mit hohem und niedrigem kulturellen Kapital als in Nordrhein-Westfalen.

Abbildung 3.7: Kompetenzstände und -unterschiede in den computer- und informationsbezogenen Kompetenzen von Schüler*innen nach kulturellem Kapital in ICILS 2023 im internationalen Vergleich und in ICILS 2018 in Nordrhein-Westfalen (in Punkten)

	Teilnehmer	Hohes kulturelles Kapital			Niedriges kulturelles Kapital			Kompetenz-unterschied[B]		
		%[A]	M_1	(SE)	%[A]	M_2	(SE)	M_1–M_2	(SE)	
	Luxemburg	45.4	529	(2.5)	54.6	467	(2.3)	62	(2.9)	■
2	***Nordrhein-Westfalen***	**37.0**	**526**	**(4.0)**	**63.0**	**468**	**(4.5)**	**58**	**(4.4)**	–
	Uruguay	12.4	500	(6.7)	87.6	442	(3.5)	58	(7.0)	■
2	Kosovo	16.5	404	(7.0)	83.5	347	(3.7)	58	(6.1)	■
	Deutschland	**41.7**	**540**	**(3.2)**	**58.3**	**483**	**(4.6)**	**57**	**(4.6)**	■
5	USA	26.9	529	(6.5)	73.1	472	(6.9)	57	(7.7)	■
	Ungarn	44.7	537	(2.7)	55.3	481	(5.3)	57	(5.4)	■
1 2 6	Rumänien	24.3	465	(5.9)	75.7	408	(5.2)	56	(6.6)	■
	Malta	39.8	510	(3.2)	60.2	458	(3.2)	52	(4.0)	■
2	Schweden	38.6	536	(2.9)	61.4	488	(3.1)	49	(3.3)	■
3	Bosnien und Herzegowina	17.8	481	(8.0)	82.2	433	(3.4)	48	(7.3)	■
	Zypern	37.6	493	(3.7)	62.4	445	(2.7)	48	(4.1)	■
2	Serbien	36.2	474	(4.2)	63.8	428	(3.9)	46	(4.4)	■
2	Portugal	28.7	544	(3.0)	71.3	497	(3.4)	46	(3.8)	▼
2	Österreich	43.8	532	(2.7)	56.2	486	(3.0)	45	(3.4)	▼
	Slowakei	28.7	531	(3.4)	71.3	487	(3.0)	44	(3.9)	▼
	Frankreich	35.0	527	(2.6)	65.0	483	(3.1)	44	(3.4)	▼
	Aserbaidschan	14.8	360	(9.7)	85.2	316	(5.1)	43	(9.8)	■
	VG EU	**35.5**	**522**	**(0.8)**	**64.5**	**480**	**(0.8)**	**43**	**(0.9)**	▼
	Internat. Mittelwert	**32.4**	**506**	**(0.8)**	**67.6**	**465**	**(0.6)**	**41**	**(0.9)**	▼
	Italien	36.0	516	(2.9)	64.0	477	(2.9)	39	(3.6)	▼
	Finnland	37.0	535	(3.0)	63.0	497	(3.6)	38	(3.4)	▼
2	Spanien	33.7	521	(2.8)	66.3	484	(1.8)	38	(2.7)	▼
	Taiwan	29.9	542	(3.8)	70.1	505	(3.0)	37	(3.4)	▼
2	Tschechien	39.0	547	(2.0)	61.0	511	(2.5)	36	(2.5)	▼
	Griechenland	33.7	485	(3.7)	66.3	449	(3.6)	36	(3.7)	▼
2	Kasachstan	8.4	438	(6.8)	91.6	405	(3.1)	34	(6.9)	▼
	Belgien (Fläm. Gem.)	32.4	535	(4.1)	67.6	502	(5.2)	33	(5.3)	▼
2	Dänemark	36.9	541	(2.9)	63.1	508	(3.1)	32	(3.7)	▼
2 8	Norwegen	42.4	524	(3.0)	57.6	493	(3.1)	31	(3.2)	▼
2	Slowenien	36.6	504	(3.1)	63.4	474	(2.5)	30	(3.2)	▼
2	Lettland	26.4	531	(4.2)	73.6	503	(3.8)	28	(4.2)	▼
	Republik Korea	53.9	554	(2.6)	46.1	528	(3.0)	26	(3.0)	▼
2	Kroatien	25.7	508	(5.1)	74.3	483	(4.1)	26	(5.3)	▼
	Oman	18.8	389	(4.7)	81.2	380	(2.9)	8	(4.4)	▼
	Vergleich ICILS 2018									
	Nordrhein-Westfalen	**42.5**	**548**	**(2.9)**	**57.5**	**499**	**(3.2)**	**49**	**(4.2)**	■

Kompetenzunterschied

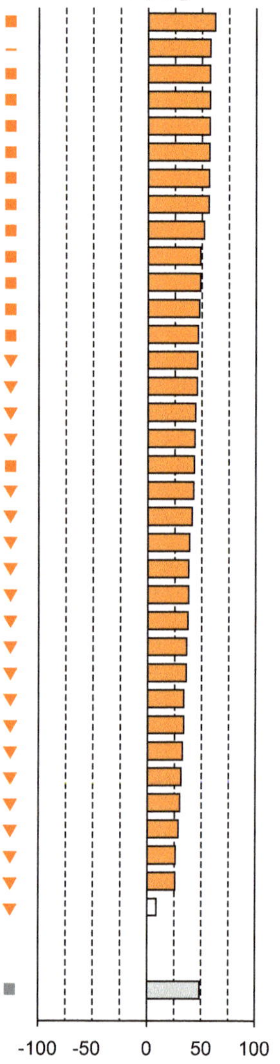

▲ Kompetenzunterschied in ICILS 2023 betragsmäßig signifikant größer als in Nordrhein-Westfalen in ICILS 2023 (p < .05).

■ Kein betragsmäßig signifikanter Unterschied in ICILS 2023 zum Kompetenzunterschied in Nordrhein-Westfalen in ICILS 2023.

▼ Kompetenzunterschied in ICILS 2023 betragsmäßig signifikant kleiner als in Nordrhein-Westfalen in ICILS 2023 (p < .05).

▲ Kompetenzunterschied in ICILS 2018 betragsmäßig signifikant größer als in Nordrhein-Westfalen in ICILS 2023 (p < .05).

■ Kein betragsmäßig signifikanter in Unterschied in ICILS 2018 zum Kompetenzunterschied in Nordrhein-Westfalen in ICILS 2023.

▼ Kompetenzunterschied in ICILS 2018 betragsmäßig signifikant kleiner als in Nordrhein-Westfalen in ICILS 2023 (p < .05).

Die mit Zahlen beschrifteten Fußnoten werden in Kapitel 1 in diesem Berichtsband erläutert.

Kursiv gesetzt ist der Benchmark-Teilnehmer Nordrhein-Westfalen.

[A] Differenzen zu 100% sind im Rundungsverfahren begründet.

[B] Inkonsistenzen in berichteten Differenzen sind im Rundungsverfahren begründet.

IEA: International Computer and Information Literacy Study 2023

*Verteilung der Schüler*innen auf die Kompetenzstufen der computer- und informationsbezogenen Kompetenzen nach kulturellem Kapital*

In Abbildung 3.8 ist vertiefend die prozentuale Verteilung der Schüler*innen auf die Kompetenzstufen der computer- und informationsbezogenen Kompetenzen nach sozialer Herkunft dargestellt. Erneut wird diese über das kulturelle Kapitel operationalisiert und zwischen hohem kulturellen Kapital (*mehr als 100 Bücher*) und niedrigem kulturellen Kapital (*maximal 100 Bücher*) in ICILS 2023 und im Fünfjahresvergleich in ICILS 2018 in Nordrhein-Westfalen unterschieden.

Abbildung 3.8: Prozentuale Verteilung der Schüler*innen auf die Kompetenzstufen der computer- und informationsbezogenen Kompetenzen nach kulturellem Kapital in ICILS 2023 und ICILS 2018 in Nordrhein-Westfalen

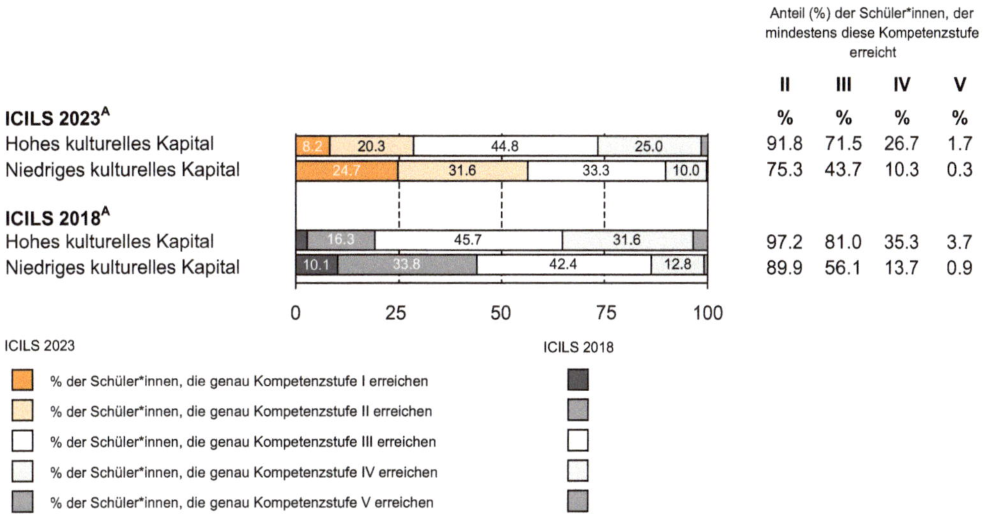

^A Differenzen zu 100% sind im Rundungsverfahren begründet.

IEA: International Computer and Information Literacy Study 2023 © ICILS 2023

Folgende zentrale Ergebnisse werden für Nordrhein-Westfalen ersichtlich:

- Die Kompetenzstufe V erreichen in ICILS 2023 in Nordrhein-Westfalen 1.7 Prozent der Schüler*innen mit hohem kulturellen Kapital und hingegen lediglich 0.3 Prozent – und damit ein signifikant kleinerer Anteil (ohne Abbildung) – der Schüler*innen mit niedrigem kulturellen Kapital. Nur diese Schüler*innen sind in der Lage, Informationen selbstständig zu ermitteln, sicher zu bewerten und anspruchsvolle Informationsprodukte zu erzeugen. Im Vergleich zu ICILS 2018 zeigt sich, dass sich die Anteile beider betrachteter Gruppen im Fünfjahresvergleich nicht signifikant verändert haben und weiterhin für alle betrachteten Gruppen sowie in der Gesamtpopulation (vgl. Kapitel 2 in diesem Band) sehr gering ausfallen.
- Fast 30 Prozent (28.5%) der nordrhein-westfälischen Schüler*innen der 8. Jahrgangsstufe in ICILS 2023 mit hohem kulturellen Kapital lassen sich zudem auf den beiden untersten Kompetenzstufen der computer- und informationsbezogene Kompetenzen, welche die basalen und rudimentären Fähigkeiten im kompetenten Umgang mit digitalen Medien umfassen, verorten. Demgegenüber befinden sich anteilig fast doppelt so viele (56.3%) Schüler*innen mit niedrigem kulturellen Kapital auf den beiden untersten Kompetenzstufen.
- Im Vergleich mit den Befunden im Hinblick auf die Verteilung auf die Kompetenzstufen in ICILS 2018 fällt vor allem der signifikante und deutliche Zuwachs der Anteile beider betrachteter Gruppen auf der untersten Kompetenzstufe auf. Dabei zeigt sich, dass sich die Anteile der Schüler*innen aus Familien mit niedrigem

kulturellen Kapital (ICILS 2018: 10.1%; ICILS 2023: 24.7%) mehr als verdoppelt und die Anteile der Schüler*innen aus Familien mit hohem kulturellen Kapital (ICILS 2018: 2.8%; ICILS 2023: 8.2%) sogar fast verdreifacht haben.

3.5 Ergebnisse zur Erklärung von Unterschieden in den computer- und informationsbezogenen Kompetenzen durch Hintergrundmerkmale der Schüler*innen

Im folgenden Abschnitt wird an die bis hierher vorgelegten Einzelergebnisse anknüpfend regressionsanalytisch (ohne Abbildung) schrittweise für Nordrhein-Westfalen betrachtet, inwieweit sich zuvor aufgezeigte Unterschiede in den computer- und informationsbezogenen Kompetenzen der Achtklässler*innen in ICILS 2023 durch die vier betrachteten Hintergrundmerkmale der Schüler*innen – Geschlecht, Zuwanderungshintergrund, Familiensprache und kulturelles Kapital – erklären lassen.

- Für den Zusammenhang der computer- und informationsbezogenen Kompetenzen der Schüler*innen und dem Geschlecht (Modell I) lässt sich mithilfe einer schrittweisen Regressionsanalyse für Nordrhein-Westfalen feststellen, dass, wie anhand der oben beschriebenen Ergebnisse zu erwarten, kein signifikanter Zusammenhang vorliegt. In Nordrhein-Westfalen in ICILS 2023 hat das Hintergrundmerkmal Geschlecht also keine Erklärungskraft für Unterschiede in den computer- und informationsbezogenen Kompetenzen.
- Mit einem dann erweiterten Modell II kann aufgezeigt werden, dass in ICILS 2023 die nordrhein-westfälischen Schüler*innen ohne Zuwanderungshintergrund unter Kontrolle des Geschlechts im Mittel 81.0 Punkte mehr als die Schüler*innen der ersten Zuwanderungsgeneration erreichen. Dieser Effekt des Zuwanderungshintergrunds ist dabei statistisch signifikant und weist damit – im Gegensatz zu dem Geschlecht der Schüler*innen – einen erheblichen Zusammenhang mit den computer- und informationsbezogenen Kompetenzen der Schüler*innen auf. Die Varianzerklärung dieses Modells beträgt 14 Prozent.
- In einem nochmals erweiterten Modell III wird deutlich, dass der Zusammenhang zwischen den computer- und informationsbezogenen Kompetenzen und dem Zuwanderungshintergrund (66.1 Punkte) mit zusätzlicher Betrachtung der Familiensprache geringer ausfällt, allerdings weiterhin signifikant bleibt. Die Familiensprache stellt sich für Nordrhein-Westfalen in ICILS 2023 – im Gegensatz zu den entsprechenden Ergebnissen für Deutschland (vgl. Eickelmann et al., 2024) – jedoch in der Zusammenhangsbetrachtung nicht als signifikanter Prädiktor zur Erklärung der computer- und informationsbezogenen Kompetenzen der Schüler*innen heraus. Die Varianzaufklärung von Modell III liegt für Nordrhein-Westfalen in ICILS 2023 bei 14 Prozent.
- Unter Einbezug des kulturellen Kapitals (Modell IV) steigt die Varianzaufklärung auf 18 Prozent. Das kulturelle Kapital zeigt sich als ein signifikanter Prädiktor zur Erklärung der computer- und informationsbezogenen Kompetenzen. So erreichen Schüler*innen aus Familien mit hohem kulturellen Kapital unter Kontrolle der anderen drei bisher modellierten Hintergrundmerkmale im Mittel 42.3 Punkte mehr als Schüler*innen aus Familien mit niedrigem kulturellen Kapital. Das Merkmal Zuwanderungshintergrund im Zusammenhang mit den computer- und informationsbezogenen Kompetenzen (48.2 Punkte) wird in seiner Höhe etwas kleiner, bleibt aber weiterhin signifikant. Das Geschlecht und die Familiensprache bleiben unter gemeinsamer Berücksichtigung aller vier Hintergrundmerkmale weiterhin keine signifikanten Prädiktoren.

In der Gesamtschau der regressionsanalytischen Befunde für Nordrhein-Westfalen unter besonderer Berücksichtigung der Hintergrundmerkmale der Schüler*innen lässt sich somit resümieren, dass insbesondere sowohl der Zuwanderungshintergrund als auch die soziale Herkunft einen hohen Anteil der Unterschiede in den computer- und informationsbezogenen Kompetenzen der Schüler*innen aufklären. Im Gegensatz zu Deutschland erweist sich die Familiensprache der Schüler*innen in Nordrhein-Westfalen diesbezüglich als weniger relevant.

Literatur

Casamassima, G., Drossel, K., Schwippert, K., Gerick, J., Senkbeil, M., Fröhlich, N. & Eickelmann, B. (2024). Computer- und informationsbezogene Kompetenzen im Zusammenhang mit Hintergrundmerkmalen der Schüler*innen in Deutschland im internationalen Vergleich. In B. Eickelmann, N. Fröhlich, W. Bos, J. Gerick, F. Goldhammer, H. Schaumburg, K. Schwippert, M. Senkbeil & J. Vahrenhold (Hrsg.), *ICILS 2023 #Deutschland. Computer- und informationsbezogene Kompetenzen und Kompetenzen im Bereich Computational Thinking von Schüler*innen im internationalen Vergleich* (S. 73–115). Waxmann. https://doi.org/10.31244/9783830999492.03

Eickelmann, B., Fröhlich, N., Bos, W., Gerick, J., Goldhammer, F., Schaumburg, H., Schwippert, K., Senkbeil, M. & Vahrenhold, J. (Hrsg.). (2024). *ICILS 2023 #Deutschland. Computer- und informationsbezogene Kompetenzen und Kompetenzen im Bereich Computational Thinking von Schüler*innen im internationalen Vergleich.* Waxmann. https://doi.org/10.31244/9783830999492

Eickelmann, B., Massek, C. & Labusch, A. (2019). *ICILS 2018 #NRW. Erste Ergebnisse der Studie ICILS 2018 für Nordrhein-Westfalen im internationalen Vergleich.* Waxmann.

Hatlevik, O. E., Throndsen, I., Loi, M. & Guðmundsdóttir, G. B. (2018). Students' ICT self-efficacy and computer and information literacy: Determinants and relationships. *Computers & Education, 118*, 107–119. https://doi.org/10.1016/j.compedu.2017.11.011

Scherer, R. & Siddiq, F. (2019). The relation between students' socioeconomic status and ICT literacy: Findings from a meta-analysis. *Computers & Education, 138*, 13–32. https://doi.org/10.1016/j.compedu.2019.04.011

Senkbeil, M., Drossel, K., Eickelmann, B. & Vennemann, M. (2019). Soziale Herkunft und computer- und informationsbezogene Kompetenzen von Schülerinnen und Schülern im zweiten internationalen Vergleich. In B. Eickelmann, W. Bos, J. Gerick, F. Goldhammer, H. Schaumburg, K. Schwippert, M. Senkbeil & J. Vahrenhold (Hrsg.), *ICILS 2018 #Deutschland. Computer- und informationsbezogene Kompetenzen von Schülerinnen und Schülern im zweiten internationalen Vergleich und Kompetenzen im Bereich Computational Thinking* (S. 301–333). Waxmann. https://doi.org/10.25656/01:18328

Kapitel 4
Die Perspektive der Schüler*innen auf das Lernen mit digitalen Medien und den Erwerb computer- und informationsbezogener Kompetenzen in Nordrhein-Westfalen im internationalen Vergleich

In diesem Kapitel werden Ergebnisse der Studie ICILS 2023 (*International Computer and Information Literacy Study 2023*) zur Perspektive der Achtklässler*innen in Nordrhein-Westfalen auf das Lernen mit digitalen Medien und den Erwerb computer- und informationsbezogener Kompetenzen im nationalen und internationalen Vergleich berichtet. Die Grundlage für alle im vorliegenden Kapitel präsentierten Analysen bilden die Daten aus den in ICILS 2023 eingesetzten Fragebögen für die Achtklässler*innen. Neben den in allen ICILS-2023-Teilnehmerländern erhobenen Daten gehen ergänzend Informationen aus den NRW-spezifischen Erweiterungen des Fragebogens der Schüler*innen ein (vgl. Kapitel 1 in diesem Band).

Die Ergebnisdarstellung aus der Perspektive der Schüler*innen im vorliegenden Kapitel umfasst drei Themenbereiche:

- Ergebnisse zur Nutzungshäufigkeit digitaler Medien durch die Schüler*innen innerhalb und außerhalb der Schule an Schultagen für schulische Aufgaben sowie außerhalb der Schule an schulfreien Tagen für schulische Zwecke in ICILS 2023 für Nordrhein-Westfalen im internationalen Vergleich (Abschnitt 4.1)
- Ergebnisse zum Umfang des Erlernens verschiedener Fähigkeiten durch die Schüler*innen in ICILS 2023 in Nordrhein-Westfalen, in Deutschland und im internationalen Mittel sowie vertiefende Ergebnisse zum Umfang des Erlernens von verschiedenen Bereichen zum Umgang mit dem Internet und der Nutzung digitaler Medien in der Schule durch Schüler*innen in ICILS 2023 in Nordrhein-Westfalen (Abschnitt 4.2)
- Ergebnisse zu Einstellungen von Schüler*innen zum Lernen mit digitalen Medien in der Schule in ICILS 2023 in Nordrhein-Westfalen im internationalen Vergleich (Abschnitt 4.3)

Vergleiche zu ICILS 2018 sind an dieser Stelle aufgrund der inhaltlichen Weiterentwicklung sowie Ausdifferenzierung der Formulierungen im Schüler*innenfragebogen methodisch nicht direkt möglich. Jedoch wird, da wo eine Einordnung notwendig und hilfreich erscheint, ein Bezug zu den fünf Jahre zuvor vorgelegten Ergebnissen für Nordrhein-Westfalen (Eickelmann et al., 2019) hergestellt. Zudem finden sich weitere Ergebnisse der Studie ICILS 2023 zur Perspektive der Schüler*innen auf das Lernen mit digitalen Medien und den Erwerb computer- und informationsbezogener Kompetenzen im Berichtsband der Studie ICILS 2023 für Deutschland (Fröhlich et al., 2024). Dort sind für Nordrhein-Westfalen möglicherweise relevante Ergebnisse bspw. zur Wahrnehmung der gesellschaftlichen Relevanz digitaler Medien durch Schüler*innen und zur Nutzungshäufigkeit digitaler Medien durch Schüler*innen im Unterricht in verschiedenen Fächern bzw. Fächergruppen enthalten. Im Hinblick auf die Darstellung der nachfolgenden Analysen sei vorab angemerkt, dass für den internationalen Vergleich nur diejenigen 33 der 35 ICILS-2023-Teilnehmerländer (ausgeschlossen sind Chile und die Niederlande) berücksichtigt werden können, die – wie Nordrhein-Westfalen – hinsichtlich der hier analysierten Daten gemäß internationalen Vorgaben eine hinreichend hohe und damit zuverlässige Datenqualität aufweisen (vgl. Kapitel 1 in diesem Band).

4.1 Ergebnisse zur Nutzungshäufigkeit digitaler Medien durch Schüler*innen an Schultagen und schulfreien Tagen für schulische Aufgaben bzw. Zwecke

Die Ergebnisse zur Nutzungshäufigkeit digitaler Medien durch Schüler*innen in ICILS 2023 in Nordrhein-Westfalen im internationalen Vergleich werden im nachfolgenden Abschnitt dargestellt. Dazu werden zunächst Ergebnisse zur Häufigkeit der Nutzung digitaler Medien durch die Achtklässler*innen für schulische Aufgaben bzw. Zwecke an Schultagen und an schulfreien Tagen (z.B. am Wochenende oder in den Ferien) in ICILS 2023 dargestellt. Darüber hinaus wird aufgrund der Relevanz der Nutzungshäufigkeit digitaler Medien durch Schüler*innen in der Schule für schulische Aufgaben an Schultagen dieser Aspekt differenzierter für Nordrhein-Westfalen im internationalen Vergleich dargelegt und hier u.a. auch die Nie-Nutzung abgebildet.

In Tabelle 4.1 erfolgt die Darstellung der Nutzungshäufigkeit digitaler Medien durch die Schüler*innen an Schultagen (1) in der Schule für schulische Aufgaben und (2) außerhalb der Schule für schulische Aufgaben sowie an schulfreien Tagen (3) außerhalb der Schule für schulische Zwecke für Nordrhein-Westfalen im internationalen Vergleich im Hinblick auf eine mindestens tägliche Nutzung (Kategorien *jeden Tag weniger als eine Stunde* und *jeden Tag mindestens eine Stunde, aber weniger als zwei Stunden* und *jeden Tag mindestens zwei Stunden, aber weniger als drei Stunden* sowie *jeden Tag drei Stunden oder mehr* zusammengefasst zu *mindestens einmal am Tag*). Den Schüler*innen standen außerdem noch die Antwortkategorien *mindestens einmal in der Woche, aber nicht jeden Tag* und *mindestens einmal im Monat, aber nicht jede Woche* und *weniger als einmal im Monat* und *nie* zur Verfügung, die anschließend in Abbildung 4.1 aufgegriffen werden. Die Sortierung der Ergebnisse in der Tabelle 4.1 erfolgt in alphabetischer Reihenfolge der hier zu berücksichtigenden 33 ICILS-2023-Teilnehmerländer.

Folgende zentrale Ergebnisse für Nordrhein-Westfalen werden ersichtlich:

- Fast genau ein Drittel (33.0%) der Achtklässler*innen in Nordrhein-Westfalen gibt in ICILS 2023 an, dass sie *an Schultagen* digitale Medien *innerhalb der Schule für schulische Aufgaben mindestens einmal am Tag* nutzen. Dieser Anteil ist in Nordrhein-Westfalen signifikant größer als der Anteil in Deutschland (25.1%). Der auf den internationalen Mittelwert bezogene Anteil (33.2%) und der Mittelwert der europäischen Vergleichsgruppe EU (31.8%) unterscheiden sich jeweils statistisch nicht von dem Anteil in Nordrhein-Westfalen. Für Nordrhein-Westfalen ergibt sich damit erstmals eine europäische und internationale Anschlussfähigkeit in Bezug auf die schulbezogene Nutzung digitaler Medien in der Schule. Diese ist dabei sicherlich auch auf die gestiegene – aber immer noch nicht alle Schüler*innen erreichende (vgl. Kapitel 7 in diesem Band) – Ausstattung der Schüler*innen mit digitalen Endgeräten zurückzuführen, welche überhaupt erst eine regelmäßige und flexible sowie lernbezogene Nutzung digitaler Medien in der Schule durch die Schüler*innen ermöglicht.
- Im internationalen Vergleich zeigt sich, dass in neun der hier berichteten ICILS-2023-Teilnehmerländer signifikant und teilweise deutlich höhere Anteile der Schü-

Tabelle 4.1: Nutzungshäufigkeit digitaler Medien durch Schüler*innen an Schultagen und an schulfreien Tagen für schulische Aufgaben bzw. Zwecke in ICILS 2023 in Nordrhein-Westfalen im internationalen Vergleich (Angaben der Schüler*innen in Prozent, zusammengefasste Kategorie Mindestens einmal am Tag)

			An Schultagen				An schulfreien Tagen	
			In der Schule für schulische Aufgaben		Außerhalb der Schule für schulische Aufgaben		Außerhalb der Schule für schulische Zwecke	
		Teilnehmer	%	(SE)	%	(SE)	%	(SE)
		Aserbaidschan	33.7	(1.0)	40.5	(1.5)	41.4	(1.1)
		Belgien (Fläm. Gem.)	58.5	(1.7)	68.1	(1.2)	51.3	(1.1)
3		Bosnien und Herzegowina	20.6	(1.4)	44.1	(1.8)	36.8	(1.4)
2		Dänemark	87.0	(0.8)	40.7	(1.5)	26.6	(1.2)
		Deutschland	**25.1**	**(2.0)**	**38.7**	**(1.5)**	**22.2**	**(1.0)**
		Finnland	30.2	(1.6)	27.1	(1.0)	15.2	(0.8)
		Frankreich	19.3	(1.1)	66.0	(1.1)	53.2	(1.0)
		Griechenland	21.7	(1.0)	37.6	(1.0)	31.9	(1.0)
		Internat. Mittelwert	**33.2**	**(0.2)**	**46.9**	**(0.2)**	**37.2**	**(0.2)**
		Italien	18.6	(1.3)	68.2	(1.2)	57.2	(1.1)
2		Kasachstan	55.6	(1.0)	59.5	(1.2)	56.9	(0.9)
2		Kosovo	30.3	(1.1)	46.1	(1.7)	44.4	(1.1)
2		Kroatien	20.9	(1.1)	42.1	(1.2)	31.2	(1.3)
2		Lettland	42.3	(1.2)	62.7	(1.3)	51.1	(1.1)
		Luxemburg	49.4	(1.0)	52.6	(1.1)	41.1	(0.9)
		Malta	21.3	(0.9)	56.9	(1.1)	49.7	(1.0)
2		***Nordrhein-Westfalen***	**33.0**	**(2.8)**	**39.2**	**(1.8)**	**24.1**	**(1.4)**
2	8	Norwegen	71.8	(1.1)	49.5	(1.4)	29.3	(1.0)
		Oman	37.1	(0.8)	51.0	(0.8)	46.8	(0.7)
2		Österreich	16.8	(1.1)	37.2	(1.2)	22.7	(1.0)
2		Portugal	26.3	(1.1)	37.5	(1.2)	30.0	(1.1)
		Republik Korea	22.1	(0.9)	36.4	(0.9)	32.2	(0.9)
1 2	6	Rumänien	28.6	(1.3)	51.1	(1.4)	46.2	(1.4)
2		Schweden	82.8	(1.1)	44.5	(1.2)	29.1	(1.1)
2		Serbien	27.6	(1.1)	52.4	(1.1)	40.7	(1.2)
		Slowakei	17.0	(1.0)	51.1	(1.3)	33.9	(1.0)
2		Slowenien	10.8	(0.6)	40.3	(1.1)	32.7	(1.0)
2		Spanien	33.2	(1.7)	59.6	(1.0)	46.6	(0.9)
		Taiwan	13.3	(0.7)	28.9	(1.0)	28.8	(1.0)
2		Tschechien	15.9	(0.9)	39.6	(0.9)	25.7	(0.6)
		Ungarn	15.2	(1.0)	37.4	(1.1)	28.9	(1.0)
		Uruguay	44.8	(1.6)	53.5	(1.1)	44.2	(1.1)
	5	USA	71.5	(1.2)	46.1	(1.7)	30.0	(1.3)
		VG EU	**31.8**	**(0.3)**	**47.5**	**(0.3)**	**36.2**	**(0.2)**
		Zypern	26.8	(1.1)	38.8	(1.0)	33.1	(0.8)

Die mit Zahlen beschrifteten Fußnoten werden in Kapitel 1 in diesem Berichtsband erläutert.
Kursiv gesetzt ist der Benchmark-Teilnehmer Nordrhein-Westfalen.

IEA: International Computer and Information Literacy Study 2023 © ICILS 2023

ler*innen eine tägliche Nutzung (*mindestens einmal am Tag*) digitaler Medien *in der Schule an Schultagen* berichten als in Nordrhein-Westfalen. Hierzu gehören mit besonders hohen Anteilen Dänemark (87.0%), Schweden (82.8%), Norwegen (71.8%) und die USA (71.5%). In weiteren sieben der hier berichteten ICILS-2023-Teilnehmerländer liegen die Anteile statistisch im Bereich der Anteile Nordrhein-Westfalens. Signifikant kleinere Anteile als in Nordrhein-Westfalen sind neben Deutschland in 15 weiteren der hier betrachteten ICILS-2023-Teilnehmerländer ausfindig zu machen. Hierzu gehören insbesondere Ungarn (15.2%), möglicherweise durchaus überraschend auch Taiwan (13.3%) sowie Slowenien (10.8%). In diesen drei Teilnehmerländern fallen die Anteile der Schüler*innen, die zumindest täglich an Schultagen digitale Medien *in der Schule für schulische Aufgaben* nutzen, am geringsten aus.

- Es zeigt sich, dass nahezu zwei Fünftel (39.2%) der nordrhein-westfälischen Schüler*innen an Schultagen *mindestens einmal am Tag* digitale Medien *außerhalb der Schule für schulische Aufgaben* nutzen. Der entsprechende Anteil in Deutschland (38.7%) liegt statistisch im Bereich des Anteils von Nordrhein-Westfalen. Im internationalen Vergleich ist der entsprechende Anteil in Nordrhein-Westfalen in ICILS 2023 jedoch signifikant kleiner als die Anteile, die sich auf den internationalen Mittelwert (46.9%) und den Mittelwert der Vergleichsgruppe EU (47.5%) beziehen. Nur in Taiwan (28.9%) und Finnland (27.1%) sind die Anteile der Schüler*innen signifikant geringer als in Nordrhein-Westfalen. In zwölf der hier zu berücksichtigenden ICILS-2023-Teilnehmerländer liegen die entsprechenden Anteile statistisch im Bereich der Anteile von Nordrhein-Westfalen. Dies ist etwa für Dänemark (40.7%), Portugal (37.5%) und Österreich (37.2%) der Fall. In 18 der hier berichteten ICILS-2023-Teilnehmerländer liegen die Anteile jedoch signifikant und teilweise deutlich höher als in Nordrhein-Westfalen. Die höchsten Anteile liegen in Italien (68.2%), Belgien (Fläm. Gem.) (68.1%) und Frankreich (66.0%) vor.
- Zu ergänzen sei an dieser Stelle für Nordrhein-Westfalen, dass vertiefende Analysen ergeben, dass Nutzungsraten digitaler Medien an Schultagen *außerhalb der Schule für schulische Aufgaben* (39.2%, s.o.) signifikant größer sind als die Nutzungsraten an Schultagen *in der Schule für schulische Aufgaben* (33.0%).
- Immerhin fast ein Viertel (24.1%) der nordrhein-westfälischen Schüler*innen nutzt zudem *mindestens einmal am Tag* digitale Medien *an schulfreien Tagen außerhalb der Schule für schulische Zwecke. An schulfreien Tagen* bezeichnet in diesem Kontext die Tage, an denen kein Schulbetrieb stattfindet. Dieser Anteil liegt für Nordrhein-Westfalen erneut statistisch im Bereich des Anteils für Deutschland (22.2%). Es zeigt sich jedoch, dass der für Nordrhein-Westfalen ermittelte Anteil jeweils signifikant unter dem betrachteten Anteil bezogen auf den internationalen Mittelwert (37.2%) und dem Mittelwert der Vergleichsgruppe EU (36.2%) liegt. Die Angaben der Schüler*innen in Dänemark (26.6%), Tschechien (25.7%), Österreich (22.7%) und Deutschland (22.2%) zur Häufigkeit der Nutzung digitaler Medien *an schulfreien Tagen außerhalb der Schule für schulische Zwecke* liegen statistisch im Bereich von Nordrhein-Westfalen, wohingegen alle anderen ICILS-2023-Teilnehmerländer – die höchsten Anteile liegen in Italien (57.2%), Kasachstan (56.9%), Frankreich (53.2%) und Belgien (Fläm. Gem.) (51.3%) vor – mit Ausnahme von Finnland (15.2%) einen signifikant größeren Anteil aufweisen als Nordrhein-Westfalen.
- Wie bereits eingangs erwähnt, ist an dieser Stelle kein direkter Vergleich über die Jahre möglich, auch wenn in ICILS 2018 bereits die Nutzungshäufigkeiten digitaler Medien für schulische Zwecke erhoben wurden. Jedoch kann darauf verwiesen werden, dass die Analysen im Rahmen von ICILS 2018 ergeben haben, dass lediglich 3.3 Prozent der seinerzeit ebenfalls in einer repräsentativen Stichprobe befragten Achtklässler*innen in Nordrhein-Westfalen angaben, *jeden Tag* digitale Medien in der Schule für schulische Zwecke zu nutzen. Dieser Rückblick verdeutlicht die durchaus bemerkenswerten Entwicklungen in Nordrhein-Westfalen über den betrachteten Fünfjahreszeitraum zwischen den beiden Studienzyklen ICILS 2018 und ICILS 2023, wenngleich für immer noch etwa zwei Drittel der Schüler*innen das schulische Lernen mit digitalen Medien nicht zum (Unterrichts-)Alltag gehört.

An diese Ergebnisse anknüpfend und mit dem besonderen Fokus auf der schulischen Nutzung digitaler Medien wird in Abbildung 4.1 nun die Nutzungshäufigkeit durch Schüler*innen *in der Schule für schulische Aufgaben an Schultagen* differenzierter dargestellt. Mit den Ergebnissen für Nordrhein-Westfalen wird zur Einordnung wieder der gesamte, mit ICILS 2023 mögliche internationale Kontext dargestellt. Die

Abbildung 4.1: Nutzungshäufigkeit digitaler Medien durch Schüler*innen in der Schule für schulische Aufgaben an Schultagen in ICILS 2023 in Nordrhein-Westfalen im internationalen Vergleich (Angaben der Schüler*innen in Prozent)

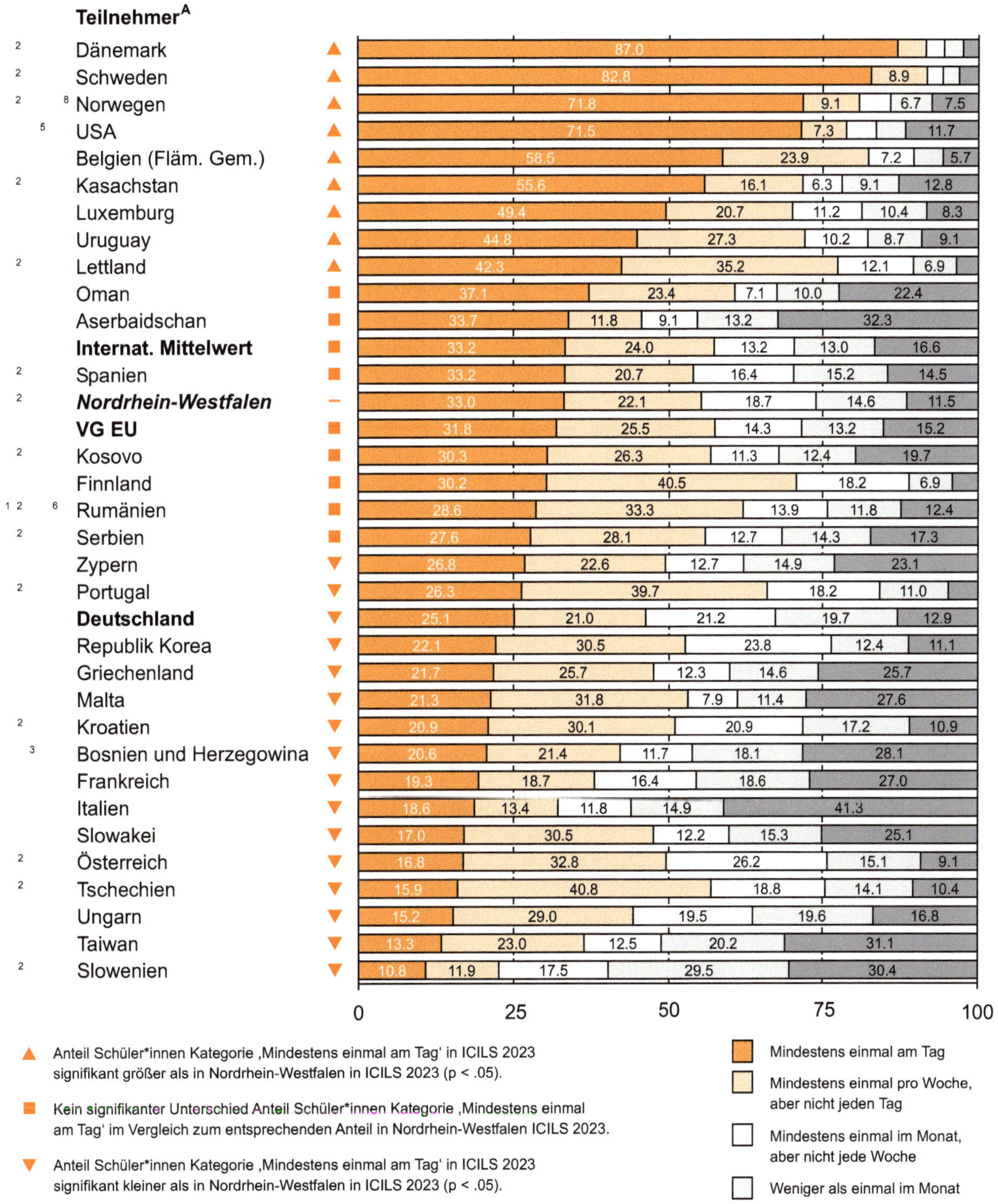

Die mit Zahlen beschrifteten Fußnoten werden in Kapitel 1 in diesem Berichtsband erläutert.
Kursiv gesetzt ist der Benchmark-Teilnehmer Nordrhein-Westfalen.
[A] Differenzen zu 100% sind im Rundungsverfahren begründet.

IEA: International Computer and Information Literacy Study 2023 © ICILS 2023

Differenzierung besteht darin, dass zusätzlich zur bereits berichteten Antwortkategorie weitere berichtet werden. So wird in Abbildung 4.1 zusätzlich zur Kategorie *mindestens einmal am Tag* (bestehend aus den Kategorien *jeden Tag weniger als eine Stunde* und *jeden Tag mindestens eine Stunde, aber weniger als zwei Stunden* und *jeden Tag mindestens zwei Stunden, aber weniger als drei Stunden* und *jeden Tag drei Stunden oder mehr*) und die Kategorien *mindestens einmal pro Woche, aber nicht jeden Tag* und *mindestens einmal im Monat, aber nicht jede Woche* und *weniger als einmal im Monat* sowie mit *nie* auch die Nie-Nutzung betrachtet. Sortiert sind die Ergebnisse aller hier zu berücksichtigenden ICILS-2023-Teilnehmerländer in der zugehörigen Abbildung absteigend nach den Ergebnissen der schon in Tabelle 4.1 berichteten zusammengefassten Kategorie *mindestens einmal am Tag.*

Folgende zentrale Ergebnisse für Nordrhein-Westfalen werden ersichtlich:

- Neben dem bereits berichteten Ergebnis, dass in Nordrhein-Westfalen mittlerweile immerhin etwa ein Drittel (33.0%) der Achtklässler*innen digitale Medien *mindestens einmal am Tag in der Schule an Schultagen für schulische Aufgaben* nutzt, zeigt sich, dass mehr als ein Fünftel (22.1%) der nordrhein-westfälischen Achtklässler*innen in ICILS 2023 *mindestens einmal pro Woche, aber nicht jeden Tag* digitale Medien *in der Schule für schulische Aufgaben* nutzt und sich hier in der Summe zeigt, dass für mehr als die Hälfte (55.1%) der nordrhein-westfälischen Schüler*innen das Lernen mit digitalen Medien in der Schule zu einer normalen Schulwoche gehört.
- Das vorgenannte Ergebnis weist darauf hin, dass ein doch beachtlicher Teil der Schüler*innen in Nordrhein-Westfalen weiterhin nur sehr selten oder sogar *nie* digitale Medien *in der Schule für schulische Aufgaben* nutzt. Im Folgenden sei daher aus der Abbildung 4.1 die Information herausgegriffen, dass immerhin 11.5 Prozent der nordrhein-westfälischen Achtklässler*innen nach eigenen Angaben *nie* digitale Medien *an Schultagen in der Schule für schulische Aufgaben* verwenden und damit in der Schule nicht mit digitalen Medien zum Lernen in Berührung kommen. Für Deutschland (12.9%) zeigt sich zum Vergleich ein statistisch gesehen ebenso hoher Anteil. Im Vergleich zum entsprechenden Anteil in Nordrhein-Westfalen ergeben sich bezogen auf den internationalen Mittelwert (16.6%) und den Mittelwert der europäischen Vergleichsgruppe EU (15.2%) signifikant, aber nur etwas höhere Anteile, wobei sich für die doch sehr verschiedenen ICILS-2023-Teilnehmerländer sehr unterschiedliche Nie-Nutzer*innen-Quoten ergeben. Diese fallen im internationalen Vergleich und auch anschaulich in Lettland (3.5%), Schweden (3.1%) und Dänemark (2.5%) besonders niedrig aus.

4.2 Ergebnisse zum Umfang des Erlernens verschiedener Aufgaben im Umgang mit digitalen Medien in der Schule durch Schüler*innen

Nach der Darstellung der Nutzungshäufigkeit digitaler Medien durch Schüler*innen, die allein Auskunft weder über die Qualität der Nutzung digitaler Medien gibt noch darüber, welche Lernkontexte sich dahinter verbergen, werden im nachfolgenden Abschnitt auf der Datengrundlage der ICILS-2023-Studie Ergebnisse zum Umfang des Erlernens verschiedener Aufgaben mit digitalen Medien in der Schule betrachtet. Diese beziehen sich – mit Blick auf die individuelle, pädagogische und gesellschaftliche Bedeutsamkeit – auf das Erlernen von verschiedenen Aspekten zum Umgang mit sozialen Medien und Cybermobbing sowie auf Aspekte psychischer und physischer Gesundheit. Diese Ergebnisse werden zur Einordnung mit den Ergebnissen für Deutschland sowie im Vergleich zum internationalen Mittelwert dargestellt. Zum anderen werden, spezifisch für Nordrhein-Westfalen zusätzlich mit ICILS 2023 erfasst (vgl. Kapitel 1 in diesem Band), weitere Aspekte beleuchtet. Hierzu gehören u.a. das schulische Erlernen des Umganges mit Informationen aus dem Internet sowie der sicheren digitalen Kommunikation.

*Umfang des Erlernens von verschiedenen Bereichen zum Umgang mit sozialen Medien und Cybermobbing sowie mit psychischer und physischer Gesundheit und der Nutzung digitaler Medien durch Schüler*innen*

In Abbildung 4.2 wird zunächst der Umfang des Erlernens von verschiedenen Aspekten zum Umgang mit sozialen Medien und Cybermobbing sowie mit psychischer und physischer Gesundheit in Nordrhein-Westfalen, in Deutschland und im internationalen Mittel aus der Perspektive der Schüler*innen ausgeführt. Dabei werden die folgenden fünf Bereiche betrachtet: (1) verantwortungsvoller und respektvoller Umgang mit sozialen Medien (einschließlich der Verwendung von Bildern und persönlichen Informationen), (2) das Erkennen von Cybermobbing, (3) das Melden von Cybermobbing sowie Aspekte zur (4) körperlichen Gesundheit und (5) psychischen Gesundheit und die Nutzung digitaler Medien. In Abbildung 4.2 dazu werden alle vier international abgefragten Kategorien (*in großem Umfang, in mittlerem Umfang, in kleinem Umfang* und *gar nicht)* berichtet und sind absteigend nach Höhe der Anteile der zusammengefassten Antwortkategorie *mindestens im mittleren Umfang* (*in mittlerem Umfang* und *in großem Umfang* zusammengefasst) in Nordrhein-Westfalen sortiert.

Folgende zentrale Ergebnisse für Nordrhein-Westfalen werden ersichtlich:

- Etwa drei Viertel (75.8%) der Achtklässler*innen in ICILS 2023 in Nordrhein-Westfalen geben an, dass sie *mindestens im mittleren Umfang* den *verantwortungsvollen und respektvollen Umgang mit sozialen Medien* in der Schule erlernt haben. Dieser Anteil liegt statistisch im Bereich von Deutschland (75.9%), aber zumindest geringfügig, jedoch signifikant unter dem auf den internationalen Mittelwert bezogenen Anteil (78.3%).
- Weiterhin haben mehr als zwei Drittel (69.0%) der Schüler*innen in Nordrhein-Westfalen nach eigenen Angaben *mindestens im mittleren Umfang* in der Schule erlernt, *wie man Cybermobbing erkennt*. Dieser Anteil unterscheidet sich nicht signifikant von dem entsprechenden Anteil in Deutschland (66.6%), fällt aber in Nordrhein-Westfalen erneut signifikant geringer aus als der auf den internationalen Mittelwert bezogene Anteil (74.6%).
- Zudem zeigt sich, dass immerhin noch deutlich mehr als die Hälfte (56.8%) der nordrhein-westfälischen Schüler*innen angibt, *mindestens im mittleren Umfang* in der Schule erlernt zu haben, *wie man Cybermobbing meldet*. Im Vergleich zu Deutschland (55.2%) zeigt sich hier kein signifikanter Unterschied. Jedoch ist der Anteil in Nordrhein-Westfalen diesbezüglich erneut signifikant geringer als der auf den internationalen Mittelwert bezogene Anteil (66.8%).
- Ebenfalls mehr als die Hälfte (55.6%) der nordrhein-westfälischen Schüler*innen gibt an, *mindestens im mittleren Umfang* in der Schule etwas über die *körperliche Gesundheit und Nutzung von digitalen Medien* erlernt zu haben. Dabei zeigt sich kein signifikanter Unterschied zu dem entsprechenden Anteil in Deutschland (gerundet 55.8%). Der auf den internationalen Mittelwert bezogene Anteil (gerundet 68.7%) ist jedoch erneut signifikant größer als der entsprechende Anteil in Nordrhein-Westfalen.
- Zuletzt gibt etwas weniger als die Hälfte (gerundet 48.0%) der nordrhein-westfälischen Schüler*innen an, *mindestens im mittleren Umfang* in der Schule etwas über das Thema der *psychischen Gesundheit und Nutzung von digitalen Medien* gelernt

Abbildung 4.2: Umfang des Erlernens verschiedener Fähigkeiten durch die Schüler*innen in ICILS 2023 in Nordrhein-Westfalen, in Deutschland und im internationalen Mittel (Angaben der Schüler*innen in Prozent)

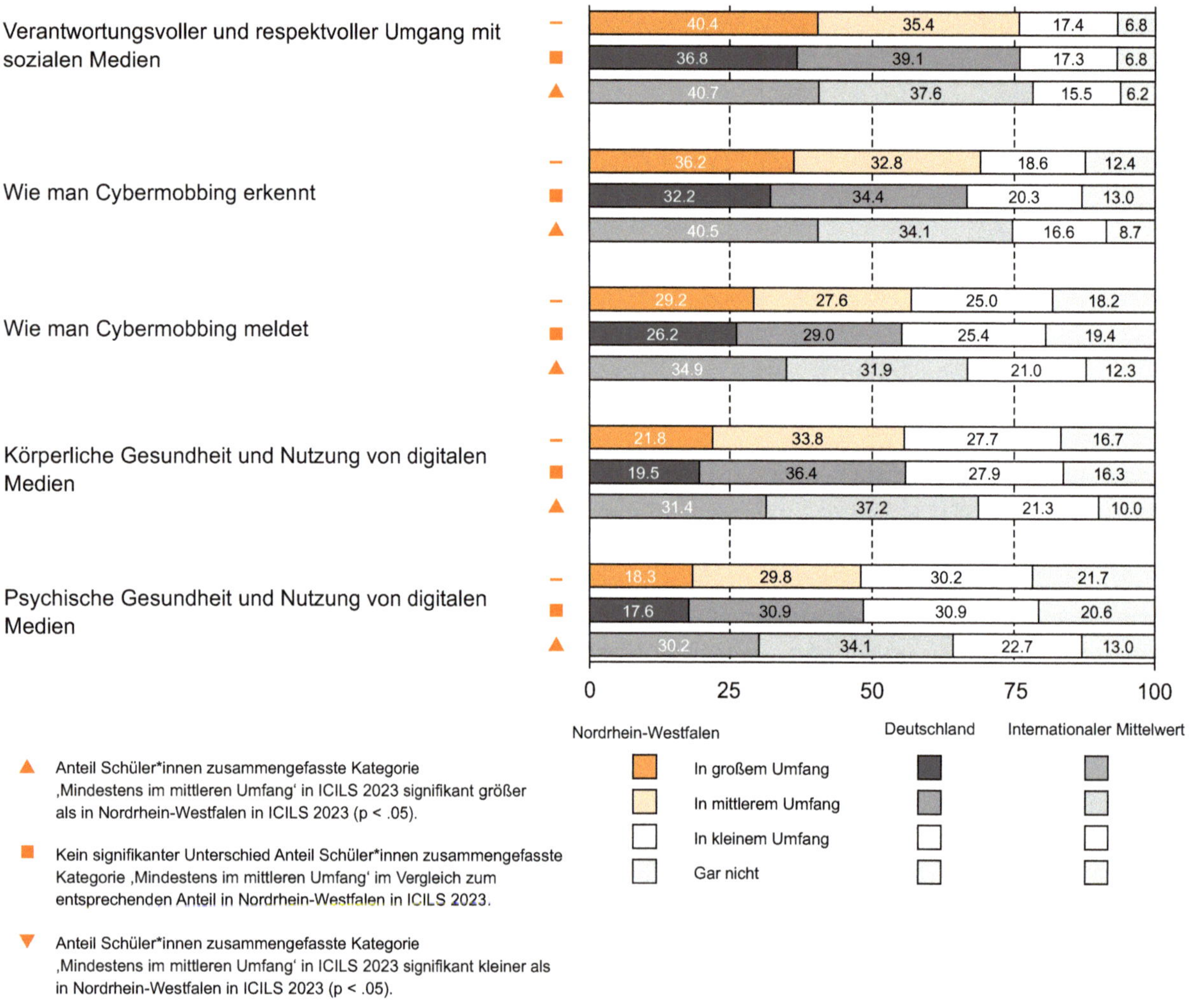

[A] Differenzen zu 100% sind im Rundungsverfahren begründet.

IEA: International Computer and Information Literacy Study 2023 © ICILS 2023

zu haben. Auch hier zeigt sich kein signifikanter Unterschied zu dem entsprechenden Anteil in Deutschland (48.5%). Allerdings ist auch hier der auf den internationalen Mittelwert bezogene Anteil (64.3%) deutlich und signifikant höher als der entsprechende Anteil für Nordrhein-Westfalen.

- Zu ergänzen ist, dass die Anteile der Schüler*innen, die angeben, diese Aspekte nicht (Kategorie: *gar nicht*) in der Schule erlernt zu haben, zwischen 6.8 Prozent und 21.7 Prozent liegen. Entwicklungspotenziale werden hier vor allem für die Bereiche des Cybermobbings und im Hinblick auf die Thematisierung gesundheitsbezogener Aspekte deutlich, die sich (siehe Abbildung 4.2) in fast genau gleicher Weise auch für Deutschland insgesamt abbilden.

*Umfang des Erlernens von verschiedenen Aspekten zum Umgang mit dem Internet und der Nutzung digitaler Medien in der Schule durch Schüler*innen*

In ICILS 2023 wurden die Achtklässler*innen in Nordrhein-Westfalen zum Umfang des schulischen Erlernens bezogen auf (1) die sinnvolle Auswahl von Quellen im Internet, (2) die Entwicklung von Fähigkeiten im Umgang mit digitalen Medien, (3) die sichere digitale Kommunikation sowie (4) die kritische Bewertung von Informationen aus dem Internet befragt (Abbildung 4.3). In der Darstellung sind in Abbildung 4.3 alle vier erfassten Antwortkategorien angeführt. Die Ergebnisse in der Abbildung sind dabei absteigend nach Höhe der mittleren Anteile der zusammengefassten Antwortkategorie *mindestens im mittleren Umfang* (*in mittlerem Umfang* und *in großem Umfang* zusammengefasst) in Nordrhein-Westfalen sortiert. Da die im Folgenden berichteten Aspekte aufgrund ihrer inhaltlichen Bezüge zum ‚Medienkompetenzrahmen NRW' ausschließlich in Nordrhein-Westfalen erhoben wurden, können weder internationale Vergleiche noch Vergleiche zu den Einschätzungen von Schüler*innen in Deutschland gezogen werden.

Abbildung 4.3: Vertiefende Ergebnisse zum Umfang des Erlernens von verschiedenen Bereichen zum Umgang mit dem Internet und der Nutzung digitaler Medien in der Schule durch Schüler*innen in ICILS 2023 in Nordrhein-Westfalen (Angaben der Schüler*innen in Prozent)[A]

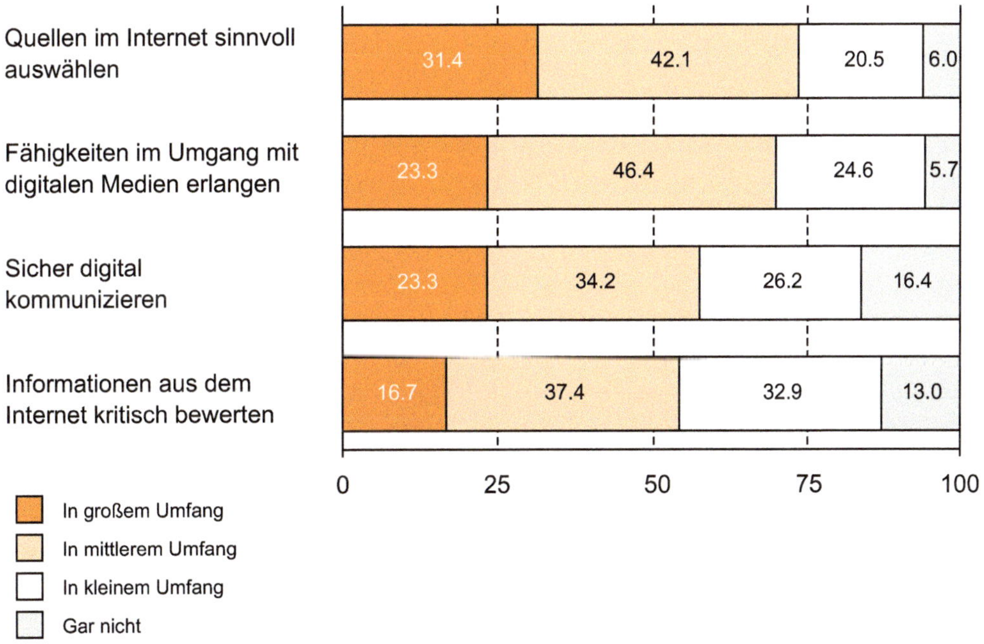

[A] Differenzen zu 100% sind im Rundungsverfahren begründet.

IEA: International Computer and Information Literacy Study 2023 © ICILS 2023

Folgende zentrale Ergebnisse für Nordrhein-Westfalen werden ersichtlich:

- Jeweils mehr als zwei Drittel der nordrhein-westfälischen Achtklässler*innen geben in ICILS 2023 an, *mindestens im mittleren Umfang* in der Schule erlernt zu haben, *Quellen im Internet sinnvoll auszuwählen* (73.5%) und *Fähigkeiten im Umgang mit digitalen Medien zu erlangen* (69.7%).
- Darüber hinaus haben jeweils über 50 Prozent der Schüler*innen in Nordrhein-Westfalen in ICILS 2023 *mindestens im mittleren Umfang* in der Schule erlernt, *sicher digital zu kommunizieren* (gerundet 57.4%) sowie *Informationen aus dem Internet kritisch zu bewerten* (gerundet 54.0%).

- Zu ergänzen ist, dass die Anteile der Schüler*innen, die angeben, diese Aspekte nicht (Kategorie: *gar nicht*) in der Schule erlernt zu haben, zwischen 6.0 Prozent und 16.4 Prozent liegen. Entwicklungspotenziale werden insbesondere im Bereich des schulischen Erlernens von Fähigkeiten zur sicheren digitalen Kommunikation sowie im Hinblick auf die kritische Bewertung von Informationen aus dem Internet deutlich.

4.3 Ergebnisse zu Einstellungen der Schüler*innen zum Lernen mit digitalen Medien

Im nachfolgenden Abschnitt werden aus der Perspektive von Achtklässler*innen in Nordrhein-Westfalen die ICILS-2023-Ergebnisse zu Einstellungen zum Lernen mit digitalen Medien im internationalen Vergleich berichtet. Im Fokus der Betrachtung der zugehörigen Tabelle 4.2 stehen die im Rahmen von ICILS 2023 neu entwickelten Aspekte, *Mit digitalen Medien in der Schule macht das Lernen mehr Spaß* sowie *Es ist wichtig, dass die Schüler*innen den Umgang mit digitalen Medien in der Schule lernen*. Berichtet wird an dieser Stelle jeweils die Antwortkategorie *Zustimmung* (Kategorien *stimme voll zu* und *stimme eher zu* zusammengefasst). Außerdem standen den Achtklässler*innen die Antwortkategorien *stimme eher nicht zu* und *stimme gar nicht zu* zur Auswahl. Die dargestellten Ergebnisse in Tabelle 4.2 sind nach alphabetischer Reihenfolge der hier berichteten ICILS-2023-Teilnehmerländer sortiert und die Reihenfolge der dargestellten Einzelergebnisse erfolgt nach der Höhe der Anteile der *Zustimmung* der nordrhein-westfälischen Schüler*innen in Bezug auf die zwei vorgenannten Aussagen.

Folgende zentrale Ergebnisse für Nordrhein-Westfalen werden ersichtlich:

- In ICILS 2023 fällt für Nordrhein-Westfalen auf, dass mehr als 90 Prozent (90.9%) der Achtklässler*innen nach eigenen Angaben der Aussage *Es ist wichtig, dass die Schüler*innen den Umgang mit digitalen Medien in der Schule lernen* zustimmen. Der Anteil in Deutschland (90.1%) liegt hierbei statistisch im Bereich von Nordrhein-Westfalen. Sowohl für den auf den internationalen Mittelwert bezogenen Anteil (86.9%) als auch für den Mittelwert der europäischen Vergleichsgruppe EU (87.7%) lassen sich diesbezüglich signifikant, jedoch nur geringfügig, kleinere Anteile als in Nordrhein-Westfalen feststellen. Alleinig die Anteile der Schüler*innen in Portugal (94.2%) und Italien (92.7%) sind signifikant höher als in Nordrhein-Westfalen. Dabei erreichen alle hier betrachteten ICILS-2023-Teilnehmerländer einen Anteil von über 80 Prozent.
- Der Aussage *Mit digitalen Medien in der Schule macht das Lernen mehr Spaß* stimmt in ICILS 2023 in Nordrhein-Westfalen ein ebenfalls hoher Anteil von fast 90 Prozent (89.3%) der Achtklässler*innen zu. Dieses Ergebnis unterscheidet sich erneut nicht signifikant von dem Anteil in Deutschland (88.5%) und fällt erneut signifikant größer aus als die Anteile, die sich auf den internationalen Mittelwert (83.1%) und den Mittelwert der Vergleichsgruppe EU (83.9%) beziehen. Auch hier ist auffallend, dass sich für einen Großteil der abgebildeten ICILS-2023-Teilnehmerländer eine hohe Zustimmungsquote von fast immer über 80 Prozent feststellen lässt. Dies macht nochmals deutlich, dass die Wahrnehmung der nordrhein-westfälischen Schüler*innen – und auch der Schüler*innen in Deutschland insgesamt – in Bezug auf das Lernen mit digitalen Medien in der Schule durchweg als vergleichsweise sehr positiv einzuordnen ist.

Tabelle 4.2: Zustimmung der Schüler*innen zu verschiedenen Bereichen über digitale Medien in der Schule in ICILS 2023 in Nordrhein-Westfalen im internationalen Vergleich (Angaben der Schüler*innen in Prozent, zusammengefasste Kategorie *Zustimmung*)

			Es ist wichtig, dass die Schüler*innen den Umgang mit digitalen Medien in der Schule lernen.		**Mit digitalen Medien in der Schule macht das Lernen mehr Spaß.**	
		Teilnehmer	%	(SE)	%	(SE)
		Aserbaidschan	81.0	(1.0)	81.0	(0.8)
		Belgien (Fläm. Gem.)	90.7	(0.8)	83.0	(1.1)
3		Bosnien und Herzegowina	84.0	(1.0)	77.5	(1.3)
2		Dänemark	88.6	(0.6)	78.2	(1.0)
		Deutschland	**90.1**	**(0.8)**	**88.5**	**(0.8)**
		Finnland	85.9	(0.6)	81.6	(0.7)
		Frankreich	84.7	(0.7)	83.7	(0.7)
		Griechenland	88.1	(0.6)	84.8	(0.9)
		Internat. Mittelwert	**86.9**	**(0.1)**	**83.1**	**(0.1)**
		Italien	92.7	(0.5)	89.7	(0.5)
2		Kasachstan	86.8	(0.6)	83.6	(0.7)
2		Kosovo	88.5	(0.8)	85.8	(0.8)
2		Kroatien	85.2	(0.8)	80.9	(0.9)
2		Lettland	86.5	(0.7)	81.4	(0.9)
		Luxemburg	84.8	(0.7)	80.1	(0.7)
		Malta	84.0	(0.8)	81.3	(0.9)
2		***Nordrhein-Westfalen***	**90.9**	**(0.7)**	**89.3**	**(0.7)**
2	8	Norwegen	88.5	(0.6)	79.2	(0.8)
		Oman	80.6	(0.7)	79.8	(0.6)
2		Österreich	88.0	(0.8)	83.0	(0.8)
2		Portugal	94.2	(0.5)	89.2	(0.7)
		Republik Korea	88.5	(0.6)	84.5	(0.7)
1 2	6	Rumänien	87.1	(0.9)	86.7	(0.8)
2		Schweden	90.4	(0.7)	82.0	(1.0)
2		Serbien	81.9	(1.0)	75.8	(0.8)
		Slowakei	88.2	(0.6)	83.4	(0.8)
2		Slowenien	80.1	(0.8)	83.3	(0.7)
2		Spanien	89.1	(0.5)	87.9	(0.5)
		Taiwan	86.1	(0.5)	88.7	(0.5)
2		Tschechien	89.9	(0.5)	87.3	(0.4)
		Ungarn	86.4	(0.8)	83.3	(0.9)
		Uruguay	87.0	(0.8)	80.7	(1.0)
	5	USA	84.9	(1.1)	75.8	(1.5)
		VG EU	**87.7**	**(0.2)**	**83.9**	**(0.2)**
		Zypern	86.3	(0.9)	83.3	(0.8)

Die mit Zahlen beschrifteten Fußnoten werden in Kapitel 1 in diesem Berichtsband erläutert.
Kursiv gesetzt ist der Benchmark-Teilnehmer Nordrhein-Westfalen.

IEA: International Computer and Information Literacy Study 2023

Literatur

Eickelmann, B., Massek, C. & Labusch, A. (Hrsg.). (2019). *ICILS 2018 #NRW. Erste Ergebnisse der Studie ICILS 2018 für Nordrhein-Westfalen im internationalen Vergleich*. Waxmann. https://doi.org/10.25656/01:18167

Fröhlich, N., Schaumburg, H., Eickelmann, B., Gerick, J., Drossel, K. & Domke, M. (2024). Die Perspektive der Schüler*innen auf das Lernen mit digitalen Medien und den Erwerb computer- und informationsbezogener Kompetenzen in Deutschland im internationalen Vergleich. In B. Eickelmann, N. Fröhlich, W. Bos, J. Gerick, F. Goldhammer, H. Schaumburg, K. Schwippert, M. Senkbeil & J. Vahrenhold (Hrsg.), *ICILS 2023 #Deutschland. Computer- und informationsbezogene Kompetenzen und Kompetenzen im Bereich Computational Thinking von Schüler*innen im internationalen Vergleich* (S. 117–148). Waxmann. https://doi.org/10.31244/9783830999492.04

Kapitel 5
Die Perspektive der Lehrkräfte auf das Lehren und Lernen mit digitalen Medien und die Förderung des Erwerbs computer- und informationsbezogener Kompetenzen in Nordrhein-Westfalen im internationalen Vergleich

Nachdem im vorherigen Kapitel die Perspektive der Schüler*innen auf das Lernen mit digitalen Medien und den Erwerb computer- und informationsbezogener Kompetenzen dargestellt wurde, werden nun zentrale Ergebnisse der Studie ICILS 2023 (*International Computer and Information Literacy Study 2023*) zur Perspektive der Lehrkräfte auf das Lehren und Lernen mit digitalen Medien und die Förderung des Erwerbs computer- und informationsbezogener Kompetenzen in Nordrhein-Westfalen im internationalen Vergleich vorgestellt. Zudem werden, falls möglich, an zentralen Stellen Vergleiche über einen Fünfjahreszeitraum für Nordrhein-Westfalen zu den Ergebnissen der Studie ICILS 2018 gezogen. Die Grundlage für die nachfolgenden Analysen bilden die Daten aus den Fragebögen der Lehrkräfte, die in der 8. Jahrgangsstufe unterrichten. Neben den in allen ICILS-2023-Teilnehmerländern erhobenen Daten gehen in das vorliegende Kapitel zudem Daten aus für Nordrhein-Westfalen eigens entwickelten und damit spezifischen Ergänzungen der Fragebögen ein (vgl. Kapitel 1 in diesem Band).

Die Ergebnisdarstellung aus der Perspektive der Lehrkräfte in dem vorliegenden Kapitel umfasst sieben Themenbereiche:

- Ergebnisse zur schulbezogenen Nutzungshäufigkeit digitaler Medien durch Lehrkräfte in ICILS 2023 in Nordrhein-Westfalen, Deutschland und im internationalen Mittel und zudem vertiefend zur Nutzungshäufigkeit digitaler Medien durch Lehrkräfte in der Schule beim Unterrichten in ICILS 2023 im internationalen Vergleich sowie für Nordrhein-Westfalen im Vergleich zu ICILS 2018 (Abschnitt 5.1)
- Ergebnisse zu digitalisierungsbezogenen Bestandteilen der Lehrkräfteausbildung in ICILS 2023 in Nordrhein-Westfalen im internationalen Vergleich (Abschnitt 5.2)
- Ergebnisse zu selbsteingeschätzten digitalisierungsbezogenen Kompetenzen der Lehrkräfte in ICILS 2023 in Nordrhein-Westfalen, Deutschland und im internationalen Mittel (Abschnitt 5.3)
- Ergebnisse zu wahrgenommenen Potenzialen des Einsatzes digitaler Medien im Unterricht und zum Lernen aus Sicht der Lehrkräfte in ICILS 2023 in Nordrhein-Westfalen, Deutschland und im internationalen Mittel (Abschnitt 5.4)
- Ergebnisse zur Teilnahme an digitalisierungsbezogenen Lehrkräftefortbildungen bzw. beruflichen Lerngelegenheiten und zu digitalisierungsbezogenen Professionalisierungsbedarfen in ICILS 2023 in Nordrhein-Westfalen, Deutschland und im internationalen Mittel (Abschnitt 5.5)
- Ergebnisse zur Einschätzung der Lehrkräfte hinsichtlich zeitlicher Ressourcen und Professionalisierungsgelegenheiten zur Unterrichtsvorbereitung mit digitalen Medien in ICILS 2023 in Nordrhein-Westfalen, Deutschland und im internationalen Mittel (Abschnitt 5.6)

- Ergebnisse zur Unterstützungs- und Beratungsfunktion verschiedener Akteur*innen, Dokumente und Formate für digitalisierungsbezogene schulische Lehr- und Lernprozesse in ICILS 2023 in Nordrhein-Westfalen (Abschnitt 5.7)

Weitere Ergebnisse der Studie ICILS 2023 zur Perspektive der Lehrkräfte auf das Lehren und Lernen mit digitalen Medien und zur Förderung des Erwerbs computer- und informationsbezogener Kompetenzen im internationalen Vergleich finden sich im Berichtsband der Studie ICILS 2023 für Deutschland (Drossel et al., 2024). Diese umfassen bspw. Ergebnisse zur Förderung des Erwerbs verschiedener digitalisierungsbezogener Fähigkeiten von Schüler*innen im Unterricht aus der Perspektive der Lehrkräfte. Mit Blick auf die nachfolgenden Analysen sei zudem angemerkt, dass für internationale Vergleichsanalysen nur diejenigen 28 der 35 ICILS-2023-Teilnehmerländer berücksichtigt werden können, die – wie Nordrhein-Westfalen – hinsichtlich der hier analysierten Daten gemäß internationaler Vorgaben eine hinreichend hohe und damit zuverlässige Datenqualität aufweisen (vgl. Kapitel 1 in diesem Band).

5.1 Ergebnisse zur Nutzungshäufigkeit digitaler Medien innerhalb und außerhalb der Schule durch die Lehrkräfte

Im nachfolgenden Abschnitt werden zunächst Ergebnisse der Studie ICILS 2023 in Nordrhein-Westfalen, in Deutschland und im internationalen Mittel zur schulbezogenen Nutzungshäufigkeit digitaler Medien innerhalb und außerhalb der Schule beim und für das Unterrichten sowie für andere schulische Zwecke durch Lehrkräfte dargestellt. Daran anknüpfend wird aufgrund der Bedeutsamkeit der unterrichtlichen Nutzung digitaler Medien zudem differenzierter auf die Nutzungshäufigkeit digitaler Medien durch Lehrkräfte in der Schule beim Unterrichten in ICILS 2023 in Nordrhein-Westfalen im internationalen Vergleich und zum Vergleich über die Jahre in ICILS 2018 in Nordrhein-Westfalen fokussiert.

Schulbezogene Häufigkeit der Nutzung digitaler Medien durch Lehrkräfte

Die Darstellung der Nutzungshäufigkeit digitaler Medien durch Lehrkräfte in der Schule (1) beim Unterrichten und (2) für andere schulische Zwecke sowie außerhalb der Schule (3) für das Unterrichten und (4) für andere schulbezogene Zwecke in Nordrhein-Westfalen, in Deutschland und im internationalen Mittel erfolgt in Abbildung 5.1 entsprechend der im ICILS-2023-Fragebogen für Lehrkräfte abgefragten Reihenfolge. Dargestellt werden für alle vier Teilaspekte die Anteile der zusammengefassten Antwortkategorie *mindestens einmal am Tag* (Kategorien *mehr als einmal am Tag* und *einmal am Tag* zusammengefasst). Den Lehrkräften standen außerdem noch die Antwortkategorien *einmal am Tag* und *mindestens einmal in der Woche, aber nicht jeden Tag* und *mindestens einmal im Monat, aber nicht jede Woche* und *weniger als einmal im Monat* und *nie* zur Verfügung, welche ebenfalls in Abbildung 5.1 dargestellt und im nachfolgenden Text zudem erläutert und eingeordnet werden.

Folgende zentrale Ergebnisse werden für Nordrhein-Westfalen ersichtlich:

- Über 70 Prozent (71.1%) der Lehrkräfte in ICILS 2023 in Nordrhein-Westfalen geben an, *mindestens einmal am Tag* digitale Medien *in der Schule beim Unterrichten* zu nutzen. Der diesbezügliche Anteil in Deutschland (gerundet 69.9%) liegt statistisch im Bereich des Anteils in Nordrhein-Westfalen. Im Vergleich zu dem auf den internationalen Mittelwert bezogenen Anteil (61.2%) fällt der Anteil in Nordrhein-Westfalen hingegen signifikant größer aus. Anzumerken ist zudem, dass fast drei Fünftel (59.5%) der Lehrkräfte in Nordrhein-Westfalen digitale Medien sogar *mehr als einmal am Tag in der Schule beim Unterrichten* nutzen. Ein kleiner Anteil von 1.4 Prozent der Lehrkräfte in Nordrhein-Westfalen gibt an, digitale Medien *nie in der Schule beim Unterrichten* einzusetzen. Der Anteil der Nie-Nutzer*innen in Nordrhein-Westfalen liegt statistisch im Bereich des Anteils in Deutschland (1.0%) und ist signifikant kleiner als der entsprechende auf den internationalen Mittelwert bezogene Anteil (3.7%).

Abbildung 5.1: Schulbezogene Nutzungshäufigkeit digitaler Medien durch Lehrkräfte in ICILS 2023 in Nordrhein-Westfalen, in Deutschland und im internationalen Mittel (Angaben der Lehrkräfte in Prozent)[A]

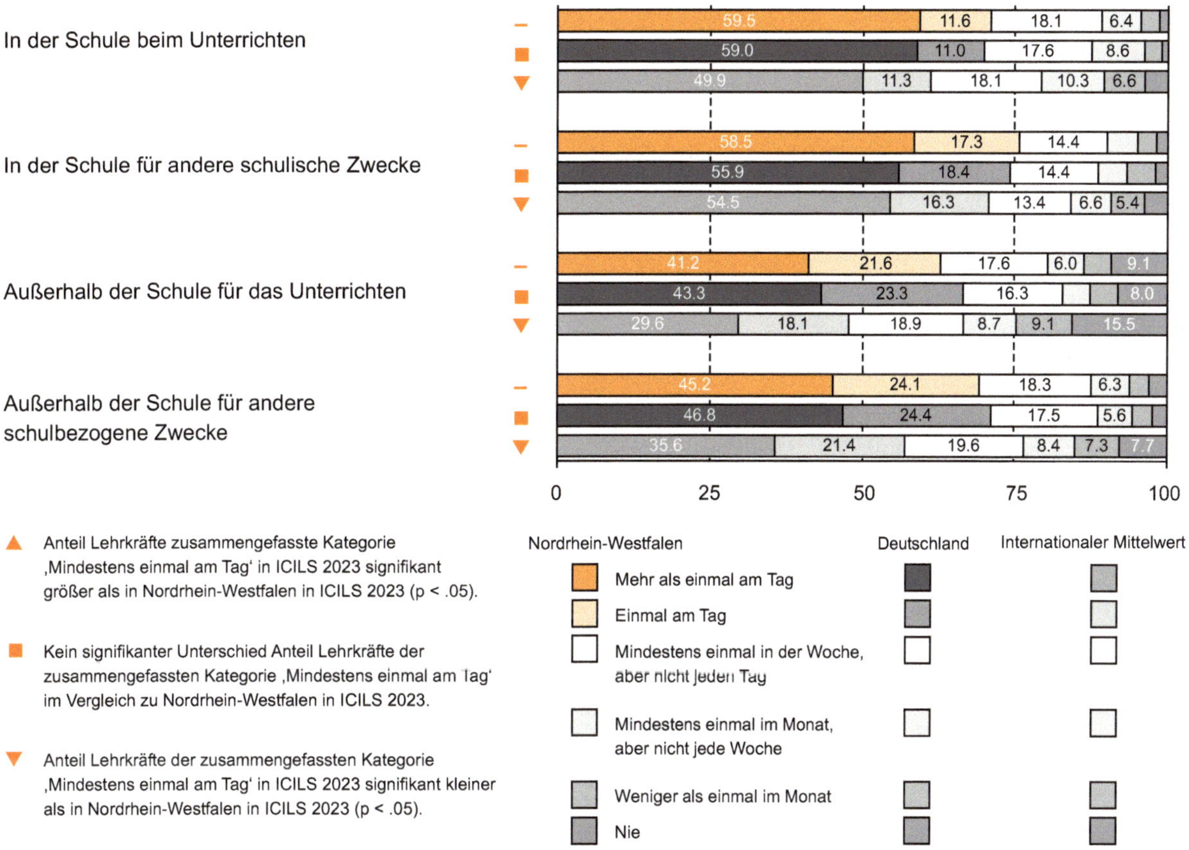

[A] Differenzen zu 100% sind im Rundungsverfahren begründet.

IEA: International Computer and Information Literacy Study 2023 © ICILS 2023

- Mehr als drei Viertel (75.8%) der nordrhein-westfälischen Lehrkräfte in ICILS 2023 geben an, *mindestens einmal am Tag* digitale Medien *in der Schule für andere schulische Zwecke* zu nutzen. Der entsprechende Anteil in Deutschland (74.3%) liegt statistisch im Bereich des Anteils Nordrhein-Westfalens. Der auf den internationalen Mittelwert bezogene Anteil (70.8%) fällt hingegen signifikant kleiner aus als der entsprechende Anteil in Nordrhein-Westfalen. Darüber hinaus zeigt sich wiederum, dass fast drei Fünftel (58.5%) der Lehrkräfte in Nordrhein-Westfalen digitale Medien sogar *mehr als einmal am Tag in der Schule für andere schulische Zwecke* nutzen. Lediglich 1.8 Prozent der Lehrkräfte in Nordrhein-Westfalen geben an, digitale Medien *nie in der Schule für andere schulische Zwecke* zu nutzen. Der Anteil der Nie-Nutzer*innen in Nordrhein-Westfalen liegt statistisch im Bereich des Anteils von Deutschland (2.0%), ist jedoch signifikant kleiner als der entsprechende auf den internationalen Mittelwert bezogene Anteil (3.7%).

- Bei der Betrachtung der schulbezogenen Nutzungshäufigkeit digitaler Medien *außerhalb der Schule für das Unterrichten* lässt sich feststellen, dass im Rahmen von ICILS 2023 mehr als drei Fünftel (62.9%) der Lehrkräfte in Nordrhein-Westfalen angeben, *mindestens einmal am Tag* digitale Medien für diesen Zweck zu nutzen. Dieser Anteil liegt statistisch im Bereich des Anteils in Deutschland (66.6%). Der entsprechende auf den internationalen Mittelwert bezogene Anteil (47.7%) fällt hingegen signifikant kleiner aus als der Anteil in Nordrhein-Westfalen. Erwähnenswert ist darüber hinaus, dass 41.2 Prozent der Lehrkräfte in Nordrhein-Westfalen digitale Medien *mehr als einmal am Tag außerhalb der Schule für das Unterrichten* nutzen. Dieser Anteil liegt in Nordrhein-Westfalen statistisch im Bereich des Anteils von Deutschland (43.3%). Der auf den internationalen Mittelwert bezogene Anteil (29.6%) liegt signifikant unter dem entsprechenden Anteil in Nordrhein-Westfalen. Ein Teil der Lehrkräfte in Nordrhein-Westfalen gibt zudem an, digitale Medien *nie außerhalb der Schule für das Unterrichten* zu verwenden. Dieser beträgt fast ein Zehntel (9.1%). Der entsprechende Anteil der Nie-Nutzer*innen in Nordrhein-Westfalen liegt statistisch im Bereich des Anteils in Deutschland (8.0%) und ist signifikant kleiner als der auf den entsprechenden internationalen Mittelwert bezogene Anteil (15.5%).
- Im Rahmen von ICILS 2023 geben fast 70 Prozent (69.3%) der nordrhein-westfälischen Lehrkräfte an, *mindestens einmal am Tag* digitale Medien *außerhalb der Schule für andere schulbezogene Zwecke* zu nutzen. Dieser Anteil liegt statistisch im Bereich des Anteils von Deutschland (71.2%). Der entsprechende auf den internationalen Mittelwert bezogene Anteil (57.0%) fällt hingegen signifikant kleiner aus als in Nordrhein-Westfalen. Zudem zeigt sich, dass 45.2 Prozent der Lehrkräfte in Nordrhein-Westfalen digitale Medien *mehr als einmal am Tag außerhalb der Schule für andere schulbezogene Zwecke* nutzen. Dieser Anteil liegt statistisch im Bereich des Anteils von Deutschland (46.8%). Der auf den internationalen Mittelwert bezogene Anteil (35.6%) liegt hingegen signifikant unter dem entsprechenden Anteil in Nordrhein-Westfalen. Ein kleiner Teil der Lehrkräfte in Nordrhein-Westfalen gibt jedoch auch an, digitale Medien *nie außerhalb der Schule für andere schulbezogene Zwecke* zu verwenden. In Nordrhein-Westfalen beträgt dieser Anteil 3 Prozent (3.0%). Der entsprechende Anteil der Nie-Nutzer*innen in Nordrhein-Westfalen liegt statistisch im Bereich des Anteils von Deutschland (2.4%) und ist signifikant kleiner als der auf den entsprechenden internationalen Mittelwert bezogene Anteil (7.7%).

Die im Kontext von Abbildung 5.1 berichteten Ergebnisse resümierend lässt sich feststellen, dass die Anteile der nordrhein-westfälischen Lehrkräfte, die mindestens täglich digitale Medien für schulbezogene Zwecke nutzen, mit Blick auf alle vier betrachteten Nutzungsformen signifikant größer ausfallen als die auf den internationalen Mittelwert bezogenen Anteile. Im Vergleich mit den entsprechenden Anteilen in Deutschland lassen sich keine signifikanten Unterschiede feststellen. So wird für Nordrhein-Westfalen bezüglich der schulbezogenen Häufigkeit der Nutzung digitaler Medien durch Lehrkräfte im internationalen Vergleich eine hohe Anschlussfähigkeit deutlich, die sich im Rahmen von ICILS 2018 so noch nicht zeigte (siehe auch unten).

Differenziertere Betrachtung der Häufigkeit der Nutzung digitaler Medien durch Lehrkräfte beim Unterrichten

Aufgrund der besonderen Relevanz der Nutzung digitaler Medien durch Lehrkräfte in unterrichtlichen Lehr- und Lernprozessen folgt in Abbildung 5.2 die Darstellung der Ergebnisse hinsichtlich des Einsatzes digitaler Medien durch Lehrkräfte *in der Schule beim Unterrichten*. Damit werden die in Abbildung 5.1 berichteten Ergebnisse in

Abbildung 5.2 differenzierter für alle abgebildeten ICILS-2023-Teilnehmerländer sowie darüber hinaus im europäischen Vergleich (Vergleichsgruppe EU) und nun auch im Vergleich zu ICILS 2018 in Nordrhein-Westfalen präsentiert. Letzteres ermöglicht die Einordnung von Entwicklungen im Fünfjahresvergleich. Wie bereits für die Darstellung der Ergebnisse in Abbildung 5.1 dargelegt, standen den Lehrkräften in ICILS 2023 sechs Antwortkategorien zur Verfügung. Angemerkt sei an dieser Stelle, dass im Rahmen von ICILS 2018 lediglich zwischen fünf Antwortkategorien in diesem Kontext von den Lehrkräften ausgewählt werden konnte und für ICILS 2023 die Angaben zur täglichen Nutzung in die beiden Antwortkategorien *mehr als einmal am Tag* und *einmal am Tag* unterteilt wurde. Sortiert sind die hier dargestellten ICILS-2023-Teilnehmerländer absteigend nach der Höhe der Anteile in der zusammengefassten Kategorie *mindestens einmal am Tag* (Kategorien *mehr als einmal am Tag* und *einmal am Tag* zusammengefasst).

Folgende zentrale Ergebnisse werden für Nordrhein-Westfalen ersichtlich:

- Wie bereits in den zuvor berichteten Ergebnissen (Abbildung 5.1) zur Nutzung digitaler Medien durch Lehrkräfte *in der Schule beim Unterrichten* in Nordrhein-Westfalen im internationalen Vergleich dargelegt, zeigt sich bezogen auf die nach eigenen Angaben mindestens tägliche Nutzung, dass dieser Anteil in ICILS 2023 in Nordrhein-Westfalen bei 71.1 Prozent liegt. Für Nordrhein-Westfalen ist an dieser Stelle besonders auffällig, dass der nun mit ICILS 2023 vorgenannte Anteil im Vergleich zu fünf Jahren zuvor, also zu ICILS 2018 (17.6%), signifikant und sehr viel größer ist. Insgesamt zeigt sich an dieser Stelle für Nordrhein-Westfalen, dass die in ICILS 2018 diesbezüglich noch aufgezeigten Entwicklungsbedarfe über einen Fünfjahreszeitraum aufgeholt und der internationale Anschluss gefunden werden konnte. Der entsprechende Anteil in Nordrhein-Westfalen in ICILS 2023 liegt dabei, wie oben bereits ausgeführt, statistisch im Bereich von Deutschland (69.9%). Der auf den internationalen Mittelwert bezogene Anteil (61.2%) der mindestens täglichen Nutzung digitaler Medien *in der Schule beim Unterrichten* ist, wie ebenfalls oben bereits berichtet, signifikant kleiner als der entsprechende Anteil in Nordrhein-Westfalen, während der auf den Mittelwert der europäischen Vergleichsgruppe EU bezogene Anteil (68.9%) statistisch im Bereich von Nordrhein-Westfalen liegt. In ICILS 2023 liegen bei Betrachtung des vertiefenden internationalen Vergleiches sechs der hier einzubeziehenden ICILS-2023-Teilnehmerländer signifikant über dem entsprechenden Anteil in Nordrhein-Westfalen, wie etwa mit besonders hohen Anteilen in Dänemark (91.3%), Malta (87.7%) und Norwegen (86.0%). Hingegen liegen 13 der hier abgebildeten ICILS-2023-Teilnehmerländer – darunter Griechenland (34.6%), der Kosovo (26.6%) und Aserbaidschan (23.9%) mit besonders geringen Anteilen – signifikant unter dem Anteil in Nordrhein-Westfalen. In acht der betrachteten ICILS-2023-Teilnehmerländer liegt der Anteil der Lehrkräfte, die angeben, *mindestens einmal am Tag* digitale Medien *in der Schule beim Unterrichten* zu nutzen statistisch im Bereich des entsprechenden Anteils der Lehrkräfte in Nordrhein-Westfalen.
- Mit Blick auf die in ICILS 2023 erstmals ausdifferenzierten Antwortkategorien zur täglichen Nutzung zeigt sich, dass, wie oben bereits dargestellt, der Anteil der nordrhein-westfälischen Lehrkräfte, der *mehr als einmal am Tag* digitale Medien *in der Schule beim Unterrichten* nutzt, bei nahezu drei Fünfteln (59.5%) liegt. Ein Vergleich zu ICILS 2018 ist daher an dieser Stelle nicht möglich, da fünf Jahre zuvor die Lehrkräfte noch nicht so differenziert befragt wurden. Der Anteil für die Kategorien *mehr als einmal am Tag* liegt in Nordrhein-Westfalen statistisch im Bereich von Deutschland mit einem Anteil von 59.0 Prozent (siehe oben). Der Anteil der Lehrkräfte in Nordrhein-Westfalen, der *mehr als einmal am Tag* digitale Medien

Abbildung 5.2: Häufigkeit der Nutzung digitaler Medien durch Lehrkräfte in der Schule beim Unterrichten in ICILS 2023 in Nordrhein-Westfalen im internationalen Vergleich und in ICILS 2018 in Nordrhein-Westfalen (Angaben der Lehrkräfte in Prozent[A])

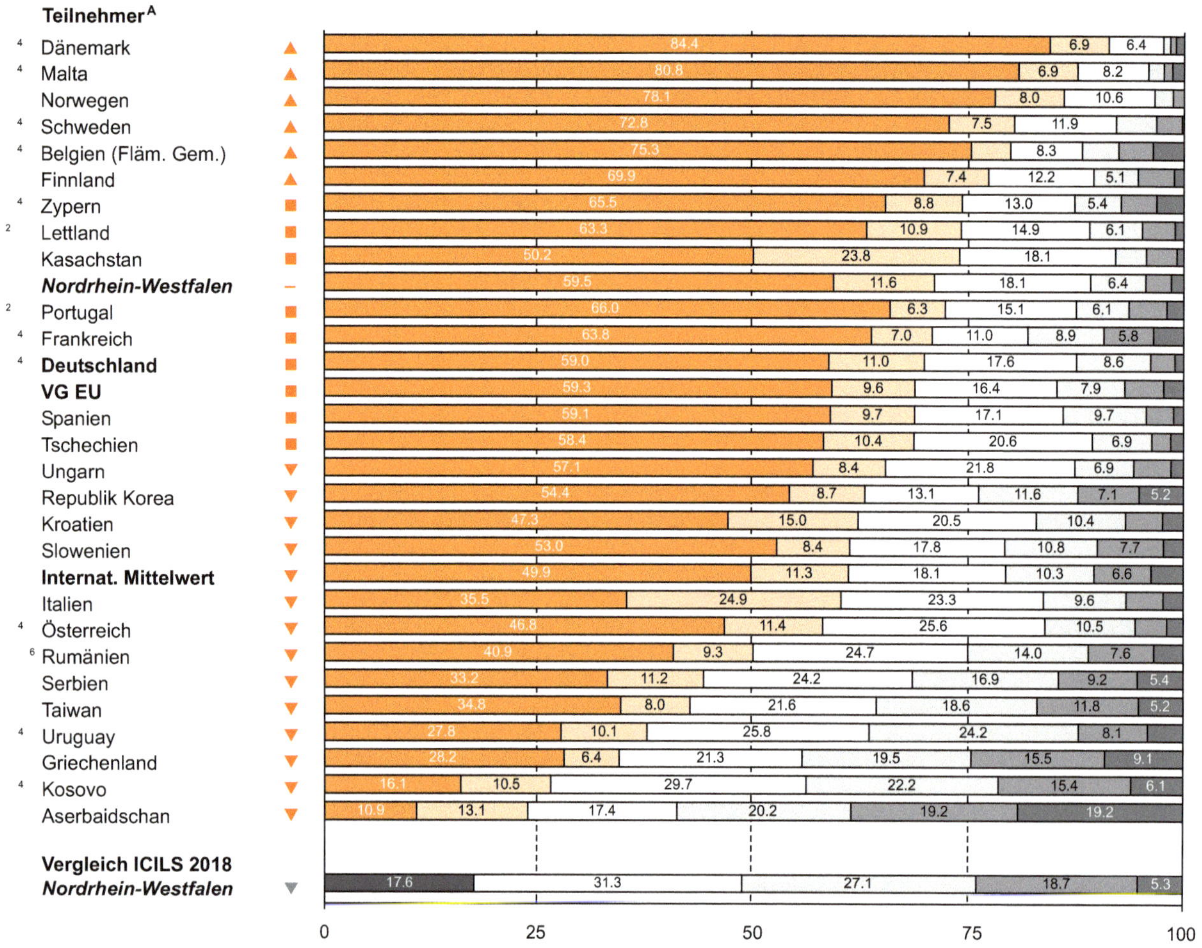

▲ Anteil Lehrkräfte zusammengefasste Kategorie ‚Mindestens einmal am Tag' in ICILS 2023 signifikant größer als in Nordrhein-Westfalen in ICILS 2023 (p < .05).

■ Kein signifikanter Unterschied Anteil Lehrkräfte zusammengefasste Kategorie ‚Mindestens einmal am Tag' im Vergleich zum entsprechenden Anteil in Nordrhein-Westfalen in ICILS 2023.

▼ Anteil Lehrkräfte zusammengefasste Kategorie ‚Mindestens einmal am Tag' in ICILS 2023 signifikant kleiner als in Nordrhein-Westfalen in ICILS 2023 (p < .05).

▲ Anteil Lehrkräfte Kategorie ‚Jeden Tag' in ICILS 2018 signifikant größer als zusammengefasste Kategorie ‚Mindestens einmal am Tag' in Nordrhein-Westfalen in ICILS 2023 (p < .05).

■ Kein signifikanter Unterschied Anteil Lehrkräfte Kategorie ‚Jeden Tag' in ICILS 2018 im Vergleich zum entsprechenden Anteil Lehrkräfte zusammengefasste Kategorie ‚Mindestens einmal am Tag' in Nordrhein-Westfalen in ICILS 2023

▼ Anteil Lehrkräfte Kategorie ‚Jeden Tag' in ICILS 2018 signifikant kleiner als zusammengefasste Kategorie ‚Mindestens einmal am Tag' in Nordrhein-Westfalen in ICILS 2023 (p < .05).

ICILS 2023
- Mehr als einmal am Tag
- Einmal am Tag
- Mindestens einmal in der Woche, aber nicht jeden Tag
- Mindestens einmal im Monat, aber nicht jede Woche
- Weniger als einmal im Monat
- Nie

ICILS 2018
- Jeden Tag
- Mindestens einmal in der Woche, aber nicht jeden Tag
- Mindestens einmal im Monat, aber nicht jede Woche
- Weniger als einmal im Monat
- Nie

Die mit Zahlen beschrifteten Fußnoten werden in Kapitel 1 in diesem Berichtsband erläutert.
Kursiv gesetzt ist der Benchmark-Teilnehmer Nordrhein-Westfalen.
[A] Differenzen zu 100% sind im Rundungsverfahren begründet.

IEA: International Computer and Information Literacy Study 2023

in der Schule beim Unterrichten nutzt, liegt, wie oben bereits ausgeführt, weiterhin signifikant über dem betrachteten Anteil bezogen auf den internationalen Mittelwert (49.9%), jedoch statistisch im Bereich des Anteils der Vergleichsgruppe EU (59.3%). Der internationale Vergleich mit Blick auf die einzelnen ICILS-2023-Teilnehmerländer zeigt, dass sechs davon hinsichtlich der täglich mehrfachen Nutzung (*mehr als einmal am Tag*) digitaler Medien *in der Schule beim Unterrichten* statistisch im Bereich von Nordrhein-Westfalen liegen. Während die Anteile in 13 der hier abgebildeten ICILS-2023-Teilnehmerländer signifikant kleiner ausfallen als in Nordrhein-Westfalen, fallen die Anteile aller anderen ICILS-2023-Teilnehmerländer bezüglich der täglich mehrfachen Nutzung (*mehr als einmal am Tag*) digitaler Medien *in der Schule beim Unterrichten* signifikant größer aus als der entsprechende Anteil in Nordrhein-Westfalen. Besonders geringe Anteile zeigen sich in Aserbaidschan (10.9%), dem Kosovo (16.1%) und Uruguay (27.8%), besonders hohe Anteile dagegen wieder in Dänemark (84.4%), Malta (80.8%) und Norwegen (78.1%).
- Ein kleiner Teil (1.4%) der Lehrkräfte in ICILS 2023 in Nordrhein-Westfalen gibt zudem an, digitale Medien *nie in der Schule beim Unterrichten* zu verwenden. Der nun mit ICILS 2023 festgestellte Anteil ist deutlich und signifikant kleiner als der fünf Jahre zuvor in ICILS 2018 ermittelte Anteil (5.3%). Der entsprechende Anteil der Nie-Nutzer*innen in ICILS 2023 in Nordrhein-Westfalen unterscheidet sich nicht signifikant vom entsprechenden Anteil von 1.0 Prozent in Deutschland. In ICILS 2023 ist zudem der auf den internationalen Mittelwert bezogene Anteil (3.7%) und auch der Mittelwert der Vergleichsgruppe EU (2.3%) signifikant größer als der vorgenannte Anteil in Nordrhein-Westfalen. Der internationale Vergleich zeigt zudem, dass in ICILS 2023 elf der hier betrachteten ICILS-2023-Teilnehmerländer signifikant über dem entsprechenden Nie-Nutzer*innen-Anteil in Nordrhein-Westfalen liegen, wie etwa mit besonders hohen Anteilen in Aserbaidschan (19.2%), Griechenland (9.1%) und im Kosovo (6.1%). Hingegen liegt lediglich Schweden (0.2%) signifikant unter dem Anteil in Nordrhein-Westfalen. Die Anteile der Lehrkräfte, die angeben, *nie* digitale Medien *in der Schule beim Unterrichten* zu nutzen, liegen in ICILS 2023 in 14 der betrachteten ICILS-2023-Teilnehmerländer statistisch im Bereich des entsprechenden Anteils der Lehrkräfte in Nordrhein-Westfalen.

5.2 Ergebnisse zu digitalisierungsbezogenen Bestandteilen der Lehrkräfteausbildung und zu selbsteingeschätzten digitalisierungsbezogenen Kompetenzen der Lehrkräfte

Im folgenden Abschnitt werden zunächst Ergebnisse zu digitalisierungsbezogenen Bestandteilen der Lehrkräfteausbildung in ICILS 2023 in Nordrhein-Westfalen im internationalen Vergleich dargestellt. Da für alle betrachteten Teilaspekte die Zustimmungsraten über alle Lehrkräfte hinweg für Nordrhein-Westfalen bei deutlich unter 40 Prozent liegen, wird vertiefend (durch Aufteilung des Datensatzes) die Einschätzung von jungen Lehrkräften (bis 35 Jahre) betrachtet. Für diese wäre davon auszugehen, dass sie ihre Lehrkräfteausbildung erst in den letzten Jahren abgeschlossen haben und die Maßnahmen und Entwicklungen der Lehrkräfteausbildung der letzten Zeit bei ihnen möglicherweise bereits zum Tragen kommen.

Die Lehrkräfte wurden in der Studie ICILS 2023 gefragt, welche Bestandteile zur Unterstützung des Lehrens und Lernens mit digitalen Medien ihre Lehrkräfteausbildung umfasste. Die Ergebnisse für Nordrhein-Westfalen im internationalen Vergleich werden in Tabelle 5.1 anhand fünf verschiedener Aspekte betrachtet: (1) fachspezifische Ansätze für die Nutzung digitaler Medien zur Verbesserung von Lehr- und Lernprozessen, (2) allgemeine Ansätze zur Nutzung digitaler Medien (von fächerübergreifender Relevanz) zur Verbesserung von Lehr- und Lernprozessen, (3) die Nutzung digitaler Medien zur Kooperation mit anderen Lehrkräften, (4) der Umgang mit sozialen Problemen, die Schüler*innen bei der Nutzung digitaler Medien zur Kommunikation mit anderen erleben (z.B. Cybermobbing), und (5) die Nutzung digitaler Medien zur Überprüfung des Lernstandes der Schüler*innen. Berichtet wird die Antwortkategorie *ja*. Den Lehrkräften standen zudem die Antwortkategorien *nein* und *ich kann mich nicht daran erinnern* zur Verfügung. Die Sortierung der Ergebnisse in Tabelle 5.1 erfolgt in alphabetischer Reihenfolge der hier abgebildeten ICILS-2023-Teilnehmerländer. Die Reihenfolge der berichteten Bestandteile der Lehrkräfteausbildung ist nach der Höhe der Anteile hinsichtlich der Kategorie *ja* in Nordrhein-Westfalen dargestellt.

Folgende zentrale Ergebnisse werden für Nordrhein-Westfalen ersichtlich:

- Etwas mehr als ein Drittel (35.2%) der Lehrkräfte in Nordrhein-Westfalen in ICILS 2023 gibt an, dass *fachspezifische Ansätze für die Nutzung digitaler Medien zur Verbesserung von Lehr- und Lernprozessen* Bestandteil ihrer Ausbildung waren. Der Anteil in Deutschland (31.8%) und der Anteil bezogen auf die europäische Vergleichsgruppe EU (37.2%) liegen statistisch im Bereich des Anteils von Nordrhein-Westfalen. Jedoch ist der Anteil in Nordrhein-Westfalen signifikant kleiner als der auf den internationalen Mittelwert bezogene Anteil (42.0%). Während in 13 der hier abgebildeten ICILS-2023-Teilnehmerländer, darunter mit den größten Anteilen in Rumänien (84.0%), Kasachstan (80.4%) und im Kosovo (67.6%), die Anteile der Lehrkräfte signifikant höher als die Anteile in Nordrhein-Westfalen sind, sind signifikant kleinere Anteile in sieben ICILS-2023-Teilnehmerländern ausfindig zu machen, wie mit besonders geringen Anteilen in Ungarn (26.1%) und Griechenland (17.7%). Die Angaben der Lehrkräfte von sieben der hier betrachteten ICILS-2023-Teilnehmerländer, darunter Frankreich (35.8%) und Dänemark (33.3%), liegen statistisch im Bereich des Anteils von Nordrhein-Westfalen. Für Nordrhein-Westfalen zeigen zudem nach Alter der Lehrkräfte differenzierte Analysen (ohne Abbildung), dass der Anteil der Lehrkräfte bis 35 Jahre, der berichtet, *fachspezifische Ansätze für die Nutzung digitaler Medien zur Verbesserung von Lehr- und Lernprozessen* in der Lehrkräfteausbildung behandelt zu haben, mit 62.4 Prozent deutlich und signifikant höher ausfällt als der Lehrkräfte insgesamt.
- Ebenfalls noch mehr als ein Drittel (34.2%) der nordrhein-westfälischen Lehrkräfte in ICILS 2023 gibt an, dass ihre Lehrkräfteausbildung *allgemeine Ansätze zur Nutzung digitaler Medien (von fächerübergreifender Relevanz) zur Verbesserung von Lehr- und Lernprozessen* umfasste. Dieser Anteil liegt in Nordrhein-Westfalen statistisch im Bereich des Anteils von Deutschland (33.9%), ist jedoch signifikant kleiner als der auf den internationalen Mittelwert bezogene Anteil (46.8%) und der der Vergleichsgruppe EU (41.1%). Während 16 der anderen hier berichteten ICILS-2023-Teilnehmerländer diesbezüglich signifikant höhere Anteile als in Nordrhein-Westfalen aufweisen – darunter Rumänien (86.9%), Kasachstan (82.1%) und der Kosovo (72.4%) mit besonders hohen Anteilen – lassen sich in lediglich vier der hier abgebildeten ICILS-2023-Teilnehmerländer signifikant kleinere Anteile als in Nordrhein-Westfalen identifizieren. Die geringsten Anteile liegen in Dänemark (25.5%) und Griechenland (23.7%) vor. Die Angaben der Lehrkräfte von sieben der hier betrachteten ICILS-2023-Teilnehmerländern liegen statistisch im Bereich des Anteils von Nordrhein-Westfalen. Die vertiefenden altersspezifischen Analysen für Nordrhein-Westfalen (ohne Abbildung) zeigen, dass Lehrkräfte bis 35 Jahre mit mehr als zwei Dritteln (68.8%) zu deutlich und signifikant höheren Anteilen angeben, dass ihre Ausbildung *allgemeine Ansätze zur Nutzung digitaler Medien (von fächerübergreifender Relevanz) zur Verbesserung von Lehr- und Lernprozessen* umfasste als im Durchschnitt.

Tabelle 5.1: Digitalisierungsbezogene Bestandteile der Lehrkräfteausbildung in ICILS 2023 in Nordrhein-Westfalen im internationalen Vergleich (Angaben der Lehrkräfte in Prozent, Kategorie *Ja*)

		Fachspezifische Ansätze für die Nutzung digitaler Medien zur Verbesserung von Lehr- und Lernprozessen		Allgemeine Ansätze zur Nutzung digitaler Medien zur Verbesserung von Lehr- und Lernprozessen		Nutzung digitaler Medien zur Kooperation mit anderen Lehrkräften		Umgang mit sozialen Problemen, die Schüler*innen bei der Nutzung digitaler Medien zur Kommunikation mit anderen erleben		Nutzung digitaler Medien zur Überprüfung des Lernstandes der Schüler*innen	
	Teilnehmer	%	(SE)	%	(SE)	%	(SE)	%	(SE)	%	(SE)
	Aserbaidschan	51.0	(2.3)	48.4	(2.0)	46.3	(2.9)	35.6	(1.8)	45.8	(3.2)
4	Belgien (Fläm. Gem.)	33.2	(1.9)	39.3	(1.8)	26.3	(1.6)	16.1	(1.4)	21.2	(1.3)
4	Dänemark	33.3	(2.3)	25.5	(1.7)	27.2	(1.8)	10.1	(1.4)	21.5	(1.6)
4	**Deutschland**	**31.8**	**(2.0)**	**33.9**	**(1.8)**	**22.4**	**(1.8)**	**22.4**	**(1.5)**	**13.6**	**(1.2)**
	Finnland	26.8	(1.2)	32.8	(1.0)	15.3	(0.9)	10.5	(0.8)	12.6	(0.8)
4	Frankreich	35.8	(1.4)	34.4	(1.4)	20.6	(1.1)	8.4	(0.8)	23.4	(1.3)
	Griechenland	17.7	(1.1)	23.7	(1.1)	15.3	(1.0)	10.8	(1.0)	14.0	(1.3)
	Internat. Mittelwert	**42.0**	**(0.4)**	**46.8**	**(0.4)**	**38.5**	**(0.4)**	**29.3**	**(0.4)**	**38.0**	**(0.4)**
	Italien	47.1	(1.3)	56.6	(1.3)	44.7	(1.3)	43.0	(1.2)	38.4	(1.2)
	Kasachstan	80.4	(1.8)	82.1	(1.5)	77.0	(1.4)	55.1	(1.6)	78.9	(1.9)
4	Kosovo	67.6	(2.1)	72.4	(2.0)	73.9	(2.5)	44.8	(2.3)	71.7	(2.2)
	Kroatien	31.5	(1.5)	38.0	(1.2)	26.2	(1.4)	27.5	(1.2)	26.3	(1.1)
2	Lettland	55.0	(1.7)	65.5	(1.7)	60.0	(1.6)	31.5	(1.9)	61.4	(1.9)
4	Malta	52.8	(4.3)	56.5	(3.9)	36.7	(3.4)	17.4	(2.3)	32.6	(3.6)
	Nordrhein-Westfalen	**35.2**	**(1.3)**	**34.2**	**(1.6)**	**26.6**	**(1.2)**	**22.2**	**(1.3)**	**15.1**	**(1.0)**
	Norwegen	41.6	(2.3)	40.7	(2.4)	36.5	(2.5)	20.9	(2.4)	29.2	(3.0)
4	Österreich	36.7	(1.2)	33.6	(1.4)	22.4	(1.1)	20.5	(1.1)	20.2	(1.1)
2	Portugal	30.0	(1.3)	34.9	(1.1)	28.0	(1.2)	14.2	(0.9)	31.1	(1.4)
	Republik Korea	58.0	(1.0)	66.7	(1.2)	48.7	(1.1)	46.3	(1.7)	55.0	(1.2)
6	Rumänien	84.0	(1.2)	86.9	(1.0)	81.8	(1.3)	61.2	(1.8)	79.8	(1.5)
4	Schweden	29.0	(1.3)	26.0	(1.5)	24.6	(1.5)	17.5	(1.2)	21.9	(1.2)
	Serbien	46.4	(1.2)	43.8	(1.3)	37.8	(1.4)	38.3	(1.3)	40.9	(1.4)
	Slowenien	29.5	(1.0)	38.2	(1.2)	26.3	(1.2)	19.2	(1.1)	22.0	(1.2)
	Spanien	38.5	(1.1)	46.3	(1.2)	38.5	(1.0)	25.0	(0.8)	37.6	(1.0)
	Taiwan	50.8	(1.2)	55.3	(1.4)	40.8	(1.3)	34.0	(1.2)	44.7	(1.3)
	Tschechien	42.3	(1.1)	50.3	(1.1)	52.6	(1.3)	40.9	(1.1)	48.9	(1.3)
	Ungarn	26.1	(1.5)	25.5	(1.2)	22.0	(1.2)	16.5	(1.2)	21.1	(1.0)
4	Uruguay	63.1	(1.6)	56.5	(1.7)	51.4	(1.6)	34.7	(1.7)	52.8	(1.7)
	VG EU	**37.2**	**(0.4)**	**41.1**	**(0.4)**	**32.6**	**(0.4)**	**22.6**	**(0.3)**	**30.1**	**(0.3)**
4	Zypern	26.6	(1.4)	33.4	(1.5)	28.0	(1.6)	16.6	(1.2)	23.9	(1.4)

Die mit Zahlen beschrifteten Fußnoten werden in Kapitel 1 in diesem Berichtsband erläutert.
Kursiv gesetzt ist der Benchmark-Teilnehmer Nordrhein-Westfalen.

IEA: International Computer and Information Literacy Study 2023

- Im Hinblick auf die *Nutzung digitaler Medien zur Kooperation mit anderen Lehrkräften* zur Unterstützung des Lehrens und Lernens mit digitalen Medien gibt noch etwas mehr als ein Viertel (26.6%) der Lehrkräfte in Nordrhein-Westfalen in ICILS 2023 an, dass ihre Lehrkräfteausbildung diesen Aspekt umfasste. Im Ergebnis ist dieser Anteil signifikant größer als der entsprechende Anteil für Deutschland (22.4%). Im internationalen Vergleich zeigt sich jedoch, dass der auf den internationalen Mittelwert bezogene Anteil (38.5%) sowie der Anteil der europäischen Vergleichsgruppe EU (32.6%) signifikant höher liegen als der Anteil in Nordrhein-Westfalen. Signifikant kleinere Anteile als in Nordrhein-Westfalen lassen sich in sechs der hier berichteten ICILS-2023-Teilnehmerländer – darunter mit den geringsten Anteilen Griechenland (15.3%) und Finnland (15.3%) – feststellen. In 14 der hier abgebildeten ICILS-2023-Teilnehmerländer, wie mit den höchsten Anteilen in Rumänien (81.8%), Kasachstan (77.0%) und im Kosovo (73.9%), liegen signifikant höhere Anteile vor. Die Angaben der Lehrkräfte in weiteren sieben der hier betrachteten ICILS-2023-Teilnehmerländer liegen statistisch im Bereich des Anteils von Nordrhein-Westfalen. Die nach Altersgruppen differenzierten Analysen (ohne Abbildung) zeigen erneut, dass Lehrkräfte bis 35 Jahre zu deutlich höheren Anteilen (47.4%) als im Durchschnitt für Nordrhein-Westfalen angeben, dass die *Nutzung digitaler Medien zur Kooperation mit anderen Lehrkräften zur Unterstützung des Lehrens und Lernens mit digitalen Medien* Teil ihrer Ausbildung war.
- Darüber hinaus geben nur etwas mehr als ein Fünftel (22.2%) der nordrhein-westfälischen Lehrkräfte in ICILS 2023 an, dass der *Umgang mit sozialen Problemen, die Schüler*innen bei der Nutzung digitaler Medien zur Kommunikation mit anderen erleben (z.B. Cybermobbing)* Bestandteil ihrer Lehrkräfteausbildung war. Der diesbezügliche Anteil in Deutschland (22.4%) und der auf die Vergleichsgruppe EU bezogene Anteil (22.6%) liegen statistisch im Bereich des Anteils von Nordrhein-Westfalen, während dieser signifikant kleiner als der auf den internationalen Mittelwert bezogene Anteil (29.3%) ausfällt. In neun der hier berichteten ICILS-2023-Teilnehmerländer fallen die Anteile signifikant geringer aus als in Nordrhein-Westfalen – mit besonders geringen Anteilen in Finnland (10.5%), Dänemark (10.1%) und Frankreich (8.4%). Hingegen fallen die Anteile der Lehrkräfte, die angeben, dass der *Umgang mit sozialen Problemen, die Schüler*innen bei der Nutzung digitaler Medien zur Kommunikation mit anderen erleben (z.B. Cybermobbing)* Bestandteil ihrer Lehrkräfteausbildung war, in weiteren 12 der hier berichteten ICILS-2023-Teilnehmerländer, wie mit besonders hohen Anteilen in Rumänien (61.2%) und Kasachstan (55.1%), signifikant größer aus als der entsprechende Anteil in Nordrhein-Westfalen. Die Angaben der Lehrkräfte von den weiteren sechs der hier betrachteten ICILS-2023-Teilnehmerländer liegen statistisch im Bereich des Anteils von Nordrhein-Westfalen. Die vertiefenden Analysen für Nordrhein-Westfalen (ohne Abbildung) zeigen abermals, dass Lehrkräfte bis 35 Jahre mit etwas weniger als zwei Fünfteln (37.5%) zu einem deutlich höheren Anteil als im Durchschnitt angeben, dass der *Umgang mit sozialen Problemen, die Schüler*innen bei der Nutzung digitaler Medien zur Kommunikation mit anderen erleben (z.B. Cybermobbing)* Bestandteil ihrer Lehrkräfteausbildung war.
- Nur noch weniger als jede sechste nordrhein-westfälische Lehrkraft (15.1%) gibt an, dass Inhalte, welche die *Nutzung digitaler Medien zur Überprüfung des Lernstandes der Schüler*innen* betreffen, Bestandteil ihrer Ausbildung waren. Während der Anteil in Deutschland (13.6%) wiederum statistisch im Bereich des Anteils von Nordrhein-Westfalen liegt, sind der auf den internationalen Mittelwert bezogene Anteil (38.0%) und der Anteil der Vergleichsgruppe EU (30.1%) signifikant größer als der diesbezügliche Anteil in Nordrhein-Westfalen. Nahezu alle anderen ICILS-2023-Teilnehmerländer – darunter Rumänien (79.8%), Kasachstan (78.9%) und der Kosovo (71.7%) mit den höchsten Anteilen – weisen einen signifikant größeren An-

teil auf als Nordrhein-Westfalen. Die Angaben der Lehrkräfte von lediglich drei der hier betrachteten ICILS-2023-Teilnehmerländer, darunter Griechenland (14.0%) und Finnland (12.6%), liegen statistisch im Bereich des Anteils von Nordrhein-Westfalen. Wie bei den vier anderen hier betrachteten Ausbildungsbestandteilen geben auch hier in Nordrhein-Westfalen mehr Lehrkräfte bis 35 Jahre mit jedoch auch nur etwas weniger als einem Drittel (31.2%) an, dass die *Nutzung digitaler Medien zur Überprüfung des Lernstandes der Schüler*innen* Teil ihrer Ausbildung war. Bei der Lehrkräftegruppe der 50- bis 59-jährigen liegt der Anteil bei nur 6.3 Prozent (ohne Abbildung).

5.3 Ergebnisse zu selbsteingeschätzten digitalisierungsbezogenen Kompetenzen der Lehrkräfte

Im folgenden Abschnitt werden selbsteingeschätzte digitalisierungsbezogene Kompetenzen der Lehrkräfte betrachtet. In Abbildung 5.3 ist in diesem Zusammenhang dargestellt, zu welchen Anteilen Lehrkräfte in Nordrhein-Westfalen, Deutschland sowie im internationalen Mittel in ICILS 2023 angeben, nach eigener Einschätzung über verschiedene unterrichtsbezogene Kompetenzen im Bereich der Digitalisierung zu verfügen. Berichtet wird an dieser Stelle die Antwortkategorie *das kann ich* (zusammengefasste Kategorien *das kann ich sehr gut* und *das kann ich einigermaßen gut*). Den Lehrkräften standen außerdem die Antwortkategorien *ich habe es noch nicht gemacht, könnte es aber herausfinden* und *ich glaube nicht, dass ich das kann* zur Verfügung. Sortiert sind die Ergebnisse in der Abbildung 5.3 absteigend nach Höhe der Anteile der zusammengefassten Kategorie *das kann ich* in Nordrhein-Westfalen.

Folgende zentrale Ergebnisse werden für Nordrhein-Westfalen ersichtlich:

- Nahezu alle Lehrkräfte (98.7%) in Nordrhein-Westfalen sehen sich nach eigenen Angaben in der Lage, *nützliche Unterrichtsmaterialien im Internet zu finden*, was statistisch dem Anteil der Lehrkräfte in Deutschland (98.8%) entspricht. Der Anteil in Nordrhein-Westfalen ist signifikant größer als der auf den internationalen Mittelwert bezogene und ebenfalls sehr hohe Anteil (97.4%).
- Zudem zeigt sich in ICILS 2023, dass jeweils nahezu 90 Prozent der nordrhein-westfälischen Lehrkräfte angeben, über die Fähigkeit zu verfügen, mithilfe von digitalen Medien *Unterricht vorzubereiten, der den Einsatz von digitalen Medien durch die Schüler*innen beinhaltet* (89.7%), und die *Qualität von Unterrichtsmaterialien im Internet zu bewerten* (88.1%). Für beide Anteile lassen sich im Vergleich zu Deutschland keine signifikanten Unterschiede feststellen. Der entsprechende auf den internationalen Mittelwert bezogene Anteil (87.8%) der erstgenannten Kompetenz ist signifikant geringer als der entsprechende Anteil (89.7%) in Nordrhein-Westfalen in ICILS 2023. Dagegen ist der auf den internationalen Mittelwert bezogene Anteil (90.9%) der hier zweitgenannten Kompetenz signifikant größer als der entsprechende Anteil (88.1%) in Nordrhein-Westfalen.
- Als weiteres Ergebnis von ICILS 2023 zeigt sich, dass etwas mehr als drei Viertel (75.9%) der Lehrkräfte in Nordrhein-Westfalen angeben, über die Fähigkeit zu verfügen, *ein Lernmanagement-System benutzen (z.B. Moodle, Logineo, mebis, its-learning)* zu können. Hierbei ist der Anteil in Nordrhein-Westfalen als einzige der hier betrachteten selbsteingeschätzten Kompetenzen signifikant und durchaus deutlich größer als der diesbezügliche Anteil in Deutschland (67.5%). Der Anteil liegt jedoch statistisch im Bereich des auf den internationalen Mittelwert bezogenen Anteils (71.8%). Diese im Vergleich zu Deutschland höheren selbsteingeschätzten

Kompetenzen der Lehrkräfte in Nordrhein-Westfalen stehen möglicherweise mit der bereits seit Ende 2019 begonnenen Etablierung des nordrhein-westfälischen Systems LOGINEO NRW LMS und den dazu seit Februar 2021 in der Fläche zur Verfügung stehenden Online-Fortbildungsformaten in Verbindung.

Abbildung 5.3: Selbsteingeschätzte digitalisierungsbezogene Kompetenzen der Lehrkräfte in ICILS 2023 in Nordrhein-Westfalen, in Deutschland und im internationalen Mittel (Angaben der Lehrkräfte in Prozent, zusammengefasste Kategorie *Das kann ich*)

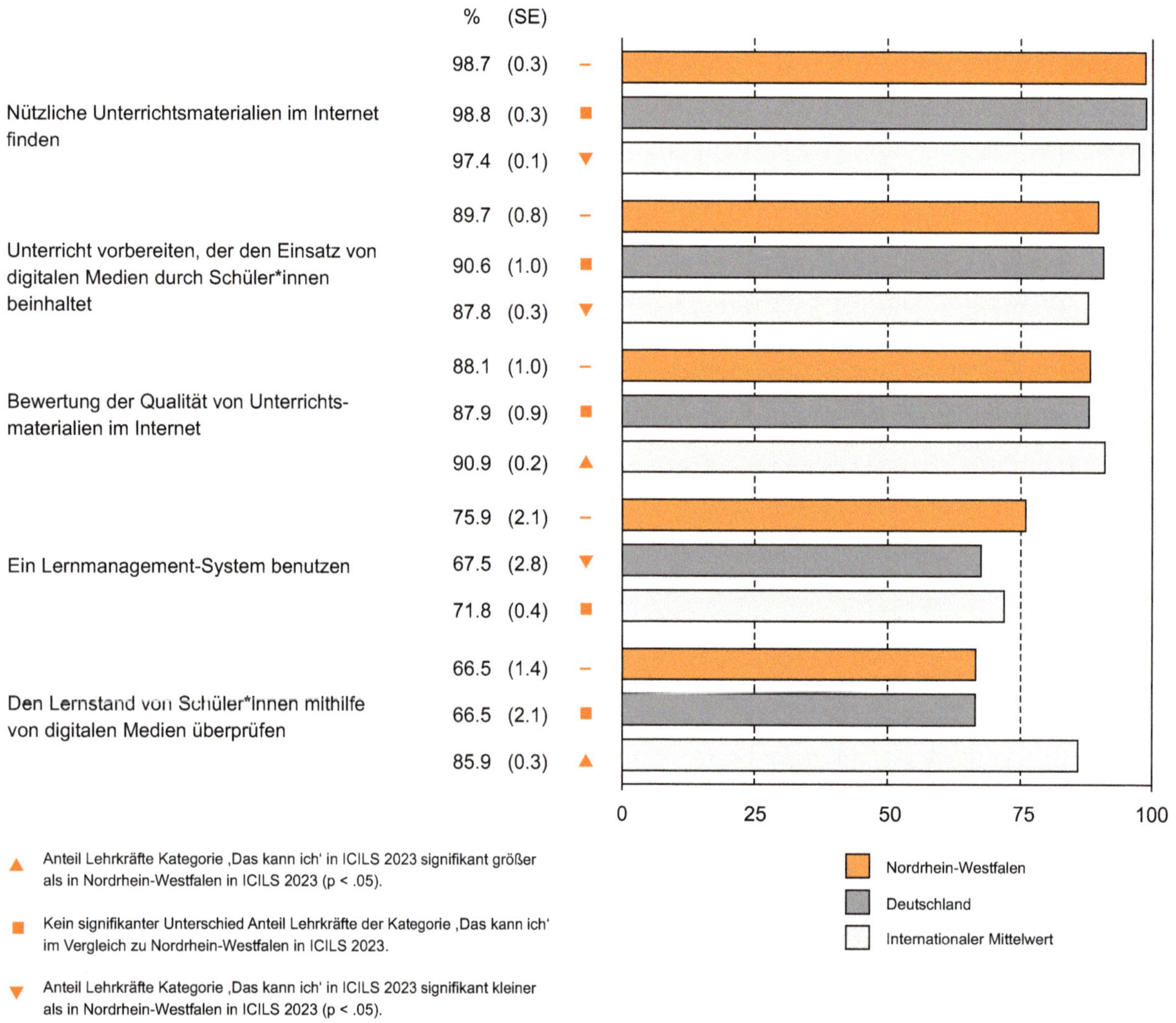

IEA: International Computer and Information Literacy Study 2023 © ICILS 2023

- Ebenfalls noch die deutlichere Mehrheit mit fast zwei Dritteln (66.5%) der nordrhein-westfälischen Lehrkräfte besitzt nach eigenen Angaben die Fähigkeit, *den Lernstand von Schüler*innen mithilfe von digitalen Medien* überprüfen zu können. Dieser Anteil liegt genauso hoch wie der entsprechende Anteil für Deutschland (66.5%). Der auf den internationalen Mittelwert bezogene Anteil (85.9%) ist hingegen signifikant und auch doch recht deutlich höher als der entsprechende Lehrkräfteanteil in Nordrhein-Westfalen. Künftige Entwicklungen in Nordrhein-Westfalen könnten deshalb – wie bereits anknüpfend an das KMK-Ergänzungspapier zum Lehren und Lernen in der digitalen Welt (KMK, 2021) im Impulspapier II des MSB NRW adressiert (MSB NRW, 2022) – noch stärker darauf abzielen, Lehrkräfte fortzubilden, die erweiterten Möglichkeiten, digitaler Medien und Werkzeuge für Leistungsüberprüfungen zu nutzen und die über digitale Formate erhobenen Lernstände in die Gestaltung von Lernprozessen einzubeziehen.

5.4 Ergebnisse zu wahrgenommenen Potenzialen des Einsatzes digitaler Medien im Unterricht und zum Lernen aus Sicht der Lehrkräfte

Der folgende Abschnitt führt die Ergebnisse der Einschätzungsabfrage zu den wahrgenommenen Potenzialen des Einsatzes digitaler Medien im Unterricht und zum Lernen aus Sicht der Lehrkräfte in ICILS 2023 in Nordrhein-Westfalen, in Deutschland und im internationalen Mittel zu nachstehenden Aspekten auf: (1) ermöglicht den Schüler*innen den Zugang zu besseren Informationsquellen, (2) hilft den Schüler*innen, ein größeres Interesse am Lernen zu entwickeln, (3) hilft den Schüler*innen, auf einem ihren Lernbedürfnissen entsprechenden Niveau zu arbeiten, (4) ermöglicht Schüler*innen, effektiver mit anderen zusammenzuarbeiten und (5) verbessert die schulischen Leistungen der Schüler*innen. In der zugehörigen Darstellung in Abbildung 5.4 sind die international abgefragten Kategorien *stimme voll zu* und *stimme eher zu* zur Kategorie *Zustimmung* zusammengefasst. Es standen den Lehrkräften außerdem noch die Antwortkategorien *stimme eher nicht zu* und *stimme nicht zu* zur Verfügung. Die Ergebnisse in der Abbildung 5.4 sind absteigend nach Höhe der Anteile der zusammengefassten Kategorie *Zustimmung* in Nordrhein-Westfalen sortiert.

Abbildung 5.4: Wahrgenommene Potenziale des Einsatzes digitaler Medien im Unterricht und zum Lernen aus Sicht der Lehrkräfte in ICILS 2023 in Nordrhein-Westfalen, in Deutschland und im internationalen Mittel (Angaben der Lehrkräfte in Prozent, zusammengefasste Kategorie *Zustimmung*)

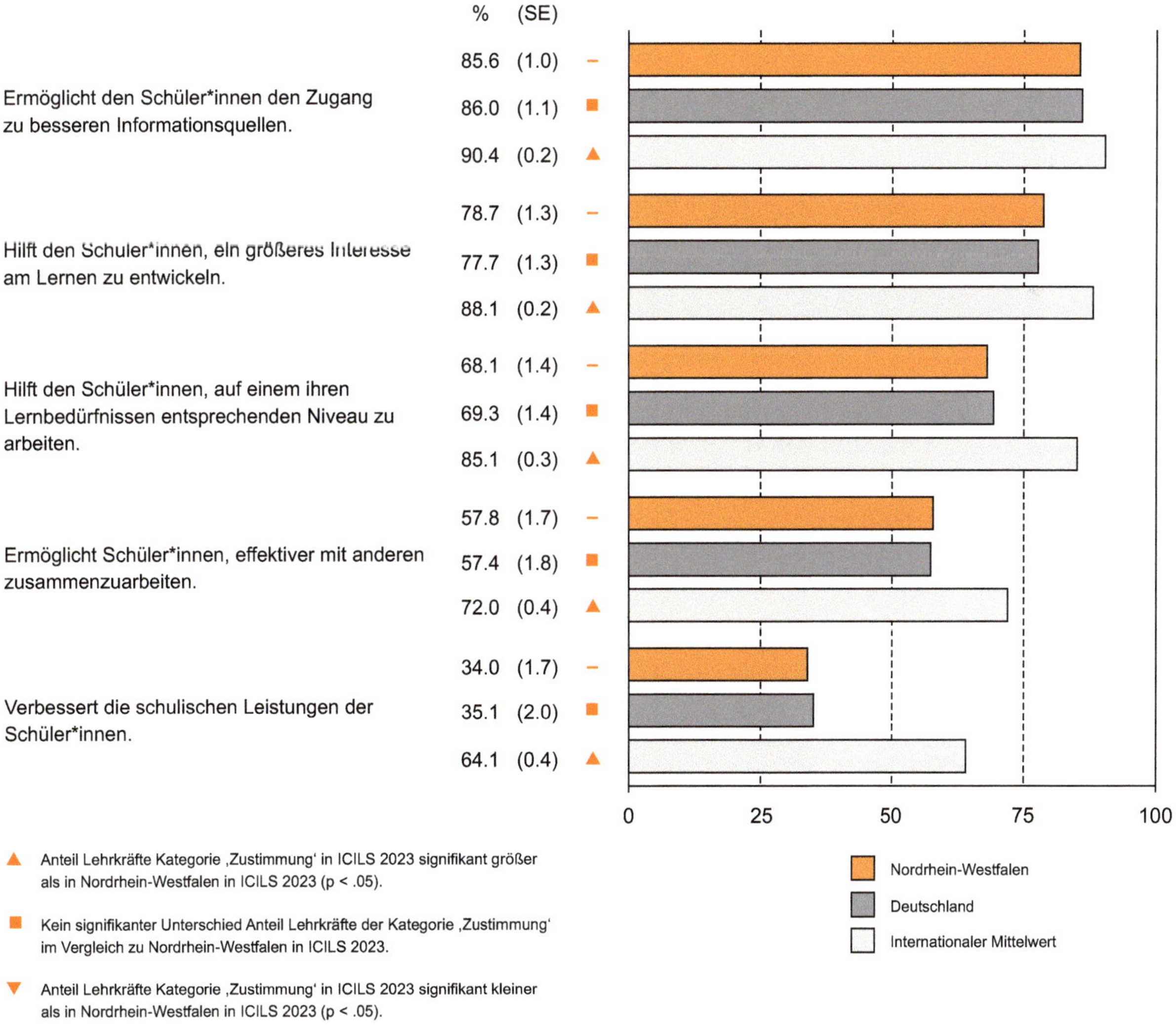

IEA: International Computer and Information Literacy Study 2023 © ICILS 2023

Folgende zentrale Ergebnisse werden für Nordrhein-Westfalen ersichtlich:

- Besonders hohe Zustimmungsraten hinsichtlich der wahrgenommenen Potenziale digitaler Medien im Unterricht und zum Lernen für Schüler*innen aus Sicht der Lehrkräfte zeigen sich in Nordrhein-Westfalen in ICILS 2023 in Bezug auf die Aussagen, dass der schulische Einsatz von digitalen Medien *den Schüler*innen den Zugang zu besseren Informationsquellen ermöglicht* (85.6%) und *den Schüler*innen hilft, ein größeres Interesse am Lernen zu entwickeln* (78.7%). Im Vergleich zu den entsprechenden Ergebnissen Nordrhein-Westfalens in ICILS 2018 (86.5% bzw. 81.4%) zeigen sich keine signifikanten Unterschiede (ohne Abbildung). Während darüber hinaus die entsprechenden Anteile in Nordrhein-Westfalen in ICILS 2023 statistisch im Bereich der Anteile von Deutschland (86.0% bzw. 77.7%) liegen, sind die Anteile beider genannten Potenziale in Nordrhein-Westfalen jedoch signifikant kleiner als die entsprechenden auf den internationalen Mittelwert bezogenen Anteile (90.4% bzw. 88.1%).
- Mit Blick auf die Aussage, der schulische Einsatz digitaler Medien *hilft den Schüler*innen, auf einem ihren Lernbedürfnissen entsprechenden Niveau zu arbeiten*, ergibt sich, dass mehr als zwei Drittel (68.1%) der nordrhein-westfälischen Lehrkräfte dieser Aussage zustimmen. Dieser Wert liegt statistisch im Bereich des entsprechenden Anteils Nordrhein-Westfalens in ICILS 2018 (70.1%) (ohne Abbildung). Im Vergleich zu dem Anteil in ICILS 2023 in Deutschland (69.3%) zeigt sich erneut kein signifikanter Unterschied zu dem Anteil Nordrhein-Westfalens, während der auf den internationalen Mittelwert bezogene Anteil (85.1%) signifikant größer als der entsprechende Anteil in Nordrhein-Westfalen ausfällt.
- Weiterhin geben noch deutlich mehr als die Hälfte der Lehrkräfte (57.8%) in Nordrhein-Westfalen an, dass der schulische Einsatz digitaler Medien *den Schüler*innen ermöglicht, effektiver mit anderen zusammenzuarbeiten*. Bezogen auf den diesbezüglichen Anteil Nordrhein-Westfalens in ICILS 2018 (53.9%) lassen sich keine statistisch signifikanten Unterschiede feststellen (ohne Abbildung). Im Vergleich zu Deutschland in ICILS 2023 (57.4%) lässt sich ebenfalls kein signifikanter Unterschied feststellen. Der Anteil in Nordrhein-Westfalen ist jedoch wiederum signifikant kleiner als der auf den internationalen Mittelwert bezogene Anteil (72.0%).
- Lediglich etwas mehr als ein Drittel (34.0%) der Lehrkräfte in Nordrhein-Westfalen sieht das Potenzial, dass der Einsatz digitaler Medien *die schulischen Leistungen der Schüler*innen verbessert*. Im Vergleich zu den Ergebnissen für Nordrhein-Westfalen in ICILS 2018 zeigt sich diesbezüglich mit einem Anteil von 36.7 Prozent kein signifikanter Unterschied (ohne Abbildung). Während sich der Anteil in Nordrhein-Westfalen in ICILS 2023 erneut nicht signifikant von dem diesbezüglichen in Deutschland (35.1%) unterscheidet, ist er signifikant und deutlich kleiner als der entsprechende auf den internationalen Mittelwert bezogene Anteil (64.1%).

In der Gesamtschau zeigt sich aus Sicht der nordrhein-westfälischen Lehrkräfte, dass diese über alle in ICILS 2023 abgefragten Möglichkeiten hinweg deutlich und zu signifikant geringeren Anteilen digitalen Medien besonderes Potenzial für den Unterricht und das Lernen zuschreiben, als dies Lehrkräfte im internationalen Vergleich tun. Besonders auffällig ist, dass sich hier für Nordrhein-Westfalen im direkten Vergleich zu ICILS 2018 keine Entwicklung abzeichnet und eher eine gewisse Stagnation in der Wahrnehmung der lern- und kompetenzbezogenen Potenziale digitaler Medien zu beobachten ist. Besonders hervorzuheben ist, dass sich in ICILS 2023 erneut nur vergleichsweise geringe Zustimmungsanteile bezogen auf die Möglichkeiten digitaler Medien zur Verbesserung der schulischen Leistungen der Schüler*innen finden. Dieser Aspekt könnte mit dem Einsatz adaptiver Lernsysteme zukünftig neu betrachtet werden und mit einer damit einhergehenden Weiterentwicklung von Lernprozessen in Fortbildungen adressiert werden. Derzeit ist jedoch zu beachten, dass die noch mangelnde Verfügbarkeit derartiger Systeme den pädagogisch-didaktischen Entwicklungen noch Grenzen setzen (vgl. Kapitel 7 in diesem Band).

5.5 Ergebnisse zur Teilnahme an digitalisierungsbezogenen Lehrkräftefortbildungen bzw. zu beruflichen Lerngelegenheiten und digitalisierungsbezogenen Professionalisierungsbedarfen

Der folgende Abschnitt zeigt die ICILS-2023-Ergebnisse für Nordrhein-Westfalen sowohl zur Teilnahme der Lehrkräfte an Fortbildungen bzw. beruflichen Lerngelegenheiten als in einem zweiten Teilabschnitt auch zu digitalisierungsbezogenen Professionalisierungsbedarfen auf. Die Ergebnisse für Nordrhein-Westfalen werden dazu im nationalen und internationalen Kontext eingeordnet.

Teilnahme der Lehrkräfte an Fortbildungen bzw. beruflichen Lerngelegenheiten

In Abbildung 5.5 wird zunächst dargestellt, an welchen Fortbildungen oder beruflichen Lerngelegenheiten Lehrkräfte in Nordrhein-Westfalen, Deutschland und im internationalen Mittel gemäß ihren eigenen Angaben in den letzten zwei Jahren vor der Erhebung der ICILS-2023-Daten im Frühjahr/Frühsommer 2023 (vgl. Kapitel 1 in diesem Band) *mindestens einmal* (Kategorien *nur einmal* und *mehr als einmal* zusammengefasst) teilgenommen haben. Erklärend zu erwähnen ist an dieser Stelle, dass in Abbildung 5.5 die jeweiligen Ergänzungen zu 100 Prozent denjenigen Anteil der Lehrkräfte ausmachen, der angibt, *gar nicht* an einer entsprechenden Fortbildung bzw. beruflichen Lerngelegenheit in den letzten zwei Jahren teilgenommen zu haben. Die Ergebnisse in der Abbildung 5.5 sind absteigend nach der Größe der Anteile der zusammengefassten Kategorie *mindestens einmal* in Nordrhein-Westfalen sortiert.

Abbildung 5.5: Teilnahme der Lehrkräfte an Fortbildungen bzw. beruflichen Lerngelegenheiten in den letzten zwei Jahren in ICILS 2023 in Nordrhein-Westfalen, in Deutschland und im internationalen Mittel (Angaben der Lehrkräfte in Prozent, zusammengefasste Kategorie *Mindestens einmal*)

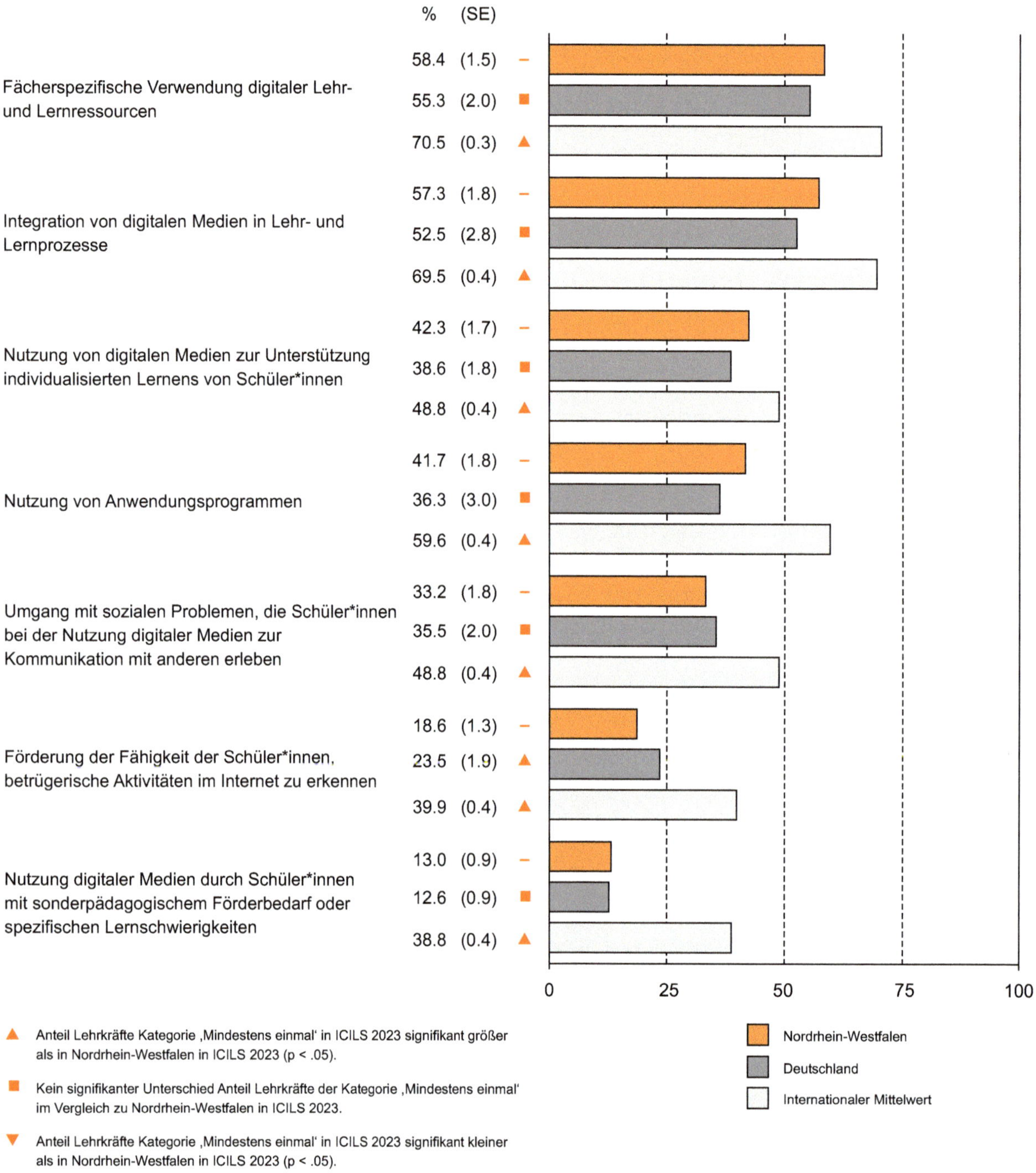

IEA: International Computer and Information Literacy Study 2023 © ICILS 2023

Folgende zentrale Ergebnisse werden für Nordrhein-Westfalen ersichtlich:

- Immerhin fast drei Fünftel (58.4%) der Lehrkräfte in Nordrhein-Westfalen haben angegeben, *mindestens einmal* an einer Fortbildung bzw. beruflichen Lerngelegenheit zur *fächerspezifischen Verwendung digitaler Lehr- und Lernressourcen* in den zwei Jahren vor der ICILS-2023-Befragung teilgenommen zu haben. Ein ähnlich hoher Anteil (57.3%) hat an einer Fortbildung bzw. beruflichen Lerngelegenheit zur *Integration von digitalen Medien in Lehr- und Lernprozesse* in den letzten zwei Jahren vor der ICILS-2023-Datenerhebung teilgenommen. Die entsprechenden Anteile für Deutschland (55.3% bzw. 52.5%) liegen statistisch im Bereich der Anteile Nordrhein-Westfalens. Die diesbezüglichen auf den internationalen Mittelwert bezogenen Anteile (70.5% bzw. 69.5%) sind jedoch jeweils signifikant größer als die Anteile in Nordrhein-Westfalen.
- Jeweils noch etwas mehr als zwei Fünftel der nordrhein-westfälischen Lehrkräfte geben an, *mindestens einmal* eine Fortbildung oder berufliche Lerngelegenheit zur *Nutzung von digitalen Medien zur Unterstützung individualisierten Lernens von Schüler*innen* (42.3%) sowie zur *Nutzung von Anwendungsprogrammen (z.B. Textverarbeitung, Präsentationssoftware, Internetnutzung, Tabellenkalkulationen)* (41.7%) wahrgenommen zu haben. Beide diesbezüglichen Anteile für Deutschland (38.6% bzw. 36.3%) liegen statistisch im Bereich der jeweiligen Anteile für Nordrhein-Westfalen. Signifikant größer als die entsprechenden Anteile in Nordrhein-Westfalen sind jedoch wieder die auf den internationalen Mittelwert bezogenen Anteile (48.8% bzw. 59.6%).
- Darüber hinaus gibt nahezu ein Drittel (33.2%) der Lehrkräfte in Nordrhein-Westfalen an, *mindestens einmal* an einer Fortbildung bzw. beruflichen Lerngelegenheit zum *Umgang mit sozialen Problemen, die Schüler*innen bei der Nutzung digitaler Medien zur Kommunikation mit anderen erleben (z.B. Cybermobbing)* teilgenommen zu haben. Dieser Anteil unterscheidet sich nicht signifikant von dem entsprechenden Anteil Deutschlands (35.5%), liegt allerdings signifikant unter dem auf den internationalen Mittelwert bezogenen Anteil (48.8%).
- Des Weiteren zeigt sich, dass nur weniger als ein Fünftel (18.6%) der Lehrkräfte in Nordrhein-Westfalen angibt, *mindestens einmal* in den letzten zwei Jahren an einer Fortbildung bzw. beruflichen Lerngelegenheit zur *Förderung der Fähigkeit der Schüler*innen, betrügerische Aktivitäten im Internet zu erkennen (z.B. Betrug, Fake News, gefälschte Bilder, gefälschte Bewertungen, Bots usw.)* teilgenommen zu haben. Der Anteil in Nordrhein-Westfalen liegt sowohl signifikant unter dem entsprechenden Anteil in Deutschland (23.5%) als auch unter dem auf den internationalen Mittelwert bezogenen Anteil (39.9%).
- Zuletzt zeigt sich in ICILS 2023, dass nur weniger als jede siebte nordrhein-westfälische Lehrkraft (13.0%) nach eigenen Angaben *mindestens einmal* an einer Fortbildung bzw. beruflichen Lerngelegenheit zur *Nutzung digitaler Medien durch Schüler*innen mit sonderpädagogischem Förderbedarf oder spezifischen Lernschwierigkeiten* teilgenommen hat. Der Anteil in Deutschland (12.6%) liegt statistisch im Bereich des Anteils von Nordrhein-Westfalen. Dieser ist hingegen signifikant und deutlich kleiner als der auf den internationalen Mittelwert bezogene Anteil (38.8%). Es zeigt sich somit, dass die Verbindung der Querschnittsthemen ‚Digitalität' und ‚Inklusion' in anderen Staaten eine größere Rolle in der Lehrkräfteprofessionalisierung spielt als in Nordrhein-Westfalen und in Deutschland.

In der Gesamtschau der abgebildeten digitalisierungsbezogenen Fortbildungsthemen bzw. beruflichen Lerngelegenheiten erscheinen damit in Nordrhein-Westfalen insbesondere allgemeine bzw. fachspezifische Ansätze zur Integration digitaler Medien in den Unterricht häufig wahrgenommen zu werden. Spezifischere Nutzungsmodalitäten von digitalen Medien scheinen in der Fläche, insbesondere im Vergleich zum internationalen Mittelwert, so jedoch weder thematisch noch in pädagogisch-didaktischer Hinsicht im gleichen Maße angekommen zu sein.

Professionalisierungsbedarfe aus der Sicht der Lehrkräfte

Im Rahmen von ICILS 2023 wird ergänzend zur Fortbildungsteilnahme der von den Lehrkräften geäußerte Bedarf an weiteren Fortbildungen bzw. beruflichen Lerngelegenheiten zu digitalisierungsbezogenen Inhaltsbereichen betrachtet (Abbildung 5.6). Die Ergebnisse werden auch zu dieser Thematik für Nordrhein-Westfalen im Vergleich zu Deutschland sowie im Vergleich zum internationalen Mittel präsentiert. Die Sortierung der Ergebnisse in der zugehörigen Abbildung 5.6 erfolgt absteigend entsprechend den Anteilen in der Antwortkategorie *Zu diesem Inhalt benötige ich mehr Fortbildungen oder berufliche Lerngelegenheiten* in Nordrhein-Westfalen. Den Lehrkräften stand im Rahmen der Befragung außerdem noch die Antwortkategorie *Zu diesem Inhalt benötige ich keine weiteren Fortbildungen bzw. beruflichen Lerngelegenheiten* zur Verfügung, sodass hier die jeweiligen Ergänzungen zu 100 Prozent den Anteil der Lehrkräfte ausmachen, der angibt, keine weiteren Fortbildungen bzw. berufliche Lerngelegenheiten zu den abgefragten digitalisierungsbezogenen Inhaltsbereichen zu benötigen.

Folgende zentrale Ergebnisse werden für Nordrhein-Westfalen ersichtlich:

- Jeweils recht hohe Anteile an Lehrkräften in Nordrhein-Westfalen in ICILS 2023 geben einen Bedarf an weiteren Fortbildungen bzw. beruflichen Lerngelegenheiten zur *Nutzung von digitalen Medien zur Unterstützung individualisierten Lernens von Schüler*innen* (77.8%) sowie zur *Förderung der Fähigkeit der Schüler*innen, betrügerische Aktivitäten im Internet zu erkennen (z.B. Betrug, Fake News, gefälschte Bilder, gefälschte Bewertungen, Bots usw.)* (73.8%) an. Während der Bedarf mit Blick auf die Nutzung digitaler Medien zur Unterstützung individualisierten Lernens von Schüler*innen in Nordrhein-Westfalen im Bereich des Anteils liegt, der sich auf Deutschland bezieht (75.0%), ist der Anteil bezogen auf das Erkennen betrügerischer Aktivitäten im Internet in Nordrhein-Westfalen signifikant größer als der entsprechende Anteil in Deutschland (67.5%) – hier scheinen die Bedarfe in Nordrhein-Westfalen höher als im Rest des Landes. Beide auf den internationalen Mittelwert bezogenen Anteile sind diesbezüglich signifikant kleiner als die entsprechenden Anteile in Nordrhein-Westfalen (67.0% bzw. 66.7%). Auffällig erscheint dabei, dass der relativ hohe Bedarf an Professionalisierung zu diesem Thema sich nicht in den abgebildeten Fortbildungsteilnahmen bzw. Wahrnehmung beruflicher Lerngelegenheiten widerspiegelt (vgl. Abbildung 5.5). Zu prüfen wäre, inwiefern dies mit dem Angebot an Fortbildungen zu diesem Thema zusammenhängt und ob möglicherweise ein größeres Angebot geschaffen werden müsste, um die Professionalisierungsbedarfe zu decken.
- Mit jeweils nahezu drei Vierteln hält ein ähnlich hoher Anteil der nordrhein-westfälischen Lehrkräfte in ICILS 2023 weitere Fortbildungen bzw. berufliche Lerngelegenheiten zum *Umgang mit sozialen Problemen, die Schüler*innen bei der Nutzung digitaler Medien zur Kommunikation mit anderen erleben (z.B. Cybermobbing)* (72.6%), und zur *fächerspezifischen Verwendung digitaler Lehr- und Lernressourcen* (71.1%) für erforderlich. Für den Aspekt mit Bezug auf den *Umgang mit sozialen Problemen, die Schüler*innen bei der Nutzung digitaler Medien zur Kommunikation mit anderen erleben (z.B. Cybermobbing)* fällt der Anteil, der sich auf Deutschland in ICILS 2023 bezieht, mit 67.0 Prozent signifikant kleiner aus als der Anteil in Nordrhein-Westfalen. Dagegen ist der Anteil in Deutschland mit Blick auf die *fächerspezifische Verwendung digitaler Lehr- und Lernressourcen* (68.2%)

Abbildung 5.6: Professionalisierungsbedarfe aus der Sicht der Lehrkräfte in ICILS 2023 in Nordrhein-Westfalen, in Deutschland und im internationalen Mittel (Angaben der Lehrkräfte in Prozent)

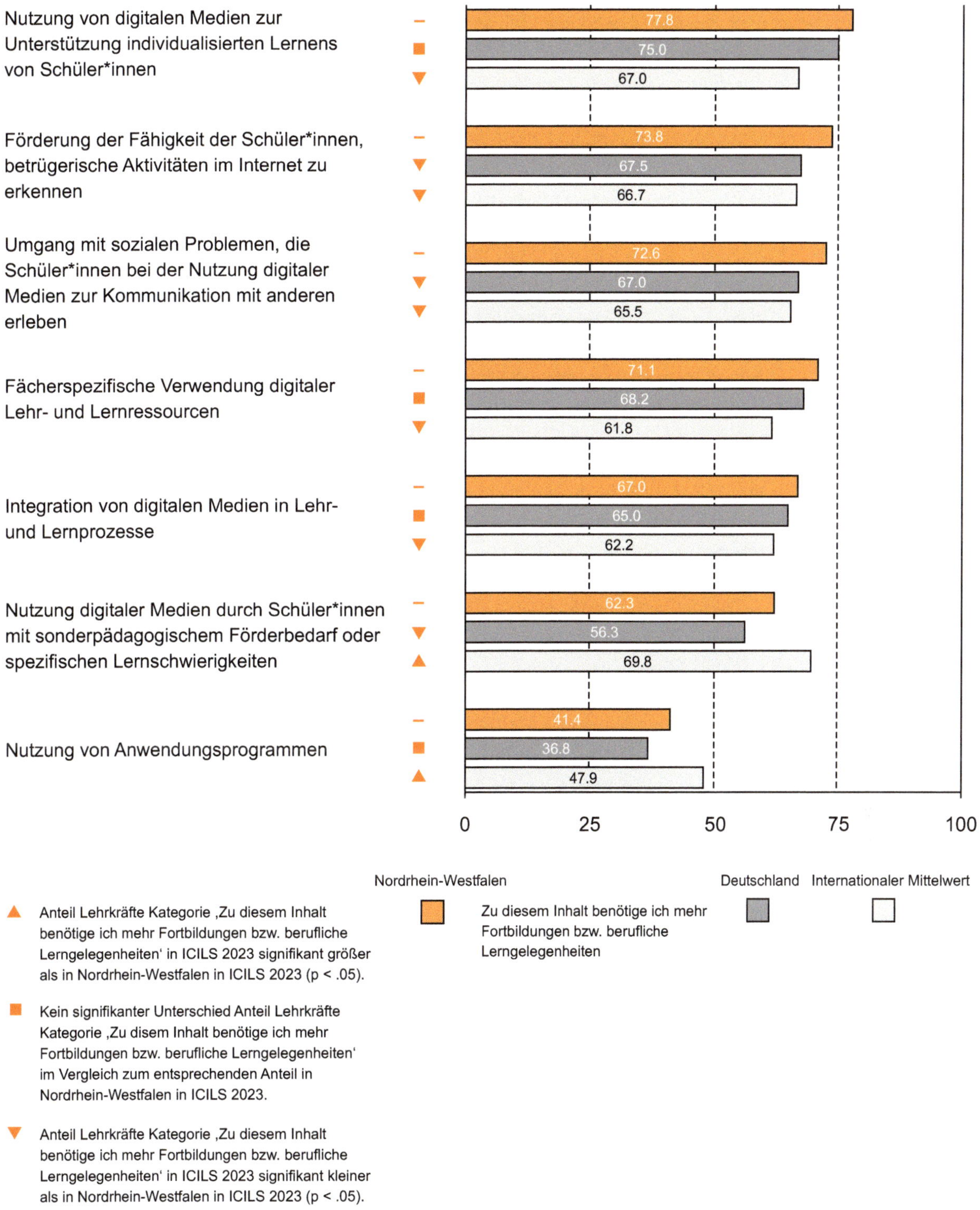

IEA: International Computer and Information Literacy Study 2023

statistisch im Bereich des entsprechenden Anteils in Nordrhein-Westfalen. Die Anteile, die sich auf die entsprechenden internationalen Mittelwerte beziehen, fallen für die beiden betrachteten Professionalisierungsbedarfe mit 65.5 Prozent bzw. 61.8 Prozent signifikant kleiner aus als die diesbezüglichen Anteile in Nordrhein-Westfalen.

- Zur *Integration von digitalen Medien in Lehr- und Lernprozesse* (67.0%) und zur *Nutzung digitaler Medien durch Schüler*innen mit sonderpädagogischem Förderbedarf oder spezifischen Lernschwierigkeiten* (62.3%) äußern noch jeweils mehr als drei Fünftel der Lehrkräfte in Nordrhein-Westfalen und damit auch an dieser Stelle die überwiegende Mehrheit weitere Professionalisierungsbedarfe. Der für Nordrhein-Westfalen ermittelte Anteil unterscheidet sich für den Aspekt der *Integration von digitalen Medien in Lehr- und Lernprozesse* nicht signifikant von dem entsprechenden Anteil in Deutschland (65.0%), ist jedoch signifikant größer als der diesbezügliche auf den internationalen Mittelwert bezogene Anteil (62.2%). Bezüglich der *Nutzung digitaler Medien durch Schüler*innen mit sonderpädagogischem Förderbedarf oder spezifischen Lernschwierigkeiten* ist der Anteil in Deutschland (56.3%) signifikant kleiner als der entsprechende Anteil in Nordrhein-Westfalen, wohingegen der auf den internationalen Mittelwert bezogene Anteil (69.8%) signifikant größer ist als der Anteil in Nordrhein-Westfalen.
- Der im Vergleich zu den anderen in Abbildung 5.6 betrachteten Professionalisierungsbedarfen mit Abstand geringste Anteil (41.4%) der Lehrkräfte in Nordrhein-Westfalen gibt an, im Rahmen der *Nutzung von Anwendungsprogrammen (z.B. Textverarbeitung, Präsentationssoftware, Internetnutzung, Tabellenkalkulationen)* weitere Fortbildungen bzw. berufliche Lerngelegenheiten zu benötigen, wobei der Anteil in Nordrhein-Westfalen damit signifikant kleiner ist als der auf den internationalen Mittelwert bezogene Anteil (47.9%). Im Vergleich zu Deutschland (36.8%) lassen sich diesbezüglich keine signifikanten Unterschiede feststellen und die geringen Bedarfe sprechen hier möglicherweise, da es sich um Standardanwendungen handelt, die seit Jahren etabliert sind, dafür, dass die Lehrkräfte in Nordrhein-Westfalen hier schon hinreichende Kenntnisse haben.

5.6 Ergebnisse zur Einschätzung der Lehrkräfte hinsichtlich zeitlicher Ressourcen und Professionalisierungsgelegenheiten zur Unterrichtsvorbereitung mit digitalen Medien

In Abbildung 5.7 werden die Ergebnisse zur Einschätzung der Lehrkräfte in ICILS 2023 in Nordrhein-Westfalen, in Deutschland und im internationalen Mittel darüber aufgezeigt, inwieweit es aus ihrer Sicht (1) genügend Gelegenheiten gibt, um ihr Fachwissen zur Vorbereitung von Unterrichtsstunden, die den Einsatz digitaler Medien beinhalten, zu erwerben und inwieweit ihnen (2) genügend Zeit zur Verfügung steht, um Unterrichtsstunden vorzubereiten, in denen digitale Medien genutzt werden. Die Kategorien *stimme voll zu* und *stimme eher zu* werden zur Kategorie *Zustimmung* zusammengefasst. Die Ergebnisse in der Abbildung 5.7 sind absteigend nach Höhe der Anteile der zusammengefassten Kategorie *Zustimmung* für Nordrhein-Westfalen sortiert.

Abbildung 5.7: Einschätzung hinsichtlich Gelegenheiten zum Erwerb von Fachwissen zur Vorbereitung von Unterrichtsstunden mit digitalen Medien und zur Verfügung stehender Zeit zur Vorbereitung von Unterricht mit digitalen Medien aus Sicht der Lehrkräfte in ICILS 2023 in Nordrhein-Westfalen, in Deutschland und im internationalen Mittel (Angaben der Lehrkräfte in Prozent, zusammengefasste Kategorie *Zustimmung*)

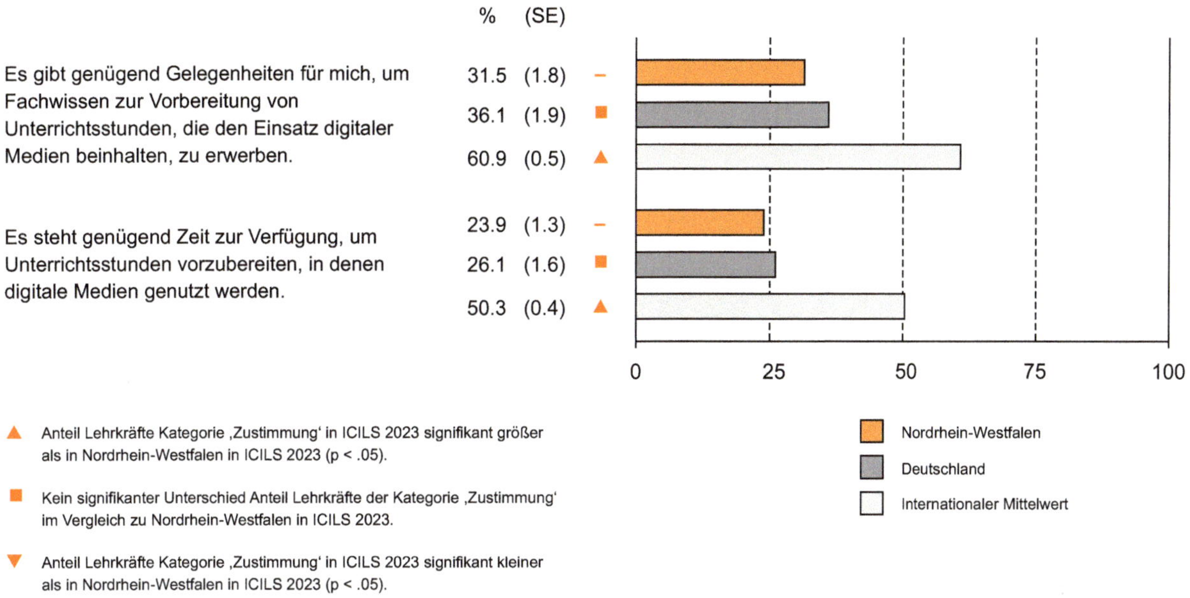

IEA: International Computer and Information Literacy Study 2023

Folgende zentrale Ergebnisse werden für Nordrhein-Westfalen ersichtlich:

- In Nordrhein-Westfalen stimmt weniger als ein Drittel (31.5%) der Lehrkräfte der Aussage zu, dass *es genügend Gelegenheiten für sie gibt, um Fachwissen zur Vorbereitung von Unterrichtsstunden, die den Einsatz digitaler Medien beinhalten, zu erwerben.* Dabei ist der entsprechende Anteil in Nordrhein-Westfalen in ICILS 2023 statistisch im Bereich des entsprechenden Anteils in Deutschland (36.1%) zu verorten, jedoch signifikant und sehr viel deutlich geringer als der auf den internationalen Mittelwert bezogene Anteil (60.9%).
- Zudem gibt nur etwas weniger als ein Viertel der nordrhein-westfälischen Lehrkräfte (23.9%) an, dass *genügend Zeit zur Verfügung steht, um Unterrichtsstunden vorzubereiten, in denen digitale Medien genutzt werden.* Während auch dieser Anteil statistisch im Bereich von Deutschland in ICILS 2023 (26.1%) liegt, fällt der Anteil für Nordrhein-Westfalen deutlich und signifikant viel kleiner aus als der auf den internationalen Mittelwert bezogene Anteil (50.3%).

Damit zeigt sich für Nordrhein-Westfalen, aber auch insgesamt für Deutschland, dass der überwiegende Anteil der Lehrkräfte nach eigenen Angaben weder genügend Gelegenheiten zum Erwerb von Fachwissen zur Vorbereitung von Unterrichtsstunden mit digitalen Medien hat noch ausreichend Zeit zur Vorbereitung von Unterricht mit digitalen Medien zur Verfügung steht. Hier zeigen sich aus der Perspektive der Lehrkräfte zwei wichtige Stellschrauben für zukünftige Entwicklungen.

5.7 Ergebnisse zur Unterstützungs- und Beratungsfunktion verschiedener Akteur*innen, Dokumente und Formate für digitalisierungsbezogene schulische Lehr- und Lernprozesse in Nordrhein-Westfalen

Im nachfolgenden Abschnitt werden die Ergebnisse der Lehrkräfte zur Einschätzung der Unterstützungs- bzw. Beratungsfunktion verschiedener Akteur*innen, Dokumente und Formate für digitalisierungsbezogene schulische Lehr- und Lernprozesse in ICILS 2023 in Nordrhein-Westfalen dargestellt. Anzumerken sei, dass die im Folgenden berichteten Ergebnisse nur für Nordrhein-Westfalen aufgezeigt werden können, da die abgebildeten Inhalte auf spezifischen Ergänzungen der Erhebungsinstrumente basieren, die mit Unterstützung des Beirates der Studie ICILS-2023-NRW entwickelt und ausschließlich in Nordrhein-Westfalen eingesetzt wurden (vgl. Kapitel 1).

*Einschätzung der Unterstützungs- bzw. Beratungsfunktion verschiedener Akteur*innen für digitalisierungsbezogene schulische Lehr- und Lernprozesse*

In ICILS 2023 wurden die Lehrkräfte in Nordrhein-Westfalen dazu befragt, inwieweit verschiedene Akteur*innen für sie eine wichtige Unterstützungs- bzw. Beratungsfunktion für digitalisierungsbezogene schulische Lehr- und Lernprozesse haben (Abbildung 5.8). Die abgefragten Kategorien *stimme voll zu* und *stimme eher zu* werden dabei nachfolgend zur Kategorie *Zustimmung* zusammengefasst. Den Lehrkräften standen außerdem noch die Antwortkategorien *stimme eher nicht zu* und *stimme nicht zu* zur Verfügung. Die Darstellung der Ergebnisse in Abbildung 5.8 erfolgt nach der nach Höhe der Anteile der zusammengefassten Kategorie *Zustimmung* für Nordrhein-Westfalen.

Folgende zentrale Ergebnisse werden für Nordrhein-Westfalen ersichtlich:

- Insgesamt stimmt mit 93.0 Prozent der Großteil der Lehrkräfte in Nordrhein-Westfalen der Aussage zu, dass die *Kolleg*innen der eigenen Schule* für sie eine wichtige Unterstützungs- bzw. Beratungsfunktion für digitalisierungsbezogene schulische Lehr- und Lernprozesse darstellen.
- *Die*der Digitalisierungsbeauftragte der eigenen Schule* stellt für fast 80 Prozent (78.4%) der nordrhein-westfälischen Lehrkräfte eine wichtige Unterstützungs- bzw. Beratungsfunktion für digitalisierungsbezogene schulische Lehr- und Lernprozesse dar.
- Mehr als zwei Drittel (67.1%) der nordrhein-westfälischen Lehrkräfte schreibt zudem der *Schulleitung* eine wichtige Unterstützungs- bzw. Beratungsfunktion für digitalisierungsbezogene schulische Lehr- und Lernprozesse zu.
- Für etwa die Hälfte (50.3%) der Lehrkräfte in Nordrhein-Westfalen stellen *Medienscouts an der Schule* eine wichtige Unterstützungs- bzw. Beratungsfunktion für digitalisierungsbezogene schulische Lehr- und Lernprozesse dar.
- Noch etwas mehr als zwei Fünftel (42.7%) der Lehrkräfte geben an, dass *Medienberater*innen* eine wichtige Unterstützungs- bzw. Beratungsfunktion für digitalisierungsbezogene schulische Lehr- und Lernprozesse aufweisen.
- Die *Qualitäts- und UnterstützungsAgentur – Landesinstitut für Schule (QUA-LiS NRW, z.B. Onlineunterstützungsangebote, Lehrplannavigator)* hat für mehr als ein Drittel (35.3%) der Lehrkräfte in Nordrhein-Westfalen eine wichtige Unterstützungs- bzw. Beratungsfunktion in Bezug auf digitalisierungsbezogene schulische Lehr- und Lernprozesse.

Abbildung 5.8: Einschätzung der Lehrkräfte bezüglich der Wichtigkeit verschiedener Akteur*innen als Unterstützungs- bzw. Beratungsfunktion für digitalisierungsbezogene schulische Lehr- und Lernprozesse in ICILS 2023 in Nordrhein-Westfalen (Angabe der Lehrkräfte in Prozent, zusammengefasste Kategorie *Zustimmung*)

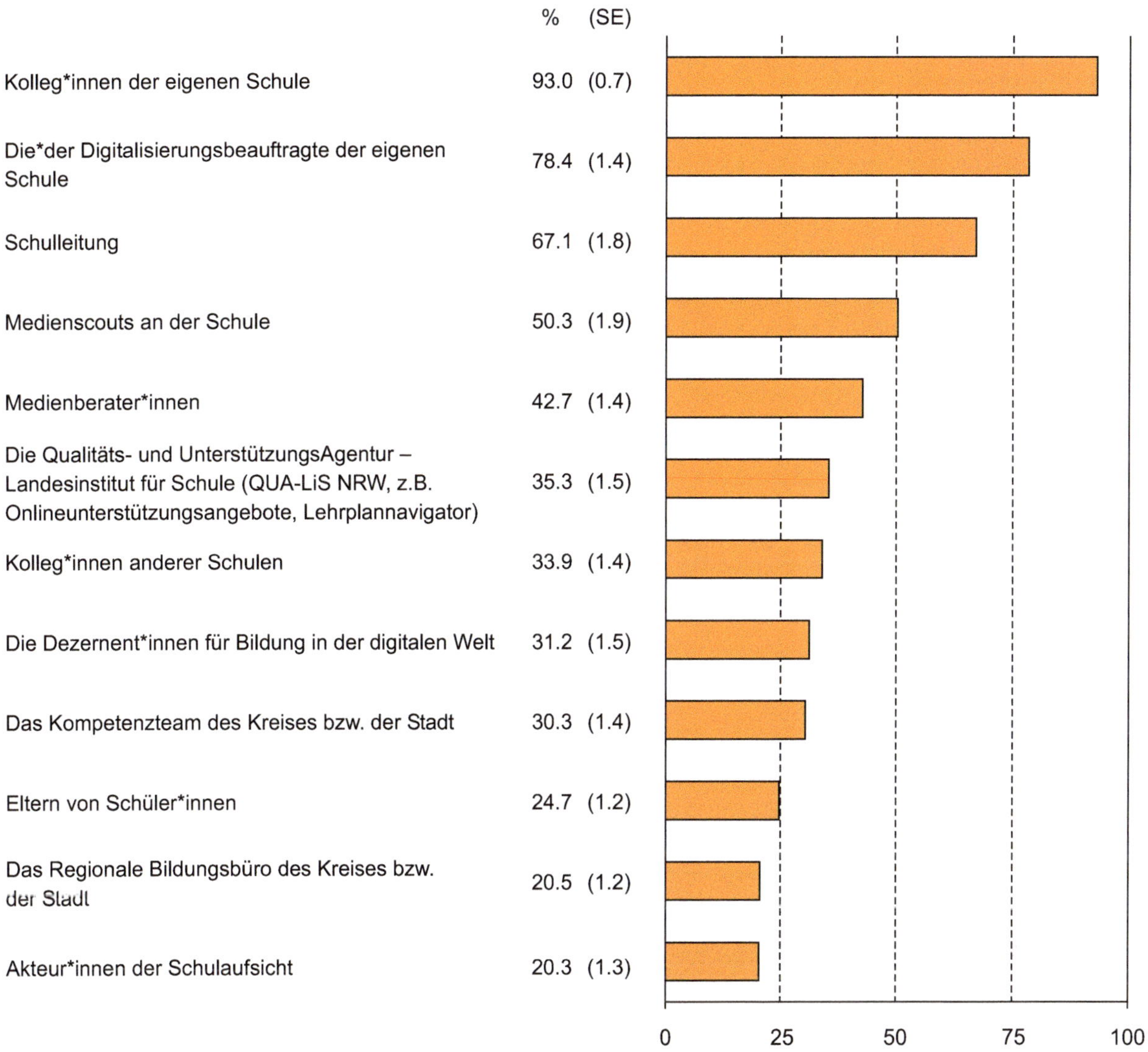

IEA: International Computer and Information Literacy Study 2023 © ICILS 2023

- Für nordrhein-westfälische Lehrkräfte bieten weiterhin *Kolleg*innen anderer Schulen* (33.9%), *die Dezernent*innen für Bildung in der digitalen Welt* (31.2%) sowie *das Kompetenzteam des Kreises bzw. der Stadt* (30.3%) eine wichtige Unterstützungs- bzw. Beratungsfunktion im Hinblick auf digitalisierungsbezogene schulische Lehr- und Lernprozesse.
- *Die Eltern von Schüler*innen* haben für nahezu ein Viertel (24.7%) der Lehrkräfte in Nordrhein-Westfalen in ICILS 2023 eine wichtige Unterstützungs- bzw. Beratungsfunktion für digitalisierungsbezogene schulische Lehr- und Lernprozesse.
- Nur jeweils etwas mehr als ein Fünftel der Lehrkräfte sprechen *dem regionalen Bildungsbüro des Kreises bzw. der Stadt* (20.5%) bzw. den *Akteur*innen der Schulaufsicht* (20.3%) eine wichtige Unterstützungs- bzw. Beratungsfunktion für digitalisierungsbezogene schulische Lehr- und Lernprozesse zu.

Hervorzuheben sei auf der Grundlage der vorgenannten Ergebnisse an dieser Stelle, dass Lehrkräfte mehrheitlich eine wichtige Unterstützungs- bzw. Beratungsfunktion für digitalisierungsbezogene schulische Lehr- und Lernprozesse insbesondere in schulinternen personellen Ressourcen sehen, während externe Personengruppen, Institutionen bzw. Angebote zu deutlich geringeren Anteilen als bedeutsame Unterstützungs- bzw. Beratungsfunktion für digitalisierungsbezogene schulische Lehr- und Lernprozesse von den Lehrkräften wahrgenommen werden. Hier zeigen sich Entwicklungspotenziale, die vorgenannten Unterstützungs- und Beratungsträger stärker in die Schulen zu bringen und Angebotsstrukturen sichtbarer und möglicherweise auch effektiver zu gestalten.

Einschätzung der Unterstützungs- bzw. Beratungsfunktion verschiedener Dokumente für digitalisierungsbezogene schulische Lehr- und Lernprozesse

In ICILS 2023 wurden die Lehrkräfte in Nordrhein-Westfalen weiterhin befragt, wie sie die Wichtigkeit der Unterstützungs- bzw. Beratungsfunktion verschiedener nordrhein-westfälischer Dokumente für digitalisierungsbezogene schulische Lehr- und Lernprozesse einschätzen (Abbildung 5.9). Die abgefragten Kategorien *stimme voll zu* und *stimme eher zu* wurden dabei zur Kategorie *Zustimmung* zusammengefasst. Es standen außerdem noch die Antwortkategorien *stimme eher nicht zu* und *stimme nicht zu* zur Verfügung.

Abbildung 5.9: Einschätzung der Lehrkräfte bezüglich der Wichtigkeit der Unterstützungs- bzw. Beratungsfunktion verschiedener Dokumente für digitalisierungsbezogene schulische Lehr- und Lernprozesse in ICILS 2023 in Nordrhein-Westfalen (Angaben der Lehrkräfte in Prozent, zusammengefasste Kategorie *Zustimmung*)

	%	(SE)
Die neuen Kernlehrpläne für die Sekundarstufe I	48.5	(1.2)
Die Digitalstrategie Schule NRW	31.7	(1.4)
Das Impulspapier II des Ministeriums für Schule und Bildung des Landes Nordrhein-Westfalen (MSB)	23.0	(1.2)

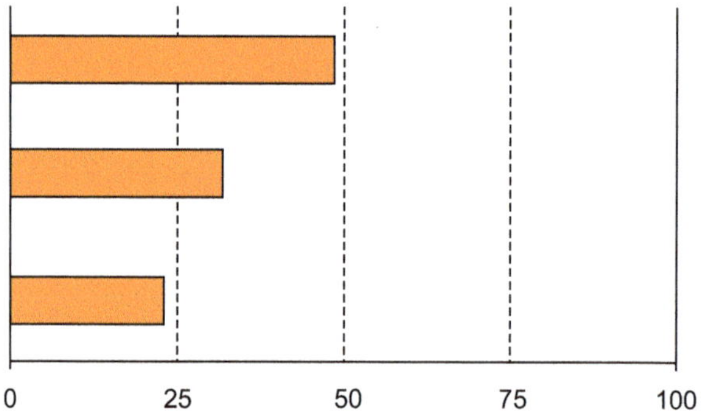

IEA: International Computer and Information Literacy Study 2023 © ICILS 2023

Folgende zentrale Ergebnisse werden für Nordrhein-Westfalen ersichtlich:

- Die höchste Zustimmung, bezogen auf die hier betrachtete Unterstützungs- bzw. Beratungsfunktion verschiedener Dokumente für digitalisierungsbezogene schulische Lehr- und Lernprozesse, erhalten aus Sicht der Lehrkräfte in Nordrhein-Westfalen in ICILS 2023 *die neuen Kernlehrpläne für die Sekundarstufe I* (48.5%). Dieses Ergebnis ist insofern einerseits naheliegend, als der Kernlehrplan als relevantes Vorgabendokument ohnehin obligatorisch für die Planung und Durchführung schulischer Lehr- und Lernprozesse ist. Dass jedoch die Zustimmungsrate unter 50 Prozent beträgt, ist andererseits – auch vor dem Hintergrund der intensiven und digitalisierungsbezogenen Weiterentwicklung der Kernlehrpläne aller Schulformen in der Sekundarstufe I – durchaus kritisch zu reflektieren.
- *Die Digitalstrategie Schule NRW* erreicht mit noch fast einem Drittel (31.7%) auch einige Jahre nach ihrer Veröffentlichung und einem zwischenzeitlichen Wechsel der Landesregierung durchaus noch *Zustimmung* bei einem Teil der Lehrkräfte bezüglich der Unterstützungs- bzw. Beratungsfunktion für digitalisierungsbezogene schulische Lehr- und Lernprozesse.

- *Das Impulspapier II des Ministeriums für Schule und Bildung des Landes Nordrhein-Westfalen (MSB)* findet jedoch nur bei deutlich weniger als einem Viertel (23.0%) der Lehrkräfte in Nordrhein-Westfalen *Zustimmung* als wichtige Unterstützungs- bzw. Beratungsfunktion für digitalisierungsbezogene schulische Lehr- und Lernprozesse. Letzteres ist erstaunlich, da es – abgesehen von den Kernlehrplänen – das Dokument ist, das explizit Handlungsfelder der Entwicklung schulischer Lehr- und Lernprozesse in den Schulen und für die schulische Arbeit adressiert und zudem sehr gezielt einen Digitalisierungsbezug ausweist.

Einschätzung der Unterstützungs- bzw. Beratungsfunktion verschiedener Formate für digitalisierungsbezogene schulische Lehr- und Lernprozesse

In ICILS 2023 wurden die Lehrkräfte in Nordrhein-Westfalen weiterhin befragt, wie sie die Wichtigkeit der Unterstützungs- bzw. Beratungsfunktion verschiedener Formate, wie bspw. schulinterne und -externe Fortbildungen, soziale Medien und LOGINEO-NRW-Unterstützungsstrukturen für digitalisierungsbezogene schulische Lehr- und Lernprozesse einschätzen (Abbildung 5.10). Die abgefragten Kategorien *stimme voll zu* und *stimme eher zu* wurden dabei wieder zur Kategorie *Zustimmung* zusammengefasst. Es standen außerdem erneut die Antwortkategorien *stimme eher nicht zu* und *stimme nicht zu* zur Verfügung. Die Darstellung der Ergebnisse erfolgt in Abbildung 5.10 absteigend nach der Höhe der Anteile der zusammengefassten Kategorie *Zustimmung* für Nordrhein-Westfalen sortiert.

Abbildung 5.10: Einschätzung der Lehrkräfte bezüglich der Wichtigkeit der Unterstützungs- bzw. Beratungsfunktion verschiedener Formate für digitalisierungsbezogene schulische Lehr- und Lernprozesse in ICILS 2023 in Nordrhein-Westfalen (Angaben der Lehrkräfte in Prozent, zusammengefasste Kategorie *Zustimmung*)

	%	(SE)
Schulinterne Fortbildungen	90.6	(0.8)
Schulexterne Fortbildungen	78.8	(1.1)
Videoplattformen (z.B. YouTube)	68.9	(1.3)
Tagungen, Kongresse	41.4	(1.4)
Soziale Medien (z.B. Facebook, Twitter)	36.3	(1.5)
Die LOGINEO-NRW-Unterstützungsstrukturen	32.6	(2.0)
Diskussionsforen im Internet	30.1	(1.3)

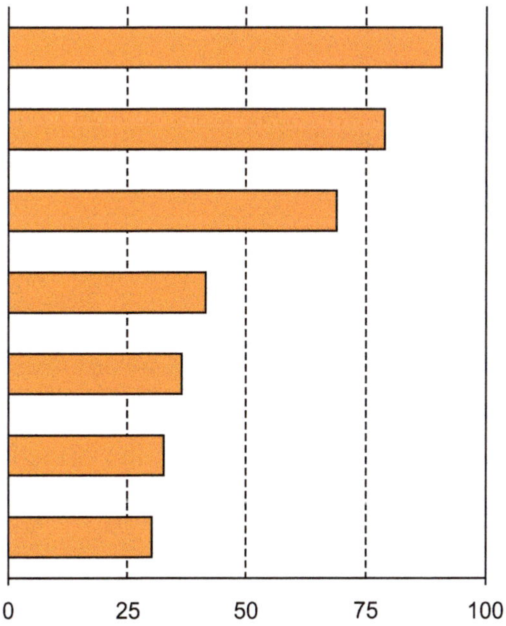

IEA: International Computer and Information Literacy Study 2023

Folgende zentrale Ergebnisse für Nordrhein-Westfalen werden ersichtlich:

- Die Lehrkräfte in Nordrhein-Westfalen geben in der überwiegenden Mehrheit an, dass sowohl *schulinterne* (90.6%) als auch *schulexterne Fortbildungen* (78.8%) besonders wichtige Unterstützungs- bzw. Beratungsformate für digitalisierungsbezogene schulische Lehr- und Lernprozesse darstellen. Damit scheinen in einem Gesamtblick beide Fortbildungsstrukturen für nordrhein-westfälische Lehrkräfte eine wichtige Rolle zu spielen.
- *Videoplattformen (z.B. YouTube)* erfüllen aus Sicht von immerhin noch fast 70 Prozent (68.9%) der nordrhein-westfälischen Lehrkräfte eine wichtige Unterstützungs- bzw. Beratungsfunktion für digitalisierungsbezogene schulische Lehr- und Lernprozesse.
- Deutlich geringere Zustimmungswerte bezüglich der Unterstützungs- bzw. Beratungsfunktion für digitalisierungsbezogene schulische Lehr- und Lernprozesse erreichen bei den nordrhein-westfälischen Lehrkräften *Tagungen* und *Kongresse* (41.4%).
- Ebenfalls geringere Zustimmungswerte weisen *Soziale Medien (z.B. Facebook, Twitter)* mit einem Anteil von nur 36.3 Prozent der Lehrkräfte in Nordrhein-Westfalen, die hierin eine wichtige Unterstützungs- und Beratungsfunktion für digitalisierungsbezogene Lehr- und Lernprozesse sehen, auf.
- *Die LOGINEO-NRW-Unterstützungsstrukturen* stellen noch für fast ein Drittel (32.6%) der Lehrkräfte in Nordrhein-Westfalen eine wichtige Unterstützungs- bzw. Beratungsfunktion für digitalisierungsbezogene schulische Lehr- und Lernprozesse dar.
- *Diskussionsforen im Internet* werden von etwa 30 Prozent (genau: 30.1%) der Lehrkräfte in Nordrhein-Westfalen als eine wichtige Unterstützungs- bzw. Beratungsfunktion für digitalisierungsbezogene schulische Lehr- und Lernprozesse eingeordnet.

Literatur

Drossel, K., Gerick, J., Niemann, J., Eickelmann, B. & Domke, M. (2024). Die Perspektive der Lehrkräfte auf das Lehren mit digitalen Medien und die Förderung des Erwerbs computer- und informationsbezogener Kompetenzen in Deutschland im internationalen Vergleich. In B. Eickelmann, N. Fröhlich, W. Bos, J. Gerick, F. Goldhammer, H. Schaumburg, K. Schwippert, M. Senkbeil & J. Vahrenhold (Hrsg.), *ICILS 2023 #Deutschland. Computer- und informationsbezogene Kompetenzen und Kompetenzen im Bereich Computational Thinking von Schüler*innen im internationalen Vergleich* (S. 149–187). Waxmann. https://doi.org/10.31244/9783830999492.05

KMK (Ständige Konferenz der Kultusminister der Länder in der Bundesrepublik Deutschland). (2021). *Lehren und Lernen in der digitalen Welt. Die ergänzende Empfehlung zur Strategie „Bildung in der digitalen Welt". Beschluss der Kultusministerkonferenz vom 09.12.2021.* https://www.kmk.org/fileadmin/veroeffentlichungen_beschluesse/2021/2021_12_09-Lehren-und-Lernen-Digi.pdf

MSB NRW (Ministerium für Schule und Bildung des Landes Nordrhein-Westfalen). (2022). *Impulspapier II. Zentrale Entwicklungsbereiche für das Lernen in der digitalen Welt.* https://www.schulministerium.nrw/system/files/media/document/file/impulspapier_ii_zentrale_entwicklungsbereiche_220303.pdf

Kapitel 6
Die Perspektive der Schulleitungen auf digitalisierungsbezogene schulische Transformationsprozesse in Nordrhein-Westfalen im internationalen Vergleich

Im Folgenden werden die zentralen Ergebnisse der Studie ICILS 2023 zur Perspektive der Schulleitungen auf digitalisierungsbezogene schulische Transformationsprozesse im internationalen Vergleich präsentiert. Dabei umfassen die internationalen Vergleiche immer auch die Ergebnisse für Deutschland, die eine weitere Orientierung und Verortung der nordrhein-westfälischen Ergebnisse ermöglichen. Für Nordrhein-Westfalen werden zudem, dort wo sinnvoll und möglich, Unterschiede zu ICILS 2018 und damit ein Fünfjahreszeitraum betrachtet. Die Grundlage für alle nachfolgenden Analysen bilden die über die Befragung der Schulleitungen der an der Studie beteiligten Schulen erhobenen, relevanten Informationen über pädagogische Rahmenbedingungen sowie zu schulischen Prozessen. Neben den in allen ICILS-2023-Teilnehmerländern erhobenen Daten werden in den nachfolgenden Analysen zudem Daten aus den sogenannten NRW-spezifischen Ergänzungen des Schulfragebogens (vgl. Kapitel 1 in diesem Band) berücksichtigt. Allen in diesem Kapitel ausgeführten Ergebnissen sei ein methodisch-sprachlicher Hinweis vorangestellt: Die Ergebnisse der ICILS-2023-Schulleitungsbefragung werden aufgrund des elaborierten Stichprobendesigns der Studie ICILS 2023 auf die Achtklässler*innen als repräsentativ gezogene Zielpopulation gewichtet. Dies stellt insbesondere sicher, dass die Größe einer Schule, in Bezug auf die Schüler*innenzahl, in den Analysen angemessen berücksichtigt wird und nicht z.B. die Ergebnisse kleiner Schulen überproportional berücksichtigt werden (vgl. Kapitel 1 in diesem Band).

Die Ergebnisdarstellung aus der Perspektive der Schulleitungen im vorliegenden Kapitel umfasst fünf Themenbereiche:

- Ergebnisse zu schulischen Bildungszielen im Kontext des Lehrens und Lernens mit digitalen Medien aus der Perspektive der Schulleitungen in ICILS 2023 in Nordrhein-Westfalen, Deutschland und im internationalen Mittel sowie für Nordrhein-Westfalen im Vergleich zu ICILS 2018 (Abschnitt 6.1)
- Ergebnisse zu schulischen Prioritätensetzungen zur Unterstützung des Einsatzes von digitalen Medien im Unterricht und zum Lernen an der eigenen Schule aus der Perspektive der Schulleitungen in ICILS 2023 in Nordrhein-Westfalen, Deutschland und im internationalen Mittel sowie ergänzend in Bezug auf verschiedene NRW-spezifische digitalisierungsbezogene Bereiche (Abschnitt 6.2)
- Ergebnisse zu verschiedenen schulischen Entwicklungsbereichen im Kontext der Nutzung digitaler Medien für Lehr- und Lernprozesse aus der Perspektive der Schulleitungen in ICILS 2023 in Nordrhein-Westfalen (Abschnitt 6.3)
- Ergebnisse zu Erwartungen an die Lehrkräfte aus der Perspektive der Schulleitungen, insbesondere in Bezug auf den Erwerb von Wissen und Fähigkeiten in unterschiedlichen Bereichen zum Lehren und Lernen mit digitalen Medien in

ICILS 2023 in Nordrhein-Westfalen und in Deutschland sowie im Vergleich zum internationalen Mittel (Abschnitt 6.4)
- Ergebnisse zu Veränderungen im Umgang mit digitalen Medien durch digitalisierungsbezogene Maßnahmen, Dokumente und Initiativen aus der Perspektive der Schulleitungen in ICILS 2023 in Nordrhein-Westfalen (Abschnitt 6.5)

Weitere Ergebnisse der Studie ICILS 2023 aus der Perspektive der Schulleitungen auf digitalisierungsbezogene schulische Transformationsprozesse, die möglicherweise auch für Nordrhein-Westfalen relevant sind, finden sich im nationalen Berichtsband der Studie ICILS 2023 für Deutschland (Gerick et al., 2024). Hierzu gehören insbesondere die internationalen Vergleiche und damit Einzelergebnisse weiterer an der Studie ICILS 2023 teilnehmender Bildungssysteme, die eine ergänzende Verortung des Standes der Entwicklungen in Nordrhein-Westfalen ermöglichen.

6.1 Ergebnisse zu schulischen Bildungszielen im Kontext des Lehrens und Lernens mit digitalen Medien aus der Perspektive der Schulleitungen

In Abbildung 6.1 wird zunächst die Bedeutung verschiedener digitalisierungsbezogener Bildungsziele in ICILS 2023 in Nordrhein-Westfalen, in Deutschland und im Vergleich zum internationalen Mittel sowie für Nordrhein-Westfalen zusätzlich im Vergleich zu ICILS 2018 aus Sicht der Schulleitungen an der jeweils eigenen Schule dargestellt. Dazu wurden die Schulleitungen in beiden Studienzyklen gefragt, wie wichtig verschiedene Bildungsziele im Kontext der Förderung unterschiedlicher Fähigkeiten der Schüler*innen an der eigenen Schule sind. Dabei konnten sie dies jeweils von *sehr wichtig* bis *nicht wichtig* beurteilen. Die Reihenfolge der Darstellung der Einzelergebnisse in Abbildung 6.1 wird für diejenigen Aspekte, die bereits im Rahmen der Studie ICILS 2018 erhoben wurden, nach der Höhe der Anteile der Zustimmung in Nordrhein-Westfalen in Bezug auf die Antwortkategorie *sehr wichtig* in ICILS 2023 sortiert. Die Ergebnisse für einen in ICILS 2023 neuen Teilbereich (*Förderung von Fähigkeiten zum Schutz vor betrügerischen Aktivitäten im Internet*) werden zum Ende der Abbildung 6.1 ergänzt.

Folgende zentrale Ergebnisse für Nordrhein-Westfalen werden ersichtlich:

- Bezüglich der Relevanz der verschiedenen berichteten digitalisierungsbezogenen Bildungsziele aus der Perspektive der Schulleitungen an der jeweils eigenen Schule, findet sich für Nordrhein-Westfalen der höchste Anteil der Zustimmung in Bezug auf die Antwortkategorie *sehr wichtig* für die *Förderung des Verständnisses und der Fähigkeiten der Schüler*innen im Hinblick auf den sicheren und angemessenen Umgang mit digitalen Medien*. So besuchen mehr als drei Fünftel (63.8%) der Achtklässler*innen in Nordrhein-Westfalen eine Schule, an der die Schulleitung dieses Bildungsziel als *sehr wichtig* erachtet. Für ICILS 2023 liegt der diesbezügliche Anteil in Deutschland (65.7%) sowie der auf den internationalen Mittelwert bezogene Anteil (67.5%) statistisch im Bereich des Anteils von Nordrhein-Westfalen. Der Vergleich über die Jahre ergibt für Nordrhein-Westfalen zudem, dass das aktuelle Ergebnis statistisch im Bereich des Ergebnisses aus ICILS 2018 (63.3%) liegt und der Fünfjahresvergleich hier also keine Unterschiede zeigt.
- Darüber hinaus besucht die deutliche Mehrheit (56.8%) der nordrhein-westfälischen Schüler*innen eine Schule, an der die Schulleitung die *Förderung von grundlegenden computerbezogenen Fähigkeiten der Schüler*innen* als *sehr wichtig* einstuft. Im

Abbildung 6.1: Relevanz verschiedener digitalisierungsbezogener Bildungsziele an der eigenen Schule aus Schulleitungsperspektive in ICILS 2023 in Nordrhein-Westfalen, in Deutschland und im internationalen Mittel und in ICILS 2018 in Nordrhein-Westfalen (Angaben aus dem pädagogischen Teil des Fragebogens für Schulen, gewichtet auf die Population der Schüler*innen in Prozent)[A]

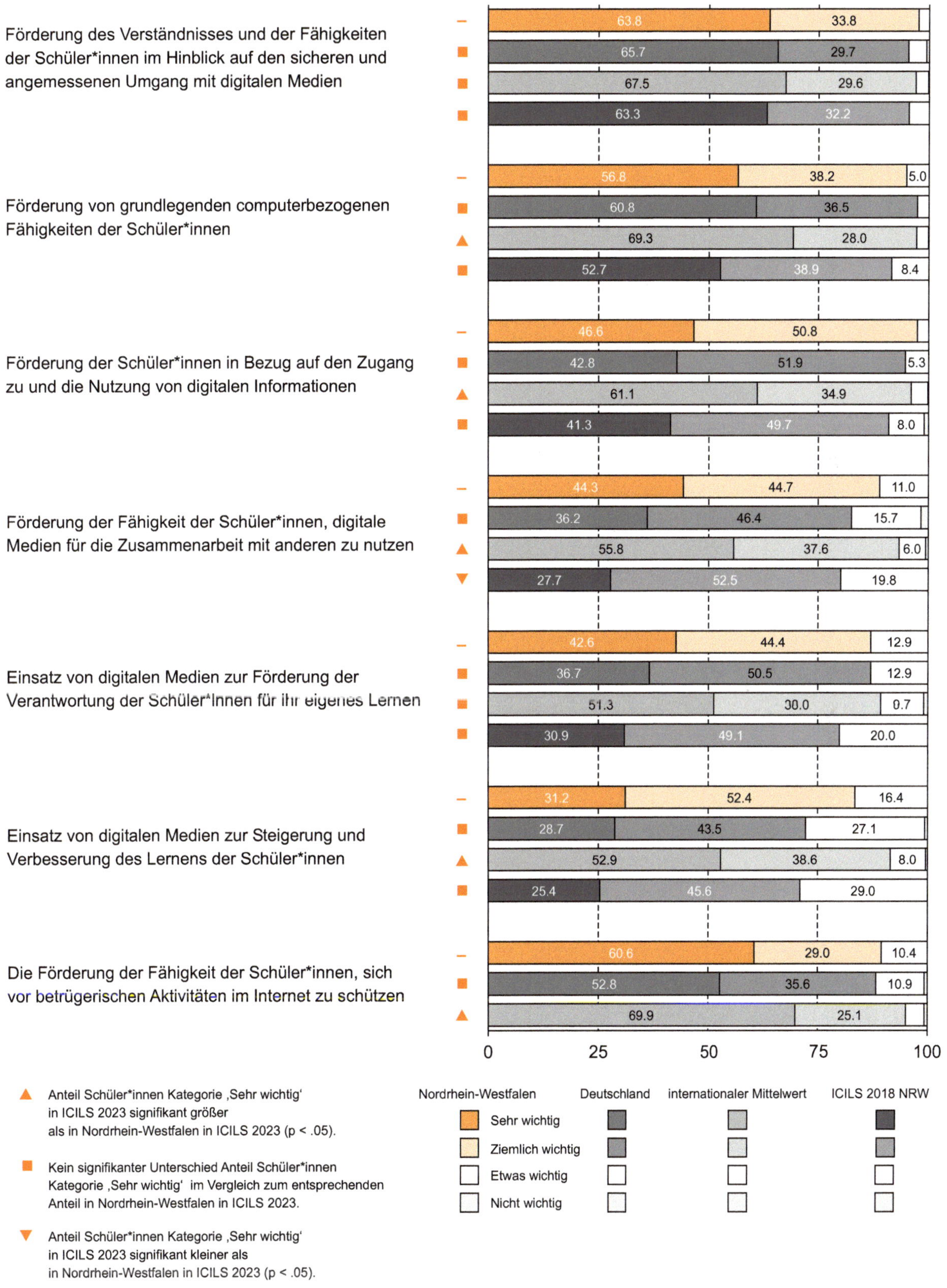

[A] Differenzen zu 100% sind im Rundungsverfahren begründet.

IEA: International Computer and Information Literacy Study 2023

Vergleich zum Anteil in Deutschland (60.8%) zeigen sich keine signifikanten Unterschiede. Der entsprechende auf den internationalen Mittelwert bezogene Anteil liegt jedoch bei fast 70 Prozent (69.3%) und ist damit signifikant größer als der Anteil in Nordrhein-Westfalen. In ICILS 2018 betrug der entsprechende Anteil der Schüler*innen in Nordrhein-Westfalen 52.7 Prozent, sodass sich keine signifikanten Unterschiede zwischen den Ergebnissen der beiden Studienzyklen feststellen lassen.

- Weniger als die Hälfte der Schüler*innen (46.6%) in Nordrhein-Westfalen besucht darüber hinaus eine Schule, an der die Schulleitung angibt, dass die *Förderung der Schüler*innen in Bezug auf den Zugang zu und die Nutzung von digitalen Informationen* an der eigenen Schule *sehr wichtig* ist. Im Vergleich zum entsprechenden Anteil in Deutschland (42.8%) zeigen sich erneut keine signifikanten Unterschiede. Jedoch ist der Anteil in Nordrhein-Westfalen signifikant kleiner als der auf den internationalen Mittelwert bezogene Anteil (61.1%). In ICILS 2018 lag der hier betrachtete Anteil bei 41.3 Prozent und unterscheidet sich nicht signifikant von dem Ergebnis aus ICILS 2023 in Nordrhein-Westfalen.
- Darüber hinaus besuchen noch deutlich mehr als zwei Fünftel (44.3%) der Schüler*innen in Nordrhein-Westfalen eine Schule, an der die Schulleitung die *Förderung der Fähigkeit der Schüler*innen, digitale Medien für die Zusammenarbeit mit anderen zu nutzen* als *sehr wichtig* erachtet. Weiterhin unterscheidet sich dieser Anteil erneut nicht signifikant von dem entsprechenden Anteil in Deutschland (36.2%), ist aber signifikant kleiner als der auf den internationalen Mittelwert bezogene Anteil (55.8%). Jedoch zeigen sich hier Unterschiede im Fünfjahresvergleich, die möglicherweise auch auf die Ausweitung der für die digitale Zusammenarbeit benötigten Infrastrukturen zurückzuführen ist (vgl. Kapitel 7 in diesem Band): Der für ICILS 2023 ermittelte Anteil ist signifikant und auch deutlich größer als der noch für ICILS 2018 ermittelte Anteil (27.7%).
- Weiterhin besuchen etwas mehr als zwei Fünftel (42.6%) der nordrhein-westfälischen Schüler*innen eine Schule, an der die Schulleitung den *Einsatz von digitalen Medien zur Förderung der Verantwortung der Schüler*innen für ihr eigenes Lernen* als *sehr wichtig* einstuft. Der diesbezügliche Anteil in Deutschland (36.7%) sowie der auf den internationalen Mittelwert bezogene Anteil (51.3%) liegen statistisch im Bereich des Anteils für Nordrhein-Westfalen. Im Vergleich zu ICILS 2018 (30.9%) ergeben sich aufgrund hoher Standardfehler keine statistisch signifikanten Unterschiede.
- Der im Vergleich zu den anderen dargestellten Bildungszielen in Nordrhein-Westfalen ermittelte nominell geringste Anteil von etwas weniger als einem Drittel (31.2%) der Schüler*innen besucht eine Schule, an der die Schulleitung angibt, dass der *Einsatz von digitalen Medien zur Steigerung und Verbesserung des Lernens der Schüler*innen sehr wichtig* ist. Im Vergleich zum diesbezüglichen Anteil in Deutschland (28.7%) zeigen sich in Nordrhein-Westfalen keine signifikanten Unterschiede. Der Anteil in Nordrhein-Westfalen ist jedoch deutlich und signifikant kleiner als der auf den internationalen Mittelwert bezogene Anteil (52.9%). In ICILS 2018 lag dieser Anteil bei 25.4 Prozent und unterscheidet sich statistisch nicht signifikant von den Ergebnissen aus ICILS 2023 in Nordrhein-Westfalen.
- Ein neu erhobener Aspekt und somit nicht vergleichbar mit ICILS 2018 ist die Relevanz der *Förderung der Fähigkeit der Schüler*innen, sich vor betrügerischen Aktivitäten im Internet zu schützen.* Drei Fünftel (60.6%) der nordrhein-westfälischen Schüler*innen besuchen eine Schule, an der die Schulleitung angibt, dass sie die diesbezügliche Förderung als *sehr wichtig* einstuft. Im Vergleich zum Anteil in Deutschland (52.8%) zeigen sich keine signifikanten Unterschiede. Der entsprechende auf den internationalen Mittelwert bezogene Anteil liegt bei fast 70 Prozent (69.9%) und ist signifikant größer als der Anteil in Nordrhein-Westfalen.

6.2 Ergebnisse zu schulischen Prioritätensetzungen zum Einsatz digitaler Medien in Lehr- und Lernprozessen aus der Perspektive der Schulleitungen

Neben den zuvor betrachteten schulischen Bildungszielen im Kontext des Lehrens und Lernens mit digitalen Medien wurden die Schulleitungen im Rahmen der Studie ICILS 2023 zudem zu schulischen Prioritätensetzungen im Kontext digitalisierungsbezogener Transformationsprozesse befragt. Berichtet werden im Folgenden die Angaben zu Prioritätensetzungen hinsichtlich technologischer (Abbildung 6.2) sowie personell-konzeptioneller Unterstützungsstrukturen (Abbildung 6.3) im Kontext des Einsatzes digitaler Medien im Unterricht und zum Lernen. Die Ergebnisse für Nordrhein-Westfalen werden dazu erneut im Vergleich zu den Ergebnissen für Deutschland sowie im Vergleich zum internationalen Mittelwert betrachtet. Darüber hinaus wird die Prioritätensetzung der Schulleitungen in Bezug auf ausgewählte, zusätzliche NRW-spezifische digitalisierungsbezogene Arbeitsbereiche an den Schulen in einer eigenen Abbildung dargestellt (Abbildung 6.4) und die zugehörigen relevanten Ergebnisse erläutert.

Prioritätensetzungen in Bezug auf technologische Unterstützungsstrukturen zum Einsatz digitaler Medien in Lehr- und Lernprozessen

Die Prioritäten hinsichtlich technologischer Unterstützungsstrukturen für den Einsatz von digitalen Medien im Unterricht und zum Lernen in Schulen in Nordrhein-Westfalen, in Deutschland und im internationalen Mittel aus der Perspektive der Schulleitungen auf der Grundlage der ICILS-2023-Daten werden in Abbildung 6.2 dargestellt. Die Antwortmöglichkeiten umfassten *keine Priorität, niedrige Priorität, mittlere Priorität* und *hohe Priorität* sowie die Kategorie *die Schule hat keinen Einfluss auf diese Maßnahmen für die Bereitstellung von Unterstützung des Einsatzes von digitalen Medien im Unterricht und zum Lernen.* Die Reihenfolge der Darstellung der Ergebnisse in Abbildung 6.2 ist nach der Größe der Anteile in der berichteten Kategorie *hohe Priorität* für Nordrhein-Westfalen sortiert. Im zugehörigen Text werden zunächst die Ergebnisse der Kategorie *hohe Priorität* dargestellt sowie daran anknüpfend ergänzend auffällige Ergebnisse zur Kategorie *die Schule hat keinen Einfluss auf diese Maßnahmen für die Bereitstellung von Unterstützung des Einsatzes von digitalen Medien im Unterricht und zum Lernen* berichtet.

Folgende zentrale Ergebnisse für Nordrhein-Westfalen werden ersichtlich:

- Etwa die Hälfte (50.2%) der nordrhein-westfälischen Achtklässler*innen besucht eine Schule, an der die *Aufstockung der Angebotsbreite digitaler Lernressourcen für den Unterricht und das schulische Lernen* von den Schulleitungen mit einer *hohen Priorität* bewertet wird. Diese Anteile weisen im Vergleich zu Deutschland (38.5%) und den auf den internationalen Mittelwert bezogenen Anteil (56.6%) keine signifikanten Unterschiede auf.
- Im Kontext der Bewertung der Priorität zum *Aufbau oder Erweiterung einer E-Learning-Plattform* für den Unterricht bzw. für die Unterstützung schulischer Lernprozesse zeigt sich, dass fast zwei Fünftel (37.8%) der nordrhein-westfälischen Schüler*innen eine Schule besuchen, an der die Schulleitungen diesem Aspekt eine *hohe Priorität* beimessen. Diese Anteile weisen im Vergleich zu Deutschland (29.4%) und auf den internationalen Mittelwert bezogenen Anteil (40.7%) keine signifikanten Unterschiede auf. Aus den Ergebnissen lässt sich jedoch nicht interpretieren, ob die restlichen gut 60 Prozent nordrhein-westfälischen Schulleitungen (gewichtet auf die Population der Schüler*innen) möglicherweise in Schulen tätig sind, die bereits über eine gut funktionierende E-Learning-Plattform verfügen und

Abbildung 6.2: Prioritätensetzungen in Bezug auf technologische Unterstützungsstrukturen für den Einsatz digitaler Medien im Unterricht und zum schulischen Lernen an der eigenen Schule aus Schulleitungsperspektive in ICILS 2023 in Nordrhein-Westfalen, Deutschland und im internationalen Mittel (Angaben aus dem pädagogischen Teil des Fragebogens für Schulen, gewichtet auf die Population der Schüler*innen in Prozent)[A]

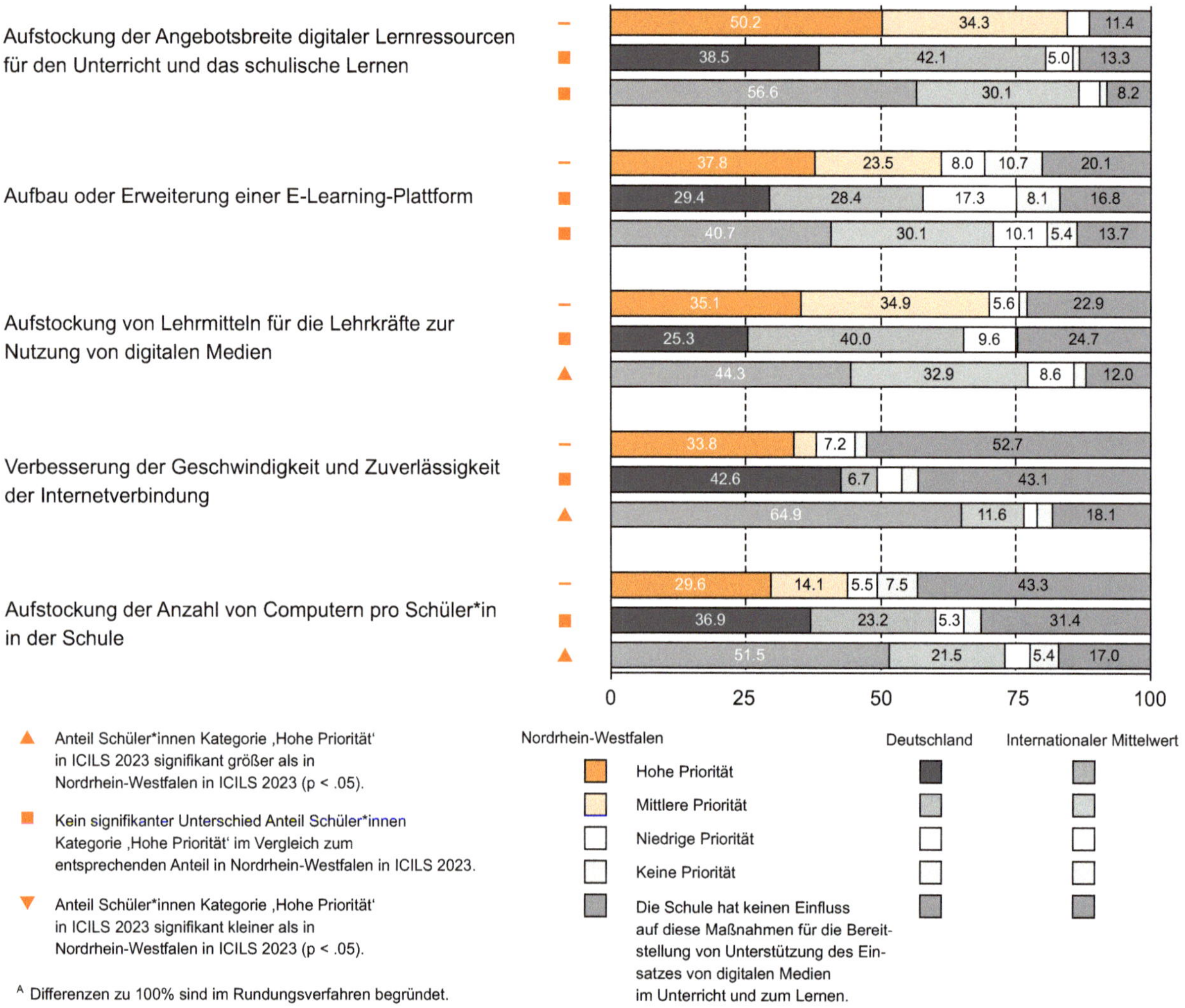

[A] Differenzen zu 100% sind im Rundungsverfahren begründet.

IEA: International Computer and Information Literacy Study 2023 © ICILS 2023

sich hieraus für sie zum Befragungszeitraum keine Anforderungen an den Aufbau oder eine Erweiterung ergeben haben.

- Nur mehr als ein Drittel der Schüler*innen (35.1%) in Nordrhein-Westfalen besucht eine Schule, an der die *Aufstockung von Lehrmitteln für die Lehrkräfte zur Nutzung von digitalen Medien* nach Angaben der Schulleitung eine *hohe Priorität* hat. Der entsprechende Anteil in Deutschland (25.3%) weist keinen signifikanten Unterschied im Vergleich zu dem Anteil in Nordrhein-Westfalen auf, während der auf den internationalen Mittelwert bezogene Anteil (44.3%) signifikant größer ist als der Anteil Nordrhein-Westfalens. Hier zeigt sich möglicherweise für Nordrhein-Westfalen ein weiterer Ansatzpunkt für zukünftige Entwicklungen, geeignete Lehrmittel für Lehrkräfte zur Nutzung von digitalen Medien im Unterricht bereitzustellen bzw. verfügbarer zu machen.
- Etwa ein Drittel (33.8%) der Schüler*innen in Nordrhein-Westfalen besucht darüber hinaus eine Schule, an der die Schulleitung angibt, dass die *Verbesserung der Geschwindigkeit und Zuverlässigkeit der Internetverbindung* für den Unterricht und das Lernen eine *hohe Priorität* an ihrer Schule haben. Der diesbezügliche Anteil in

Deutschland (42.6%) weist keinen signifikanten Unterschied im Vergleich zu dem Anteil in Nordrhein-Westfalen auf, während der auf den internationalen Mittelwert bezogene Anteil (64.9%) signifikant größer ist als der Anteil in Nordrhein-Westfalen und zeigt, dass es auch andernorts Entwicklungspotenziale für die schulische Anbindung an WLAN gibt. Ob und in welcher Weise die nordrhein-westfälischen Schulleitungen bereits mit der Geschwindigkeit und Zuverlässigkeit der Internetanbindungen zufrieden sind oder dies schlicht zum Zeitpunkt der Befragung eher kein hoch priorisiertes, schulisches Entwicklungsthema war, lässt sich anhand der Angaben nicht herauslesen.

- Des Weiteren besucht weniger als ein Drittel (29.6%) der Schüler*innen in Nordrhein-Westfalen eine Schule, an der die Schulleitung angibt, dass die *Aufstockung der Anzahl von Computern pro Schüler*in in der Schule* für den Unterricht und das Lernen eine *hohe Priorität* an ihrer Schule hat. Der Anteil in Deutschland (36.9%) weist statistisch keinen signifikanten Unterschied im Vergleich zum Anteil in Nordrhein-Westfalen auf, während der auf den internationalen Mittelwert bezogene Anteil (51.5%) signifikant größer ist als der Anteil in Nordrhein-Westfalen und darauf hinweist, dass international der Ausbau der IT-Ausstattung bezogen auf Hardware durchaus ein Thema ist.
- Die Ergebnisbeschreibungen dieser Abbildung zu Prioritätensetzungen hinsichtlich technologischer Unterstützungsstrukturen für den Einsatz digitaler Medien im Unterricht und zum Lernen aus der Perspektive der Schulleitungen abschließend werden, wie eingangs angekündigt, auffällig hohe Ergebnisse hinsichtlich der Kategorie *die Schule hat keinen Einfluss auf diese Maßnahmen für die Bereitstellung von Unterstützung des Einsatzes von digitalen Medien im Unterricht und zum Lernen* in den Blick genommen. Mehr als die Hälfte (52.7%) der nordrhein-westfälischen Schüler*innen besucht eine Schule, an der die Schulleitung bezüglich der *Verbesserung der Geschwindigkeit und Zuverlässigkeit der Internetverbindung* nach eigenen Angaben *keinen Einfluss auf diese Maßnahme für Bereitstellung von Unterstützung des Einsatzes von digitalen Medien im Unterricht und zum Lernen* hat. Der entsprechende Anteil in Deutschland (43.1%) liegt statistisch im Bereich des Anteils von Nordrhein-Westfalen, während der auf den internationalen Mittelwert bezogene Anteil (18.1%) jedoch signifikant kleiner als der Anteil in Nordrhein-Westfalen ausfällt. Weiterhin besuchen ebenfalls mehr als zwei Fünftel (43.3%) der nordrhein-westfälischen Schüler*innen eine Schule, an der die Schulleitung keinen Einfluss auf die *Aufstockung der Anzahl von Computern pro Schüler*in in der Schule* hat. Der diesbezügliche Anteil in Deutschland (31.4%) ist statistisch signifikant kleiner als der Anteil in Nordrhein-Westfalen und auch der Anteil bezogen auf den internationalen Mittelwert (17.0%) fällt signifikant kleiner aus als der Anteil in Nordrhein-Westfalen. Deutlich wird, dass in Nordrhein-Westfalen insbesondere der Handlungsspielraum von Schulen und Schulleitungen im Kontext der technischen Ausstattung vergleichsweise stark eingeschränkt ist.

Prioritätensetzungen in Bezug auf personell-konzeptionelle Unterstützungsstrukturen zum Einsatz digitaler Medien in Lehr- und Lernprozessen

In Abbildung 6.3 werden die Prioritäten bezüglich personell-konzeptioneller Unterstützungsstrukturen für den Einsatz digitaler Medien im Unterricht und zum Lernen in Schulen in Nordrhein-Westfalen, in Deutschland und im internationalen Mittel aus der Perspektive der Schulleitungen basierend auf den ICILS-2023-Daten präsentiert. Die Antwortmöglichkeiten umfassten *keine Priorität, niedrige Priorität, mittlere Priorität* und *hohe Priorität* sowie die Kategorie *die Schule hat keinen Einfluss auf diese Maßnahmen für die Bereitstellung von Unterstützung des Einsatzes von digitalen Medien im Unterricht und zum Lernen.* Die Reihenfolge der Darstellung der Ergebnisse in Abbildung 6.3 ist nach der Größe der Anteile in der berichteten Kategorie *hohe Priorität* für Nordrhein-Westfalen sortiert. Im zugehörigen Text werden zunächst die Ergebnisse der Kategorie *hohe Priorität* berichtet sowie daran angeschlossen auffällige Ergebnisse zur Kategorie *die Schule hat keinen Einfluss auf diese Maßnahmen für die Bereitstellung von Unterstützung des Einsatzes von digitalen Medien im Unterricht und zum Lernen* dargelegt.

Abbildung 6.3: Prioritätensetzungen in Bezug auf personell-konzeptionelle Unterstützungsstrukturen für den Einsatz digitaler Medien im Unterricht und zum schulischen Lernen an der eigenen Schule in ICILS 2023 in Nordrhein-Westfalen, Deutschland und im internationalen Mittel (Angaben aus dem pädagogischen Teil des Fragebogens für Schulen, gewichtet auf die Population der Schüler*innen in Prozent)[A]

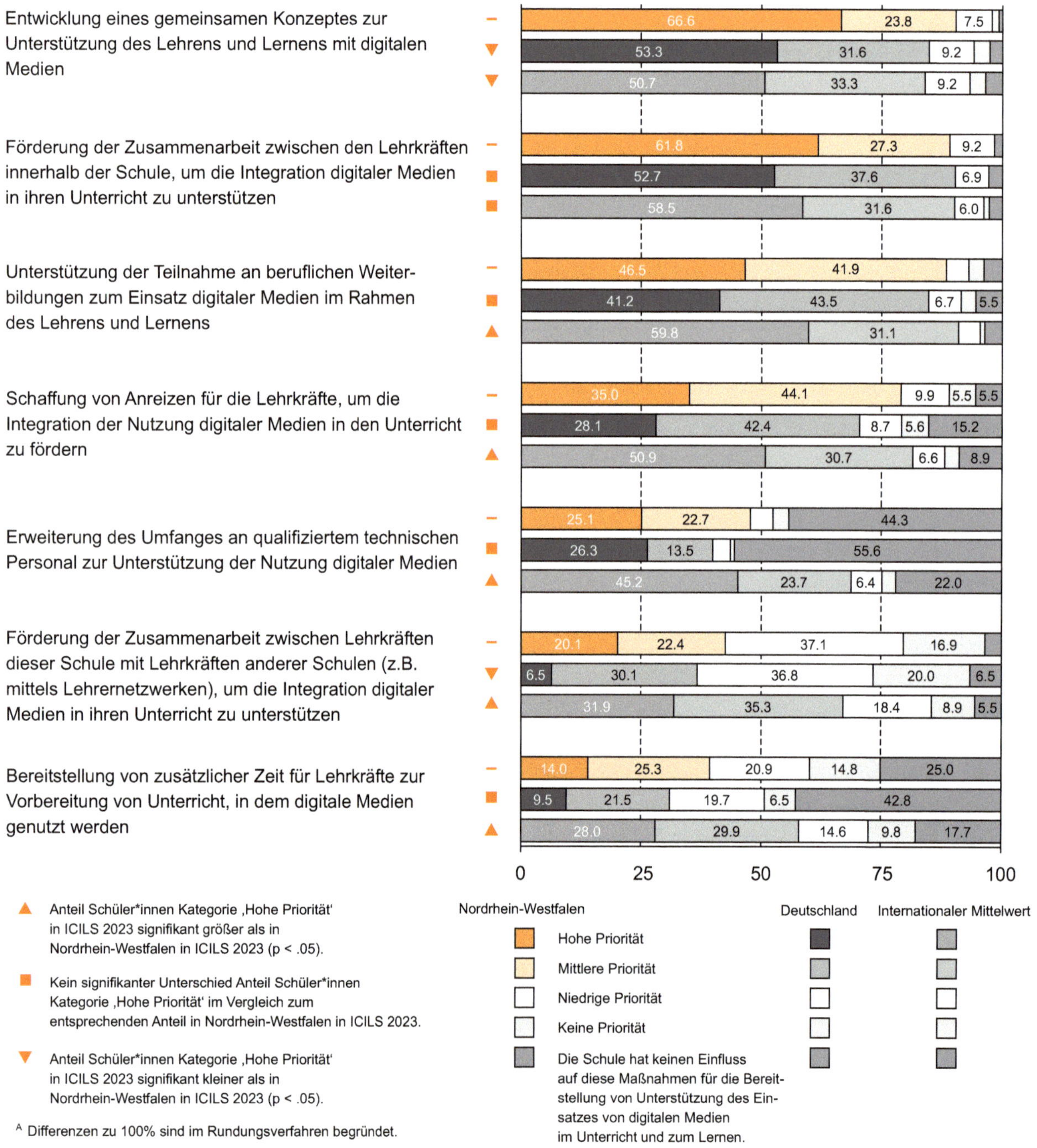

[A] Differenzen zu 100% sind im Rundungsverfahren begründet.

IEA: International Computer and Information Literacy Study 2023 © ICILS 2023

Folgende zentrale Ergebnisse für Nordrhein-Westfalen werden ersichtlich:

- Hinsichtlich der von den Schulleitungen berichteten Prioritätensetzungen zur Unterstützung des Einsatzes von digitalen Medien im Unterricht und zum Lernen an der eigenen Schule zeigt sich für Nordrhein-Westfalen, dass die *Entwicklung eines gemeinsamen Konzeptes zur Unterstützung des Lehrens und Lernens mit digitalen Medien* anteilig eine besonders hohe Priorität hat. So besuchen zwei Drittel (66.6%) der Achtklässler*innen in Nordrhein-Westfalen eine Schule, an der die Schulleitungen diesem Aspekt eine *hohe Priorität* beimessen. Der Anteil in Nordrhein-Westfalen ist im Vergleich zu dem Anteil in Deutschland (53.3%) und dem auf den internationalen Mittelwert bezogenen Anteil (50.7%) signifikant größer. Die Schulleitungen in Nordrhein-Westfalen setzen hier also einen besonderen Schwerpunkt.
- Etwas mehr als drei Fünftel (61.8%) der Schüler*innen in Nordrhein-Westfalen besuchen eine Schule, an der die *Förderung der Zusammenarbeit zwischen den Lehrkräften innerhalb der Schule, um die Integration digitaler Medien in ihren Unterricht zu unterstützen,* für die Schulleitung eine *hohe Priorität* hat. Der Anteil in Deutschland (52.7%) sowie der auf den internationalen Mittelwert bezogene Anteil (58.5%) liegen statistisch im Bereich des Anteils von Nordrhein-Westfalen.
- Weniger als die Hälfte (46.5%) der Schüler*innen in Nordrhein-Westfalen besucht darüber hinaus eine Schule, an der die Schulleitung der *Unterstützung der Teilnahme an beruflichen Weiterbildungen zum Einsatz digitaler Medien im Rahmen des Lehrens und Lernens* eine *hohe Priorität* zuspricht. Während der Anteil in Deutschland (41.2%) statistisch im Bereich von Nordrhein-Westfalen liegt, ist der auf den internationalen Mittelwert bezogene Anteil (59.8%) signifikant höher als der Anteil in Nordrhein-Westfalen und zeigt, dass international für Schulleitungen die kontinuierliche Fortbildung der Lehrkräfte als bedeutsamer eingeschätzt wird.
- Etwas mehr als ein Drittel (35.0%) der Schüler*innen in Nordrhein-Westfalen besucht eine Schule, an der die Schulleitung angibt, dass die *Schaffung von Anreizen für die Lehrkräfte, um die Integration der Nutzung digitaler Medien in den Unterricht zu fördern,* eine *hohe Priorität* hat. Der diesbezügliche Anteil in Deutschland (28.1%) weist keinen signifikanten Unterschied im Vergleich zu dem Anteil in Nordrhein-Westfalen auf, während der auf den internationalen Mittelwert bezogene Anteil (50.9%) signifikant größer ist als der Anteil in Nordrhein-Westfalen. Deutlich wird, dass die Diskussion um die Schaffung von Anreizen für Lehrkräfte, digitale Medien im Unterricht zu nutzen, international anders geführt wird als in Nordrhein-Westfalen (und in Deutschland insgesamt).
- Ein Viertel (25.1%) der nordrhein-westfälischen Schüler*innen besucht eine Schule, an der die Schulleitung der *Erweiterung des Umfanges an qualifiziertem technischen Personal zur Unterstützung der Nutzung digitaler Medien* im Unterricht und zum Lernen eine *hohe Priorität* zuspricht. Der entsprechende Anteil in Deutschland (26.3%) weist keinen signifikanten Unterschied im Vergleich zu dem Anteil in Nordrhein-Westfalen auf, während der auf den internationalen Mittelwert bezogene Anteil (45.2%) signifikant und deutlich größer als der Anteil in Nordrhein-Westfalen ist. Auch diesem Befund wäre für Nordrhein-Westfalen noch einmal nachzugehen und deutlich zu machen, ob es in den restlichen etwa 75 Prozent der Schulen genügend qualifiziertes, technisches Personal in den Schulen gibt oder diese Fragestellung für Schulleitungen keine hohe Priorität hat.
- Zudem besucht ein Fünftel (20.1%) der Schüler*innen in Nordrhein-Westfalen eine Schule, an der die Schulleitung angibt, dass die *Förderung der Zusammenarbeit zwischen Lehrkräften dieser Schule mit Lehrkräften anderer Schulen (z.B. mittels Lehrernetzwerken), um die Integration digitaler Medien in ihren Unterricht zu unterstützen,* eine *hohe Priorität* hat. Der Anteil in Deutschland (6.5%) ist signifikant und deutlich kleiner als der Anteil in Nordrhein-Westfalen, was zeigt, dass in Nord-

rhein-Westfalen der Wert von digitalisierungsbezogener Lehrkräftekooperation in einem Teil der Schulen bereits erkannt wurde. Jedoch wird auch ein noch größerer Entwicklungsspielraum ersichtlich, der auch im internationalen Vergleich zumindest ansatzweise deutlich wird. Hier wird deutlich, dass der auf den internationalen Mittelwert bezogene Anteil (31.9%) signifikant größer ist als der für Nordrhein-Westfalen ermittelte Anteil.

- Weiterhin kann festgehalten werden, dass im Vergleich zu den anderen beschriebenen Prioritätensetzungen aus Schulleitungsperspektive ein besonders geringer Anteil von lediglich etwas mehr als einem Achtel (14.0%) der Schüler*innen in Nordrhein-Westfalen eine Schule besucht, an der die Schulleitung der *Bereitstellung von zusätzlicher Zeit für Lehrkräfte zur Vorbereitung von Unterricht, in dem digitale Medien genutzt werden,* eine *hohe Priorität* zuweist. Der Anteil in Deutschland (9.5%) weist keinen signifikanten Unterschied im Vergleich zu dem Anteil in Nordrhein-Westfalen auf und ist ebenfalls sehr niedrig. Der auf den internationalen Mittelwert bezogene Anteil (28.0%) ist jedoch signifikant und deutlich größer als der Anteil in Nordrhein-Westfalen.
- Die Ergebnisbeschreibungen dieser Abbildung zu Prioritätensetzungen hinsichtlich personell-konzeptioneller Unterstützungsstrukturen für den Einsatz digitaler Medien im Unterricht und zum Lernen aus der Perspektive der Schulleitungen abschließend werden auffällig hohe Ergebnisse hinsichtlich der Kategorie *die Schule hat keinen Einfluss auf diese Maßnahmen für die Bereitstellung von Unterstützung des Einsatzes von digitalen Medien im Unterricht und zum Lernen* in den Blick genommen. Es besuchen mehr als zwei Fünftel (44.3%) der Schüler*innen in Nordrhein-Westfalen eine Schule, an der die Schulleitung in Bezug auf die *Erweiterung des Umfanges an qualifiziertem technischen Personal zur Unterstützung der Nutzung digitaler Medien* angibt, *keinen Einfluss auf diese Maßnahme zu* haben. Der diesbezügliche Anteil in Deutschland (55.6%) ist hingegen signifikant größer, während der auf den internationalen Mittelwert bezogene Anteil (22.0%) signifikant und deutlich kleiner ausfällt. Damit wird deutlich, dass der Handlungsspielraum von Schulen und Schulleitungen in Bezug auf die personelle Sicherstellung des technischen Supports in Nordrhein-Westfalen teilweise stark eingeschränkt ist, wenn sich auch der diesbezügliche Status quo etwas weniger herausfordernd zeigt als in ganz Deutschland.

Prioritätensetzungen in Bezug auf verschiedene NRW-spezifische digitalisierungsbezogene Bereiche an den Schulen

In Abbildung 6.4 werden Prioritäten in Bezug auf verschiedene NRW-spezifische digitalisierungsbezogene Bereiche, die in ICILS 2023 spezifisch für Nordrhein-Westfalen entwickelt und ausschließlich dort erhoben wurden (siehe Kapitel 1 in diesem Band), aus Perspektive der Schulleitungen dargestellt. Berichtete Aspekte sind die (1) Arbeit mit dem ‚Medienkompetenzrahmen NRW‘ zur Entwicklung/Weiterentwicklung des Medienkonzeptes der Schule, die (2) Teilnahme an Initiativen zur Förderung der Medienkompetenz der Schüler*innen (z.B. Medienscouts NRW), die (3) Arbeit mit dem ‚Medienkompetenzrahmen NRW‘ zur Förderung der Medienkompetenz von Schüler*innen und die (4) Nutzung der Angebote der Bildungsmediathek NRW. Die Antwortmöglichkeiten reichen von *hohe Priorität* bis *keine Priorität,* wobei an dieser Stelle angemerkt sei, dass die beiden vorgenannten Antwortmöglichkeiten nachfolgend fokussiert werden. Die Darstellung der Reihenfolge der Ergebnisse in Abbildung 6.4 erfolgt nach Höhe der Anteile der berichteten Kategorie *hohe Priorität*.

Abbildung 6.4: Prioritätensetzungen in Bezug auf verschiedene NRW-spezifische digitalisierungsbezogene Bereiche an den Schulen aus Schulleitungsperspektive in ICILS 2023 in Nordrhein-Westfalen (Angaben aus dem pädagogischen Teil des Fragebogens für Schulen, gewichtet auf die Population der Schüler*innen in Prozent)[A]

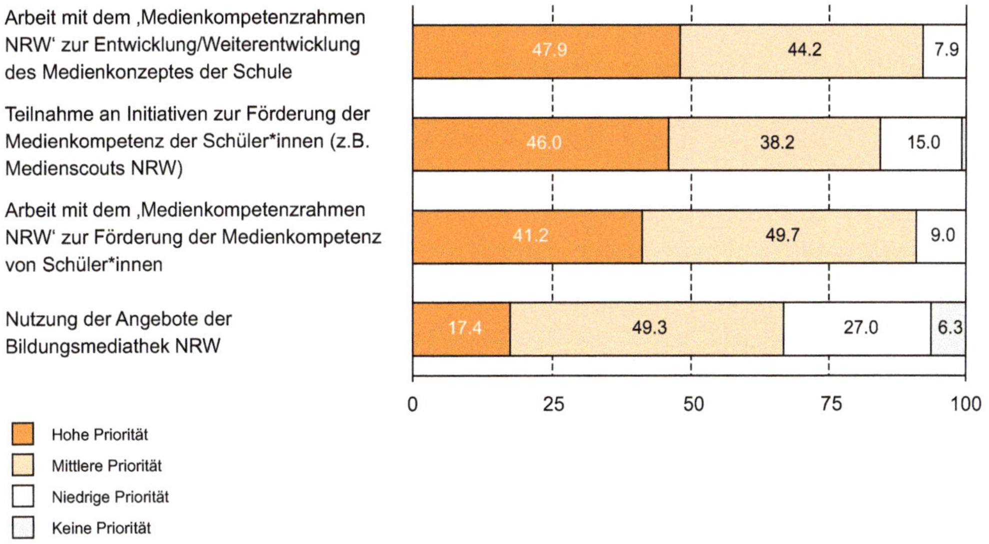

[A] Differenzen zu 100% sind im Rundungsverfahren begründet.

IEA: International Computer and Information Literacy Study 2023

Folgende vier zentrale Ergebnisse für Nordrhein-Westfalen werden ersichtlich:

- Fast die Hälfte (47.9%) der Achtklässler*innen besucht eine Schule, an der die Schulleitung angibt, dass die *Arbeit mit dem ‚Medienkompetenzrahmen NRW' zur Entwicklung/Weiterentwicklung des Medienkonzeptes der Schule* eine *hohe Priorität* hat. Dagegen besuchen keine Schüler*innen (0%) eine Schule, in der nach Angabe der Schulleitung dieser Bereich *keine Priorität* hat.
- Während ein ähnlich hoher Anteil (46.0%) der nordrhein-westfälischen Schüler*innen eine Schule besucht, an der die Schulleitungen der *Teilnahme an Initiativen zur Förderung der Medienkompetenz der Schüler*innen (z.B. Medienscouts NRW)* eine *hohe Priorität* zuschreiben, besuchen weniger als 1 Prozent (0.8%) der Schüler*innen eine Schule, an der die Schulleitung diesem Bereich *keine Priorität* beimisst.
- Noch etwas mehr als zwei Fünftel (41.2%) der nordrhein-westfälischen Schüler*innen besuchen eine Schule, in der die *Arbeit mit dem ‚Medienkompetenzrahmen NRW' zur Förderung der Medienkompetenz von Schüler*innen* nach Angabe der Schulleitungen eine *hohe Priorität* hat. Kontrastierend hierzu besuchen keine Schüler*innen (0%) eine Schule, an der die Schulleitungen dem *keine Priorität* zuschreibt.
- 17.4 Prozent der Schüler*innen in Nordrhein-Westfalen besuchen eine Schule, an der nach Angabe der Schulleitungen die *Nutzung der Angebote der Bildungsmediathek NRW* eine *hohe Priorität* und für 6.3 Prozent der Schüler*innen *keine Priorität* hat, wobei diese jedoch in einem Teil der Schulen auch einen gewissen Stellenwert einnehmen (vgl. Abbildung 6.4, Kategorie *mittlere Priorität*).

6.3 Ergebnisse zu schulischen Entwicklungsbereichen im Kontext der Nutzung digitaler Medien für Lehr- und Lernprozesse aus der Perspektive der Schulleitungen

Über die unterschiedlichen und schulischen Prioritätensetzungen im Kontext digitalisierungsbezogener Transformationsprozesse hinaus wurden die Schulleitungen in ICILS 2023 in Nordrhein-Westfalen im Rahmen von bundeslandspezifischen Ergänzungen in den Fragebögen für Schulleitungen (pädagogischer Teil des Schulfragebogens, vgl. Kapitel 1 in diesem Band) zu digitalisierungsbezogenen Entwicklungsbereichen an der eigenen Schule befragt. Die Ergebnisse werden in Abbildung 6.5 dargestellt. Die erhobenen Antwortkategorien reichen von *stimme voll zu, stimme eher zu, stimme eher nicht zu* bis *stimme nicht zu.* Die Ergebnisse in Abbildung 6.5 sind nach Höhe der Anteile in der berichteten Kategorie *stimme voll zu* sortiert, um die aus der Erhebung hervorgehenden Entwicklungspotenziale zu unterstreichen.

Abbildung 6.5: Aussagen zu Entwicklungsbereichen zum Lehren und Lernen in der digitalen Welt an der eigenen Schule aus Schulleitungsperspektive in ICILS 2023 in Nordrhein-Westfalen (Angaben aus dem pädagogischen Teil des Fragebogens für Schulen, gewichtet auf die Population der Schüler*innen in Prozent)[A]

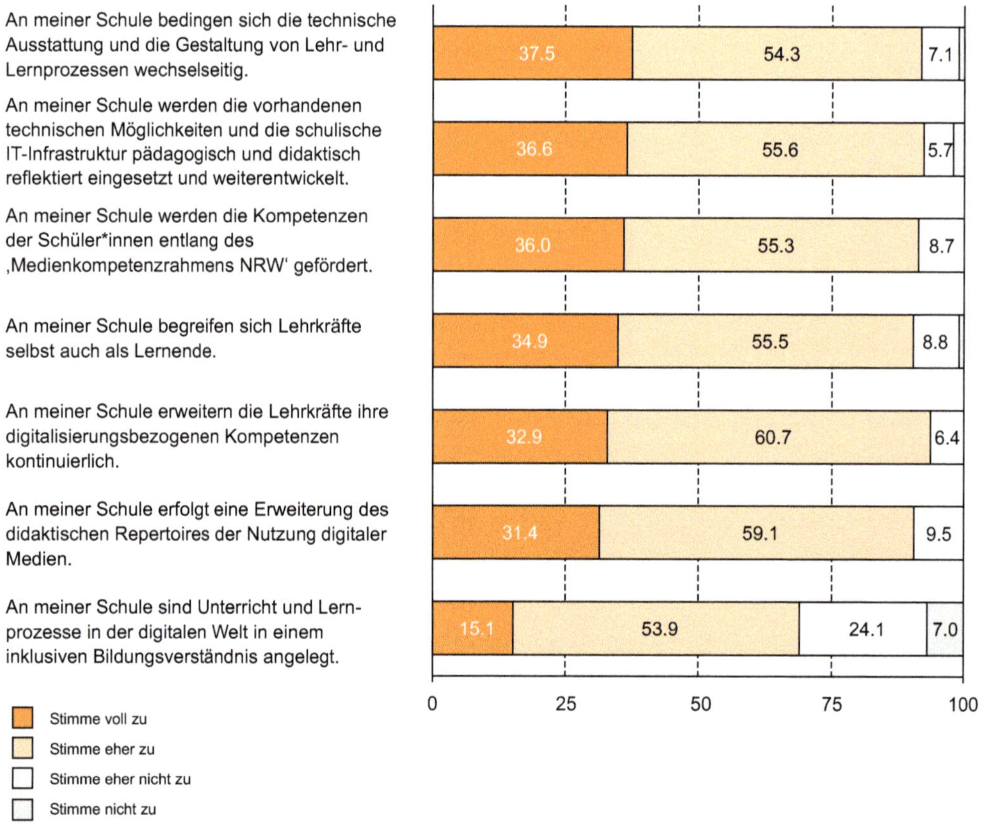

A Differenzen zu 100% sind im Rundungsverfahren begründet.

IEA: International Computer and Information Literacy Study 2023 © ICILS 2023

Folgende zentrale Ergebnisse für Nordrhein-Westfalen werden ersichtlich:

- Im Vergleich zu den anderen in Abbildung 6.5 betrachteten Aussagen zu Entwicklungsbereichen zum Lehren und Lernen in der digitalen Welt besucht mit einem Anteil von weniger als zwei Fünfteln (37.5%) ein über alle betrachteten Bereiche dennoch großer Anteil der Achtklässler*innen in Nordrhein-Westfalen eine Schule, an der nach Angabe der Schulleitungen die Aussage *An meiner Schule bedingen sich technische Ausstattung und die Gestaltung von Lehr- und Lernprozessen wechselseitig* mit *stimme voll zu* bewertet wird.
- Ein jeweils etwas geringerer Anteil der nordrhein-westfälischen Schüler*innen besucht eine Schule, an der die Schulleitungen angeben, *an ihrer Schule die vorhandenen technischen Möglichkeiten und die schulischen IT-Infrastruktur pädagogisch und didaktisch reflektiert einzusetzen und weiterzuentwickeln* (36.6%) sowie *Kompetenzen der Schüler*innen an ihrer Schule entlang des ‚Medienkompetenzrahmens NRW' zu fördern* (36.0%).
- Weiterhin besucht jeweils etwa ein Drittel der nordrhein-westfälischen Schüler*innen eine Schule, an der die Schulleitungen den Aussagen *An meiner Schule begreifen sich Lehrkräfte auch als Lernende* (34.9%), *An meiner Schule erweitern die Lehrkräfte ihre digitalisierungsbezogenen Kompetenzen kontinuierlich* (32.9%) und *An meiner Schule erfolgt eine Erweiterung des didaktischen Repertoires der Nutzung digitaler Medien* (31.4%) jeweils voll zustimmen.
- Ein relativ geringer Anteil im Vergleich zu den berichteten Entwicklungsbereichen zum Lehren und Lernen in der digitalen Welt von etwas weniger als einem Sechstel (15.1%) der Schüler*innen in Nordrhein-Westfalen besucht eine Schule, an der die Schulleitungen angeben, dass *an ihrer Schule Unterricht und Lernprozesse in der digitalen Welt in einem inklusiven Bildungsverständnis angelegt sind.*

6.4 Ergebnisse zu Erwartungen an Lehrkräfte aus der Perspektive der Schulleitungen in Bezug auf den Erwerb von Wissen und Fähigkeiten in unterschiedlichen Bereichen zum Lehren und Lernen mit digitalen Medien

Abbildung 6.6 stellt die von den Schulleitungen geäußerten Erwartungen an Lehrkräfte in Bezug auf den Erwerb von Wissen und Fähigkeiten in unterschiedlichen Bereichen zum Lehren und Lernen mit digitalen Medien in ICILS 2023 in Nordrhein-Westfalen, in Deutschland und im internationalen Mittel dar. Die dargestellten Inhaltsbereiche beziehen sich entsprechend auf unterschiedliche Aspekte wie bspw. den Erwerb von Wissen und Fähigkeiten zur Kommunikation mit oder Nutzung von digitalen Medien durch die Lehrkräfte. Berichtet werden alle erhobenen Antwortkategorien (*erwartet und obligatorisch*, *erwartet, aber nicht obligatorisch* und *nicht erwartet*). Die Darstellung der Reihenfolge der Ergebnisse in Abbildung 6.6 ist dabei nach Höhe der Anteile der möglicherweise für schulische Transformationsprozesse wirksamsten Kategorie *erwartet und obligatorisch* sortiert.

Abbildung 6.6: Erwartungen an Lehrkräfte von Seiten der Schulleitung in Bezug auf den Erwerb von Wissen und Fähigkeiten in unterschiedlichen Bereichen zum Lehren und Lernen mit digitalen Medien in ICILS 2023 in Nordrhein-Westfalen, Deutschland und im internationalen Mittel (Angaben aus dem pädagogischen Teil des Fragebogens für Schulen, gewichtet auf die Population der Schüler*innen in Prozent)[A]

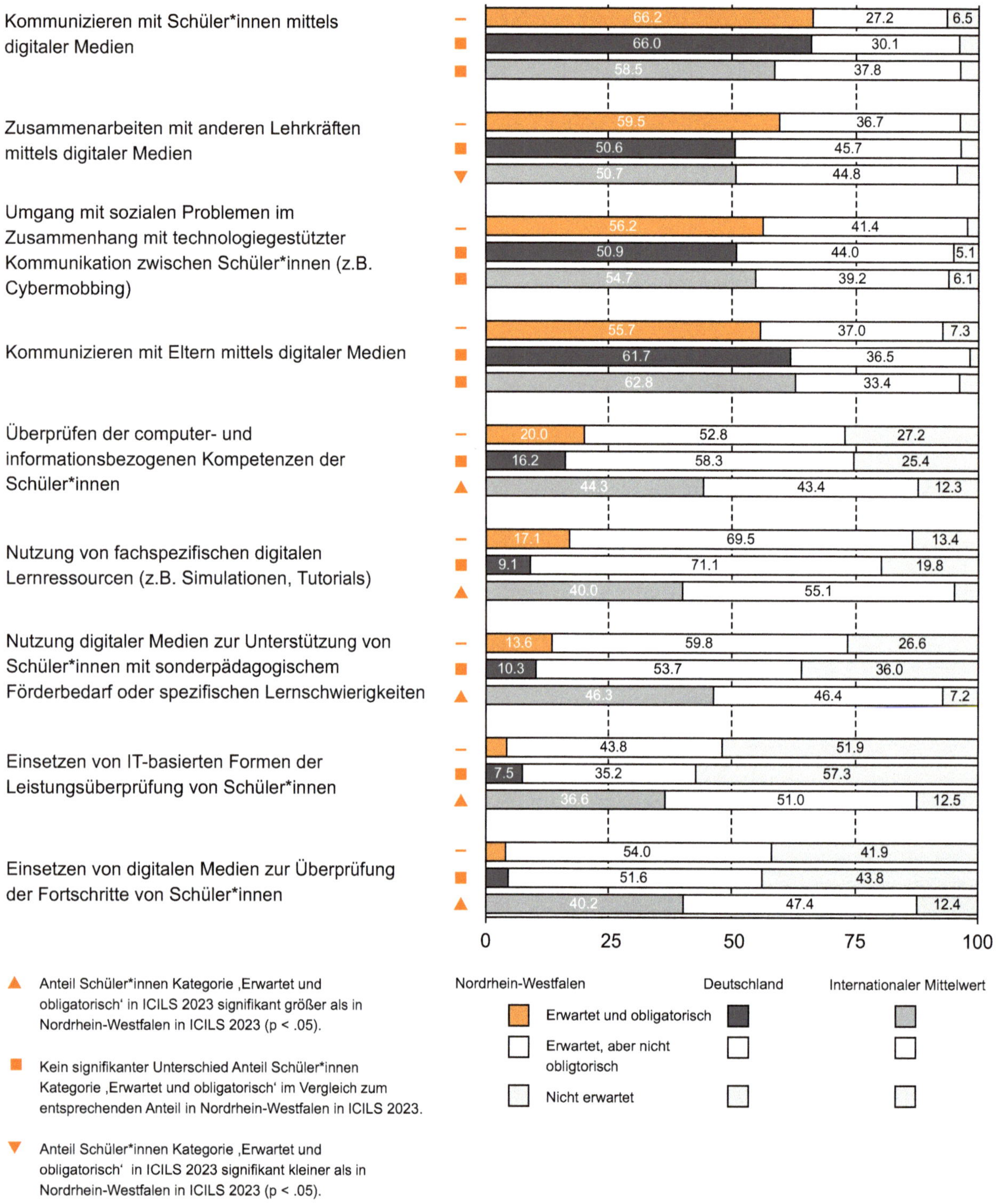

[A] Differenzen zu 100% sind im Rundungsverfahren begründet.

IEA: International Computer and Information Literacy Study 2023

Folgende zentrale Ergebnisse für Nordrhein-Westfalen werden ersichtlich:

- Mit Blick auf die Erwartungen an Lehrkräfte von Seiten der nordrhein-westfälischen Schulleitungen zeigt sich, dass etwa zwei Drittel der Achtklässler*innen (66.2%) und damit ein besonders großer in diesem Kontext berichteter Anteil eine Schule besuchen, an der die Schulleitung angibt, dass das *Kommunizieren mit Schüler*innen mittels digitaler Medien erwartet* wird *und obligatorisch* ist. Dieser Anteil unterscheidet sich nicht signifikant von dem entsprechenden Anteil für Deutschland (66.0%) und von dem auf den internationalen Mittelwert bezogenen Anteil (58.5%).
- Weiterhin besuchen jeweils weniger als 60 Prozent der nordrhein-westfälischen Schüler*innen eine Schule, an der die Schulleitung das *Zusammenarbeiten mit anderen Lehrkräften mittels digitaler Medien* (59.5%), den *Umgang mit sozialen Problemen im Zusammenhang mit technologiegestützter Kommunikation zwischen Schüler*innen (z.B. Cybermobbing)* (56.2%) sowie das *Kommunizieren mit Eltern mittels digitaler Medien* (55.7%) als *erwartet und obligatorisch* ansieht. Für alle drei Bereiche lassen sich für Nordrhein-Westfalen keine signifikanten Unterschiede im Vergleich zu Deutschland (50.6%, 50.9% bzw. 61.7%) feststellen. Für die beiden letztgenannten Aspekte liegen die jeweiligen auf die internationalen Mittelwerte bezogenen Anteile (54.7% bzw. 62.8%) ebenfalls statistisch im Bereich von Nordrhein-Westfalen. Für den erstgenannten Bereich ergibt sich international ein signifikant geringerer Anteil als in Nordrhein-Westfalen (50.7%).
- Nach Angabe der Schulleitungen besucht weiterhin noch jeweils etwa ein Fünftel der nordrhein-westfälischen Schüler*innen eine Schule, in der das *Überprüfen der computer- und informationsbezogenen Kompetenzen der Schüler*innen* (20.0%) und die *Nutzung von fachspezifischen digitalen Lernressourcen (z.B. Simulationen, Tutorials)* (17.1%) als *erwartet und obligatorisch* bewertet wird. Im Vergleich zu Deutschland (16.2% bzw. 9.1%) lassen sich für beide Aspekte keine signifikanten Unterschiede feststellen. Die auf die internationalen Mittelwerte bezogenen Anteile (44.3% bzw. 40.0%) sind dagegen signifikant größer als die entsprechenden Anteile in Nordrhein-Westfalen. Auch im Hinblick auf das sehr unbefriedigende Abschneiden Nordrhein-Westfalens im Bereich der computer- und informationsbezogenen Kompetenzen sowie dem deutlichen mittleren Kompetenzrückgang seit ICILS 2018 (vgl. Kapitel 2 in diesem Band) und der diesbezüglichen, auch im internationalen Vergleich extrem hohen Bildungsdisparitäten in Nordrhein-Westfalen (vgl. Kapitel 3), ist vor allem das Ergebnis zur fehlenden obligatorischen Erwartung eines überwiegenden Teils der nordrhein-westfälischen Schulleitungen bezogen auf die Überprüfung der computer- und informationsbezogenen Kompetenzen interessant. Hier wird ein Ansatzpunkt deutlich, wie den für Nordrhein-Westfalen bedenklichen Ergebnissen zukünftig durch gezieltes Schulleitungshandeln entgegengewirkt werden könnte.
- Zudem besuchen 13.6 Prozent der nordrhein-westfälischen Schüler*innen eine Schule, an der die Schulleitungen die *Nutzung digitaler Medien zur Unterstützung von Schüler*innen mit sonderpädagogischem Förderbedarf oder spezifischen Lernschwierigkeiten* als *erwartet und obligatorisch* ansehen. Der diesbezügliche Anteil in Deutschland (10.3%) unterscheidet sich nicht signifikant von dem Anteil in Nordrhein-Westfalen. Der auf den internationalen Mittelwert bezogene Anteil (46.3%) ist allerdings signifikant und sehr viel größer als der Anteil in Nordrhein-Westfalen. Hier zeigt sich großes Entwicklungspotenzial für Nordrhein-Westfalen, die Themen ‚Inklusion' und ‚Digitalisierung' auf Schulebene und von steuernder Seite mit einer gezielteren Erwartungshaltung an Lehrkräfte zu verbinden.
- Weniger als fünf Prozent der Schüler*innen besuchen eine Schule, an der das *Einsetzen von IT-basierten Formen der Leistungsüberprüfung von Schüler*innen* (4.3%) und das *Einsetzen von digitalen Medien zur Überprüfung der Fortschrit-*

*te von Schüler*innen* (4.0%) als *erwartet und obligatorisch* von den Schulleitungen bewertet wird, was den vergleichsweise relativ geringen Anteilen der hier berichteten Erwartungen in Bezug auf den Erwerb von Wissen und Fähigkeiten in unterschiedlichen Bereichen zum Lehren und Lernen mit digitalen Medien aus der Perspektive der Schulleitungen in Nordrhein-Westfalen entspricht. Im Vergleich zu Deutschland (7.5% bzw. 4.6%) lassen sich für beide Aspekte keine signifikanten Unterschiede feststellen. Die auf die internationalen Mittelwerte bezogenen Anteile (36.6% bzw. 40.2%) sind dagegen signifikant größer als die entsprechenden Anteile in Nordrhein-Westfalen. Deutlich wird, dass das Thema zeitgemäßer Prüfungsformate bzw. zeitgemäßer Formate der Leistungsüberprüfung, wie es auch im sogenannten *NRW-Impulspapier II* (MSB NRW, 2022) sowie im KMK-Ergänzungspapier zu ‚Lehren und Lernen in der digitalen Welt' (KMK, 2021) bereits festgehalten ist, in Nordrhein-Westfalen – und auch in Deutschland – noch längst nicht in der Fläche Eingang in die schulische Arbeit gefunden hat.

6.5 Ergebnisse zu Veränderungen im Umgang mit digitalen Medien durch digitalisierungsbezogene Maßnahmen, Dokumente und Initiativen in Nordrhein-Westfalen aus der Perspektive von Schulleitungen

Nachfolgend werden für Nordrhein-Westfalen die Ergebnisse zu Veränderungen im Umgang mit digitalen Medien durch digitalisierungsbezogene Maßnahmen, Dokumente und Initiativen aus der Perspektive von Schulleitungen auf der Grundlage des ICILS-2023-Datensatzes berichtet. Dazu werden zunächst Ergebnisse zur Verbesserung der Nutzung von digitalen Medien zum Lehren und Lernen an der Schule durch unterschiedliche Maßnahmen und Dokumente in Nordrhein-Westfalen (Abbildung 6.7) sowie anschließend wahrgenommene Veränderungen im Umgang mit digitalen Medien durch landesweite Initiativen in Nordrhein-Westfalen aus Perspektive der Schulleitungen berichtet (Abbildung 6.8). Die Aspekte wurden dabei teilweise als spezifische Ergänzung für ganz Deutschland erfasst und darüber hinaus um für Nordrhein-Westfalen spezifisch und ausschließlich dort erhobene Aspekte erweitert (Abbildung 6.7 und 6.8), sodass hier keine Vergleiche zu Deutschland sowie keine internationalen Vergleiche gezogen werden können (vgl. Kapitel 1 in diesem Band). An dieser Stelle werden in einem ersten Zugang die Ergebnisse für Nordrhein-Westfalen berichtet.

Verbesserung der Nutzung von digitalen Medien zum Lehren und Lernen an der Schule durch unterschiedliche Maßnahmen und Dokumente

Die Verbesserung der Nutzung von digitalen Medien zum Lehren und Lernen durch unterschiedliche Maßnahmen und Dokumente in Nordrhein-Westfalen aus Perspektive der Schulleitungen wird in Abbildung 6.7 dargestellt. Die den Schulleitungen vorgelegten Antwortmöglichkeiten umfassten *ja, nein* und *kann ich nicht einschätzen.* Die Reihenfolge der Darstellung der Einzelergebnisse in der Abbildung 6.7 ist nach Höhe der Anteile in der berichteten Kategorie *ja* sortiert. Dieser Sortierung folgt auch der beschreibende Text.

Abbildung 6.7: Verbesserung der Nutzung von digitalen Medien zum Lehren und Lernen an der Schule durch unterschiedliche Maßnahmen und Dokumente aus Schulleitungsperspektive in ICILS 2023 in Nordrhein-Westfalen (Angaben aus dem pädagogischen Teil des Fragebogens für Schulen, gewichtet auf die Population der Schüler*innen in Prozent)[A]

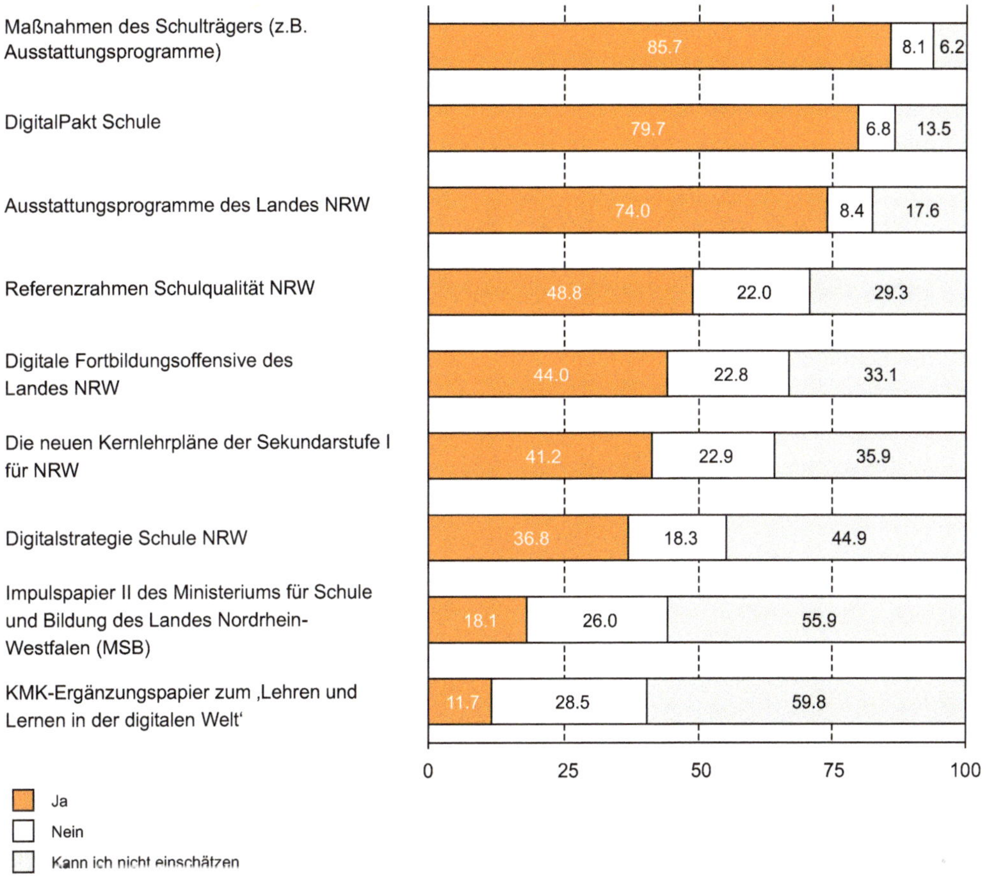

[A] Differenzen zu 100% sind im Rundungsverfahren begründet.

IEA: International Computer and Information Literacy Study 2023

Folgende zentrale Ergebnisse für Nordrhein-Westfalen werden ersichtlich:

- Ein sehr hoher Anteil mit mehr als vier Fünfteln (85.7%) der Achtklässler*innen in Nordrhein-Westfalen besucht eine Schule, an der die Schulleitungen angeben, dass sie durch *Maßnahmen des Schulträgers (z.B. Ausstattungsprogramme)* eine Verbesserung der Nutzung von digitalen Medien erfahren.
- Weiterhin besuchen nahezu 80 Prozent (79.7%) der nordrhein-westfälischen Schüler*innen eine Schule, in der die Schulleitung angibt, dass der *DigitalPakt Schule* zur Verbesserung der Nutzung digitaler Medien beigetragen hat bzw. zum Erhebungszeitpunkt beiträgt.
- Weiterhin besuchen immerhin fast drei Viertel (74.0%) der Schüler*innen in Nordrhein-Westfalen eine Schule, an der die Schulleitung angibt, dass die Maßnahmen im Kontext der *Ausstattungsprogramme des Landes NRW* zur Verbesserung der Nutzung digitaler Medien beigetragen haben.

Alle nachfolgenden Maßnahmen bzw. Dokumente werden in ihrer Wirksamkeit für die Schulebene bezogen auf das Lehren und Lernen durchaus verhaltener eingeschätzt:

- Jeweils weniger als die Hälfte der nordrhein-westfälischen Achtklässler*innen besucht eine Schule, an der die Schulleitungen den *Referenzrahmen Schulqualität NRW* (48.8%) und die *Digitale Fortbildungsoffensive des Landes NRW* (44.0%) als Verbesserung für die Nutzung digitaler Medien einschätzen.
- Darüber hinaus besuchen jeweils etwa zwei Fünftel der Schüler*innen in Nordrhein-Westfalen eine Schule, an der die Schulleitung angibt, dass *die neuen Kernlehrpläne der Sekundarstufe I für NRW* (41.2%) und *die Digitalstrategie Schule NRW* (36.8%) zur Verbesserung der Nutzung digitaler Medien beigetragen haben.
- Zudem besucht nur lediglich weniger als ein Fünftel der Schüler*innen (18.1%) in Nordrhein-Westfalen eine Schule, an der die Schulleitung angibt, dass das *Impulspapier II des Ministeriums für Schule und Bildung des Landes Nordrhein-Westfalen (MSB)* zur Verbesserung der Nutzung digitaler Medien zum Lehren und Lernen an der Schule dienlich ist.
- Der hier geringste Anteil (11.7%) der nordrhein-westfälischen Schüler*innen besucht im Vergleich zu den anderen berichteten Maßnahmen und Dokumenten zur Verbesserung der Nutzung digitaler Medien eine Schule, an der die Schulleitung angibt, dass das *KMK-Ergänzungspapier zum ‚Lehren und Lernen in der digitalen Welt‘* zur Verbesserung der Nutzung digitaler Medien beiträgt.

Wahrgenommene Veränderungen im Umgang mit digitalen Medien durch landesweite Initiativen in Nordrhein-Westfalen aus der Perspektive von Schulleitungen

In Abbildung 6.8 werden als letztes an dieser Stelle Ergebnisse zu wahrgenommenen Veränderungen im Umgang mit digitalen Medien durch landesweite Initiativen (z.B. die Einführung des ‚Medienkompetenzrahmens NRW‘, die Bereitstellung der Impulspapiere zum Lernen mit digitalen Medien, digitale Fortbildungsoffensive des Landes NRW) in Nordrhein-Westfalen aus Perspektive der Schulleitungen aufgezeigt. Berichtete Aussagen der mit ICILS 2023 erhobenen Daten und durchgeführten Analysen sind (1) digitale Medien werden häufiger im Unterricht eingesetzt, (2) Lehrkräfte beschäftigen sich intensiver mit der Einbindung digitaler Medien in Lehr- und Lernprozesse, (3) Lehrkräfte sehen sich veranlasst, ihre eigenen didaktischen Kompetenzen im Umgang mit digitalen Medien zu erweitern und (4) die Schüler*innen sind kompetenter im Umgang mit digitalen Medien. Die berichteten Antwortkategorien reichen von *stimme voll zu* bis *stimme nicht zu.* Die Darstellung der Reihenfolge der Ergebnisse in Abbildung 6.8 sind auch an dieser Stelle nach Höhe der Anteile in der berichteten Kategorie *stimme voll zu* sortiert.

Folgende zentrale Ergebnisse für Nordrhein-Westfalen werden ersichtlich:

- Bezogen auf das Ausmaß des veränderten Umganges mit digitalen Medien durch aktuelle landesweite, bundeslandspezifische Initiativen wie z.B. die Einführung des ‚Medienkompetenzrahmens NRW‘ und die Bereitstellung der Impulspapiere zum Lernen mit digitalen Medien sowie die digitale Fortbildungsoffensive des Landes NRW, lässt sich feststellen, dass etwas mehr als die Hälfte (51.4%) der nordrhein-westfälischen Achtklässler*innen eine Schule besucht, an der die Schulleitungen *voll zustimmen*, dass *digitale Medien häufiger im Unterricht eingesetzt werden.*
- Jedoch besucht weniger als die Hälfte (44.9%) der Schüler*innen in Nordrhein-Westfalen eine Schule, an der die Schulleitungen *voll zustimmen*, dass *Lehrkräfte sich intensiver mit der Einbindung digitaler Medien in Lehr- und Lernprozesse beschäftigen.*

Abbildung 6.8: Wahrgenommene Veränderungen im Umgang mit digitalen Medien durch bundeslandspezifische Initiativen (z.B. Einführung des ‚Medienkompetenzrahmens NRW', Bereitstellung der Impulspapiere zum Lernen mit digitalen Medien, digitale Fortbildungsoffensive des Landes NRW) aus Schulleitungsperspektive in ICILS 2023 in Nordrhein-Westfalen (Angaben aus dem pädagogischen Teil des Fragebogens für Schulen, gewichtet auf die Population der Schüler*innen in Prozent)[A]

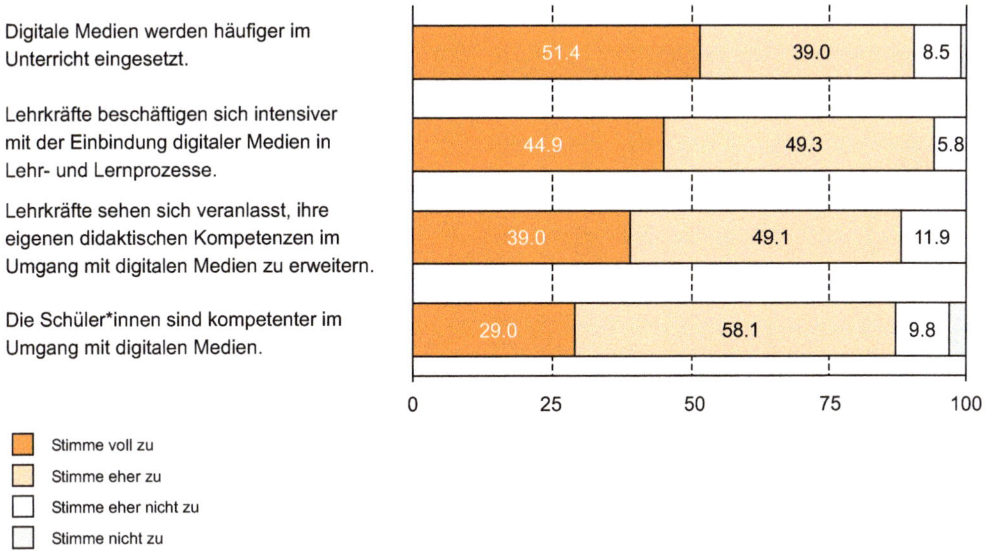

[A] Differenzen zu 100% sind im Rundungsverfahren begründet.

IEA: International Computer and Information Literacy Study 2023 © ICILS 2023

- Mit einem Anteil von nahezu zwei Fünfteln (39.0%) besucht ein nochmals geringer Anteil an Schüler*innen in Nordrhein-Westfalen eine Schule, an der die Schulleitung der Aussage *Lehrkräfte sehen sich veranlasst, ihre eigenen didaktischen Kompetenzen im Umgang mit digitalen Medien zu erweitern, voll zustimmt.*
- In Nordrhein-Westfalen besuchen zudem lediglich 29.0 Prozent der Schüler*innen eine Schule, an der die Schulleitungen der Aussage *Die Schüler*innen sind kompetenter im Umgang mit digitalen Medien voll zustimmen.* Insbesondere für den letzten Punkt kann geschlussfolgert werden, dass – auch vor dem Hintergrund der mit ICILS 2023 ermittelten deutlich ausbaufähigen Kompetenzergebnisse für Nordrhein-Westfalen – sich hier Entwicklungspotenzial zeigt, durch bundeslandspezifische Maßnahmen besser und gezielter als in den letzten Jahren die digitalen Kompetenzen der Schüler*innen zu fördern. Dabei sei angemerkt, dass Dokumente und Maßnahmen, die nicht in prozessbezogene Unterstützung von Schulen überführt werden und/oder die nicht evaluativ begleitet werden, wenig Aussicht auf besseren Erfolg und höhere Wirksamkeit versprechen. Hier ergeben sich umfangreichere Entwicklungsbedarfe für Nordrhein-Westfalen, als es möglicherweise auf den ersten Blick ohnehin schon scheint.

Literatur

Gerick, J., Eickelmann, B., Fröhlich, N., Drossel, K. & Niemann, J. (2024). Die Perspektive der Schulleitungen auf digitalisierungsbezogene schulische Transformationsprozesse in Deutschland im internationalen Vergleich. In B. Eickelmann, N. Fröhlich, W. Bos, J. Gerick, F. Goldhammer, H. Schaumburg, K. Schwippert, M. Senkbeil & J. Vahrenhold (Hrsg.), *ICILS 2023 #Deutschland. Computer- und informationsbezogene Kompetenzen und Kompetenzen im Bereich Computational Thinking von Schüler*innen im internationalen Vergleich* (S. 189–215). Waxmann. https://doi.org/10.31244/9783830999492.06

KMK (Ständige Konferenz der Kultusminister der Länder in der Bundesrepublik Deutschland). (2021). *Lehren und Lernen in der digitalen Welt. Die ergänzende Empfehlung zur Strategie „Bildung in der digitalen Welt“. Beschluss der Kultusministerkonferenz vom 09.12.2021.* https://www.kmk.org/fileadmin/veroeffentlichungen_beschluesse/2021/2021_12_09-Lehren-und-Lernen-Digi.pdf

MSB NRW (Ministerium für Schule und Bildung des Landes Nordrhein-Westfalen). (2022). *Impulspapier II. Zentrale Entwicklungsbereiche für das Lernen in der digitalen Welt.* https://www.schulministerium.nrw/system/files/media/document/file/impulspapier_ii_zentrale_entwicklungsbereiche_220303.pdf

Kapitel 7
Technologische Rahmenbedingungen in Schulen in Nordrhein-Westfalen im internationalen Vergleich

In der Studie ICILS 2023 werden über einen Schulfragebogen die technologischen Rahmenbedingungen im Kontext digitalisierungsbezogener Transformationsprozesse erfasst. Damit werden ergänzend zu den Perspektiven der verschiedenen, betrachteten schulischen Akteursgruppen (vgl. Kapitel 4 bis 6) die technologischen Bedingungen in den Schulen in Nordrhein-Westfalen im zweiten internationalen Vergleich als notwendige, aber längst nicht hinreichende Bedingungen der Veränderungen schulischen Lehrens und Lernens aufgegriffen. Dieser technische Teil des Schulfragebogens wurde von der für digitale Medien an der Schule zuständigen Person ausgefüllt. Nach international einheitlichen Vorgaben kann die Beantwortung der Fragen folglich auf Angaben der Schulleitung, einer von der Schulleitung delegierten Person, die für digitale Medien an der Schule zuständig ist, oder der*dem offiziellen schulische*n IT-Koordinator*in beruhen (siehe Kapitel 1 in diesem Band). Nachfolgend wird in dem hier vorliegenden Kapitel diese Personengruppe als IT-Koordinator*in bzw. IT-Koordination der Schule bezeichnet. Neben der nationalen und internationalen Verortung des Entwicklungsstands von Nordrhein-Westfalen werden, wie schon in den vorangegangenen Kapiteln, die ICILS-2023-Ergebnisse mit den ICILS-2018-Ergebnissen für Nordrhein-Westfalen verglichen und so Unterschiede über einen fünfjährigen Zeitraum herausgestellt, wo es aufgrund der Datenlage möglich und sinnvoll erscheint.

Die Ergebnisdarstellung in dem hier vorliegenden Kapitel umfasst unter dem Aspekt der technologischen Rahmenbedingungen in Schulen insbesondere Befunde zur Verfügbarkeit von Hardware und Software sowie Einschätzungen von Lehrkräften zum technischen Support:

- Ergebnisse der Studie ICILS 2023 zur Verfügbarkeit eines Zugangs zu einem WLAN und zu E-Mail-Konten für die schulbezogene Nutzung in Nordrhein-Westfalen im internationalen Vergleich und in Nordrhein-Westfalen für ICILS 2018 sowie zur Verfügbarkeit verschiedener IT-bezogener Infrastrukturen in der Schule in ICILS 2023 in Nordrhein-Westfalen, in Deutschland und im internationalen Mittel (Abschnitt 7.1)
- Ergebnisse zu mittleren Verhältnissen von Schüler*innen zu durch die Schule zur Verfügung gestellten digitalen Medien in ICILS 2023 in Nordrhein-Westfalen im internationalen Vergleich und zu Nordrhein-Westfalen in ICILS 2018 (Abschnitt 7.2)
- Ergebnisse zur Verfügbarkeit verschiedener digitaler Anwendungen in der Schule in ICILS 2023 in Nordrhein-Westfalen, in Deutschland und im internationalen Mittel (Abschnitt 7.3)
- Ergebnisse zur Ausstattung der Lehrkräfte mit eigenen, digitalen Endgeräten durch die Schule oder den Schulträger in ICILS 2023 in Nordrhein-Westfalen, in Deutschland und im internationalen Mittel (Abschnitt 7.4)

- Ergebnisse zur Einschätzung der Lehrkräfte zum technischen Support in ICILS 2023 in Nordrhein-Westfalen, in Deutschland und im internationalen Mittel (Abschnitt 7.5).

Anzumerken ist, dass die nachfolgenden Ergebnisse aus der Perspektive der IT-Koordination aufgrund des Stichprobendesigns der Studie ICILS 2023 auf die Schüler*innen als Zielpopulation gewichtet werden, sodass diese im Folgenden sprachlich-methodisch in mittleren Anteilen der Schüler*innen dargelegt werden (vgl. Kapitel 1 in diesem Band).

Weitere, möglicherweise auch für Nordrhein-Westfalen relevante Ergebnisse der Studie ICILS 2023 zu der Perspektive der für digitale Medien verantwortlichen Personen hinsichtlich technologischer Rahmenbedingungen in Schulen im internationalen Vergleich finden sich im Berichtsband der Studie ICILS 2023 für Deutschland (Niemann et al., 2024). Dort finden sich bspw. weiterführende Informationen zu Standorten digitaler Endgeräte an Schulen oder zu Zuständigkeiten in den Schulen für den technischen IT-Support im internationalen Vergleich. Zudem wird auch die Sichtweise der Lehrkräfte auf die technologische Ausstattung an ihren Schulen erfasst und hierzu, wo internationale Vergleiche über die ICILS-2023-Teilnehmerländer abgebildet werden, auch Ergebnisse für Nordrhein-Westfalen dargestellt (Niemann et al., 2024).

Hinsichtlich der Darstellung der nachfolgenden Analysen sei vorab angemerkt, dass für die internationalen Vergleiche nur diejenigen 33 der insgesamt 35 ICILS-2023-Teilnehmerländer (ausgeschlossen sind Chile und die Niederlande) berücksichtigt werden können, die – wie Nordrhein-Westfalen – mit Blick auf die hier analysierten Daten gemäß internationalen Vorgaben eine hinreichend hohe und damit zuverlässige Datenqualität aufweisen (vgl. Kapitel 1 in diesem Band).

7.1 Ergebnisse zur schulischen IT-Ausstattung und Verfügbarkeit von IT-Ressourcen für Lehrkräfte und Schüler*innen

Im nachfolgenden Abschnitt werden zunächst die Ergebnisse der Studie ICILS 2023 für Nordrhein-Westfalen im internationalen Vergleich sowie für Nordrhein-Westfalen für ICILS 2018 zur Verfügbarkeit ausgewählter digitaler Infrastrukturen betrachtet. Diese umfassen die Verfügbarkeit eines Zugangs zu einem WLAN und zu E-Mail-Konten für Lehrkräfte sowie für Schüler*innen für die schulbezogene Nutzung. Daran anknüpfend werden zudem ICILS-2023-Ergebnisse zur Verfügbarkeit verschiedener weiterer IT-Infrastrukturen für Nordrhein-Westfalen, Deutschland und im internationalen Mittel betrachtet.

Verfügbarkeit eines Zugangs zu einem WLAN und E-Mail-Konten für die schulbezogene Nutzung

In Tabelle 7.1 ist die Verfügbarkeit eines Zugangs zu einem WLAN und zu E-Mail-Konten für die schulbezogene Nutzung in ICILS 2023 in Nordrhein-Westfalen im internationalen Vergleich und im Vergleich zu ICILS 2018 in Nordrhein-Westfalen dargestellt. Berichtet werden folgende international zur Verfügung stehende Antwortkategorien: *für Lehrkräfte und Schüler*innen verfügbar*, *nur für Lehrkräfte verfügbar* und *nicht verfügbar*. Die Antwortkategorie *nur für Schüler*innen verfügbar* wird aufgrund der über nahezu alle ICILS-2023-Teilnehmerländer hinweg erreichten Anteile nahe null Prozent und damit fehlender Varianz der Ergebnisse nicht berichtet. Die Darstellung der Ergebnisse in Tabelle 7.1 erfolgt in alphabetischer Reihenfolge entlang der hier abgebildeten ICILS-2023-Teilnehmerländer. Der Fokus der Ergebnisbeschreibung liegt nachfolgend auf der Antwortkategorie *für Lehrkräfte und Schüler*innen verfügbar*.

Tabelle 7.1: Verfügbarkeit eines Zugangs zu einem WLAN und zu E-Mail-Konten für die schulbezogene Nutzung in ICILS 2023 in Nordrhein-Westfalen im internationalen Vergleich und ICILS 2018 in Nordrhein-Westfalen (Angaben aus dem technischen Teil des Fragebogens für Schulen, gewichtet auf die Population der Schüler*innen in Prozent)

		Zugang zu einem WLAN						**E-Mail-Konten für die schulbezogene Nutzung**					
		Für Lehrkräfte und Schüler*innen		**Nur für Lehrkräfte**		**Nicht verfügbar**		**Für Lehrkräfte und Schüler*innen**		**Nur für Lehrkräfte**		**Nicht verfügbar**	
	Teilnehmer[A]	%	(SE)	%	(SE)	%	(SE)	%	(SE)	%	(SE)	%	(SE)
	Aserbaidschan	46.6	(4.6)	29.4	(4.3)	21.5	(3.7)	69.5	(4.0)	24.8	(4.3)	5.6	(1.8)
	Belgien (Fläm. Gem.)	98.2	(1.3)	1.8	(1.3)	0.0	(0.0)	96.0	(1.8)	4.0	(1.8)	0.0	(0.0)
3	Bosnien und Herzegowina	32.9	(6.7)	61.4	(7.0)	3.9	(2.6)	29.3	(4.7)	36.6	(6.6)	34.1	(6.6)
2	Dänemark	99.4	(0.6)	0.0	(0.0)	0.6	(0.6)	81.5	(3.7)	16.6	(3.8)	1.9	(1.3)
	Deutschland	**64.9**	**(4.2)**	**30.9**	**(4.1)**	**4.3**	**(1.5)**	**63.5**	**(4.1)**	**34.5**	**(4.0)**	**1.9**	**(1.2)**
	Finnland	97.6	(1.2)	2.4	(1.2)	0.0	(0.0)	99.4	(0.6)	0.6	(0.6)	0.0	(0.0)
	Frankreich	35.6	(4.8)	36.8	(4.5)	23.7	(3.9)	74.0	(4.3)	15.8	(3.3)	10.2	(3.0)
	Griechenland	12.8	(2.9)	73.8	(4.0)	13.4	(3.1)	78.5	(3.7)	7.6	(2.5)	11.6	(2.7)
	Internat. Mittelwert	**67.2**	**(0.6)**	**28.7**	**(0.6)**	**3.7**	**(0.3)**	**74.6**	**(0.6)**	**16.5**	**(0.6)**	**8.6**	**(0.4)**
	Italien	47.8	(4.3)	50.7	(4.3)	1.5	(1.1)	89.5	(2.4)	7.8	(2.2)	2.7	(1.0)
2	Kasachstan	60.6	(4.3)	30.0	(4.0)	7.3	(2.2)	35.9	(3.9)	56.4	(4.0)	7.7	(2.3)
2	Kosovo	30.9	(3.9)	53.5	(3.8)	15.6	(3.1)	26.5	(3.8)	42.8	(4.8)	30.6	(4.5)
2	Kroatien	85.9	(3.3)	13.4	(3.2)	0.7	(0.7)	93.1	(2.2)	3.1	(1.4)	3.8	(1.7)
2	Lettland	78.6	(3.6)	18.1	(3.5)	3.3	(1.5)	67.9	(4.0)	16.6	(3.4)	13.3	(2.8)
	Luxemburg	99.1	(0.1)	0.0	(0.0)	0.9	(0.1)	86.9	(1.9)	4.3	(1.0)	8.9	(1.7)
	Malta	62.0	(0.6)	36.1	(0.6)	1.8	(0.0)	95.4	(0.1)	4.6	(0.1)	0.0	(0.0)
2	***Nordrhein-Westfalen***	**69.8**	**(4.1)**	**22.1**	**(4.0)**	**8.1**	**(2.6)**	**67.6**	**(4.2)**	**31.5**	**(4.1)**	**0.9**	**(0.9)**
2 8	Norwegen	95.5	(1.7)	3.3	(1.5)	0.8	(0.8)	93.9	(1.9)	6.1	(1.9)	0.0	(0.0)
	Oman	42.8	(3.4)	54.2	(3.4)	2.2	(1.1)	49.8	(3.4)	38.4	(3.3)	11.8	(2.6)
2	Österreich	97.3	(1.4)	2.7	(1.4)	0.0	(0.0)	99.2	(0.8)	0.8	(0.8)	0.0	(0.0)
2	Portugal	90.4	(2.4)	9.6	(2.4)	0.0	(0.0)	93.7	(2.1)	5.0	(1.8)	1.4	(1.0)
	Republik Korea	92.5	(2.4)	4.0	(1.7)	0.8	(0.8)	54.6	(4.5)	31.2	(3.8)	14.1	(3.3)
1 2 6	Rumänien	64.1	(4.6)	33.2	(4.7)	2.8	(1.4)	76.7	(4.4)	11.8	(3.3)	10.7	(2.8)
2	Schweden	97.2	(1.4)	2.2	(1.3)	0.5	(0.5)	98.1	(1.1)	1.9	(1.1)	0.0	(0.0)
2	Serbien	50.6	(4.6)	47.5	(4.5)	2.0	(1.4)	73.5	(3.6)	17.3	(2.9)	9.2	(2.5)
	Slowakei	48.9	(4.0)	50.5	(4.0)	0.6	(0.6)	48.4	(4.1)	24.3	(3.7)	27.3	(3.3)
2	Slowenien	62.8	(4.1)	36.6	(4.0)	0.6	(0.6)	91.7	(2.1)	8.3	(2.1)	0.0	(0.0)
2	Spanien	82.8	(2.3)	15.7	(2.4)	0.9	(0.5)	91.0	(2.1)	6.4	(1.5)	2.6	(1.4)
	Taiwan	69.5	(4.0)	30.5	(4.0)	0.0	(0.0)	98.2	(1.0)	1.8	(1.0)	0.0	(0.0)
2	Tschechien	56.9	(3.4)	41.7	(3.4)	1.3	(1.0)	88.2	(2.1)	11.8	(2.1)	0.0	(0.0)
	Ungarn	59.7	(4.8)	40.3	(4.8)	0.0	(0.0)	50.1	(4.4)	26.6	(4.0)	22.6	(3.5)
	Uruguay	94.0	(2.9)	5.1	(2.8)	0.9	(0.9)	42.8	(5.0)	28.7	(4.3)	28.5	(4.3)
5	USA	95.3	(2.5)	4.7	(2.5)	0.0	(0.0)	97.7	(1.4)	2.3	(1.4)	0.0	(0.0)
	VG EU	**69.7**	**(0.7)**	**27.3**	**(0.7)**	**2.8**	**(0.3)**	**82.9**	**(0.6)**	**10.6**	**(0.5)**	**6.0**	**(0.4)**
	Zypern	21.2	(2.4)	76.7	(2.4)	2.1	(0.2)	78.2	(0.9)	10.9	(0.6)	7.5	(0.6)
	Vergleich ICILS 2018												
	Nordrhein-Westfalen	**18.7**	**(4.1)**	**56.2**	**(4.4)**	**25.1**	**(4.5)**	**21.2**	**(4.5)**	**54.9**	**(5.3)**	**23.8**	**(3.9)**

Die mit Zahlen beschrifteten Fußnoten werden in Kapitel 1 in diesem Berichtsband erläutert.
Kursiv gesetzt ist der Benchmark-Teilnehmer Nordrhein-Westfalen.
[A] Differenzen zu 100% sind im Rundungsverfahren begründet.

IEA: International Computer and Information Literacy Study 2023

Folgende zentrale Ergebnisse werden für Nordrhein-Westfalen ersichtlich:

- In ICILS 2023 besuchen fast 70 Prozent (69.8%) der Achtklässler*innen in Nordrhein-Westfalen eine Schule, an der die*der IT-Koordinator*in angibt, dass der *Zugang zu einem WLAN für Lehrkräfte und Schüler*innen verfügbar* ist. Dieser Anteil ist signifikant und mit mehr als 50 Prozentpunkten Unterschied deutlich größer als der in ICILS 2018 für Nordrhein-Westfalen ersichtliche Anteil (18.7%) und spiegelt damit in diesem Bereich die erheblichen Entwicklungen in Nordrhein-Westfalen wider. Der Anteil in ICILS 2023 in Nordrhein-Westfalen liegt statistisch im Bereich des Anteils für Deutschland (64.9%), des Anteils bezogen auf den internationalen Mittelwert (67.2%) sowie des Anteils der europäischen Vergleichsgruppe EU (69.7%) und zeigt, dass Nordrhein-Westfalen in Bezug auf die Zurverfügungstellung von schulischem WLAN eine gewisse internationale Anschlussfähigkeit erreicht hat. In 13 ICILS-2023-Teilnehmerländern, darunter mit besonders hohen Anteilen von fast 100 Prozent in Dänemark (99.4%), Luxemburg (99.1%) und Belgien (Fläm. Gem.) (98.2%), ist jedoch der *Zugang zu einem WLAN* für einen signifikant und nochmals deutlich größeren Anteil der *Lehrkräfte und Schüler*innen verfügbar* als in Nordrhein-Westfalen. Signifikant niedrigere Anteile hinsichtlich der Verfügbarkeit des *Zugangs zu einem WLAN für Lehrkräfte und Schüler*innen* als in Nordrhein-Westfalen liegen in 11 ICILS-2023-Teilnehmerländern vor, darunter Zypern (21.2%) und Griechenland (12.8%) mit besonders kleinen Anteilen im internationalen Vergleich. Hingegen zeigen sich in acht ICILS-2023-Teilnehmerländern keine signifikanten Unterschiede im Vergleich zu Nordrhein-Westfalen.
- Hinsichtlich der Verfügbarkeit von *E-Mail-Konten für die schulbezogene Nutzung* zeigt sich für ICILS 2023 in Nordrhein-Westfalen, dass mehr als zwei Drittel (67.6%) der Schüler*innen eine Schule besuchen, an der die*der IT-Koordinator*in angibt, dass diese IT-Infrastruktur *für Lehrkräfte und Schüler*innen verfügbar* ist. Dieser Anteil ist im Vergleich zu ICILS 2018 (21.2%) ebenfalls signifikant und deutlich größer, sodass die noch im Rahmen von ICILS 2018 diesbezüglich aufgezeigten Entwicklungsbedarfe innerhalb eines Fünfjahreszeitraumes durchaus erfolgreich adressiert werden konnten. Der Anteil in ICILS 2023 in Nordrhein-Westfalen liegt statistisch im Bereich des Anteils von Deutschland (63.5%). Auch im Vergleich zu dem auf den internationalen Mittelwert bezogenen Anteil (74.6%) in ICILS 2023 zeigt sich kein signifikanter Unterschied, während der Anteil der Vergleichsgruppe EU (82.9%) signifikant größer ist und hier vor allem auch aus einem europäischen Blickwinkel noch Entwicklungspotenzial für Nordrhein-Westfalen zu verzeichnen ist. Dies wird auch in der Einzelbetrachtung deutlich: In 18 ICILS-2023-Teilnehmerländern, darunter mit besonders hohen Anteilen von über 98 Prozent in Finnland (99.4%), Österreich (99.2%), Taiwan (98.2%) und Schweden (98.1%), ist die Verfügbarkeit von *E-Mail-Konten für die schulbezogene Nutzung* für einen signifikant größeren Anteil der *Lehrkräfte und Schüler*innen verfügbar* als in Nordrhein-Westfalen. Signifikant niedrigere Anteile als in Nordrhein-Westfalen liegen in nur acht ICILS-2023-Teilnehmerländern vor, darunter mit sehr niedrigen Anteilen von unter 30 Prozent in Bosnien und Herzegowina (29.3%) und dem Kosovo (26.5%). Keine signifikanten Unterschiede im Vergleich zu Nordrhein-Westfalen zeigen sich in sechs ICILS-2023-Teilnehmerländern.

Verfügbarkeit verschiedener IT-Infrastrukturen

Über die Verfügbarkeit eines Zugangs zu einem WLAN und zu E-Mail-Konten für die schulbezogene Nutzung hinaus wurde in ICILS 2023 die Verfügbarkeit verschiedener weiterer IT-Infrastrukturen erfragt. Die Ergebnisse für Nordrhein-Westfalen werden in Abbildung 7.1 im Vergleich zu Deutschland und dem internationalen Mittel präsentiert.

Abbildung 7.1: Verfügbarkeit verschiedener IT-bezogener Infrastrukturen in der Schule in ICILS 2023 in Nordrhein-Westfalen, in Deutschland und im internationalen Mittel (Angaben aus dem technischen Teil des Fragebogens für Schulen, gewichtet auf die Population der Schüler*innen in Prozent)[A]

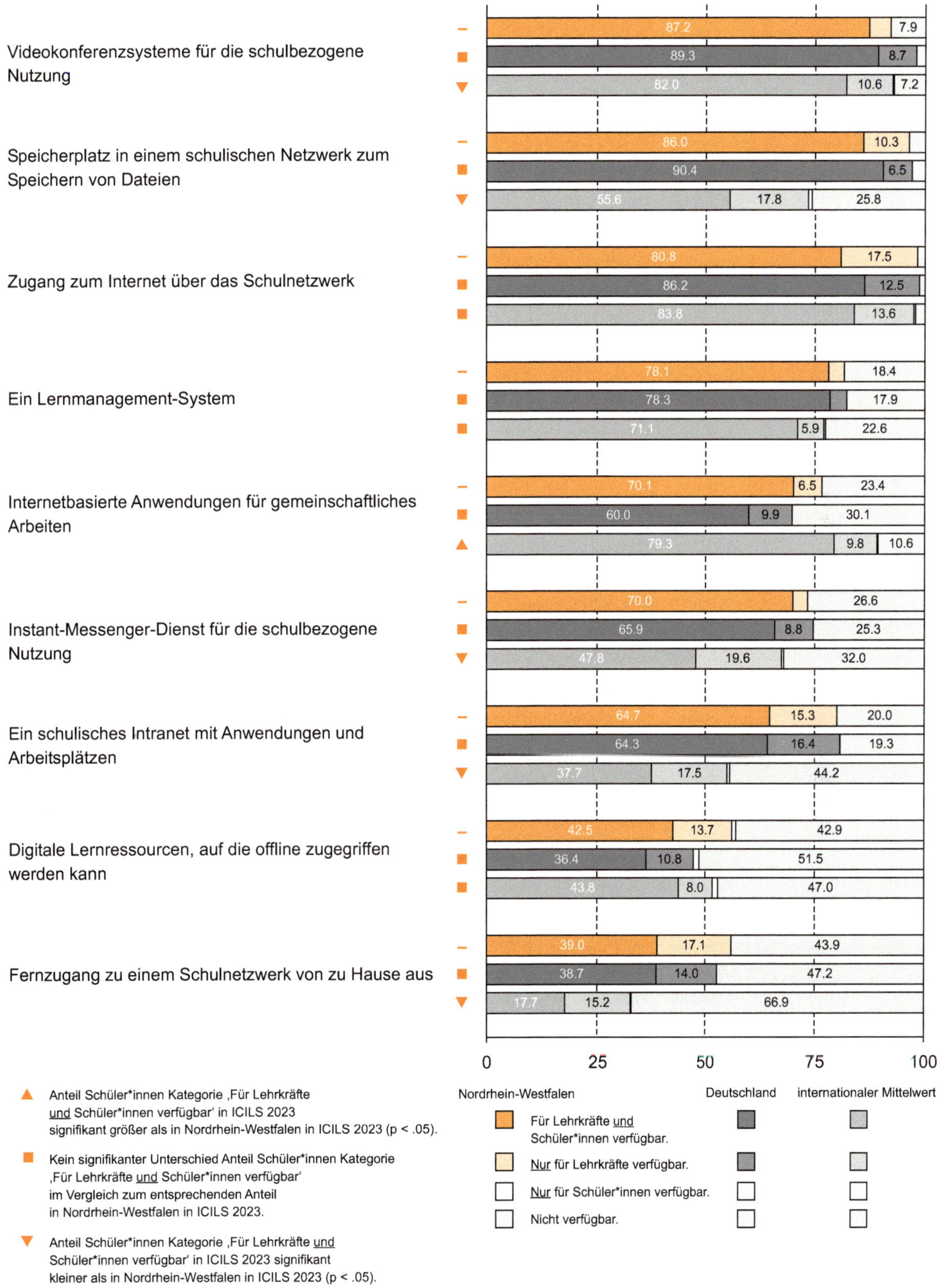

[A] Differenzen zu 100% sind im Rundungsverfahren begründet.

IEA: International Computer and Information Literacy Study 2023 © ICILS 2023

Dargestellt werden die vier international erfassten Antwortmöglichkeiten: *für Lehrkräfte und Schüler*innen verfügbar*, *nur für Lehrkräfte verfügbar*, *nur für Schüler*innen verfügbar* sowie *nicht verfügbar*. Die Ergebnisse sind absteigend nach der Größe der Anteile in der Kategorie *für Lehrkräfte und Schüler*innen verfügbar* für Nordrhein-Westfalen sortiert, auf der auch erneut der Fokus in der Beschreibung der Ergebnisse gelegt wird.

Folgende zentrale Ergebnisse werden für Nordrhein-Westfalen ersichtlich:

- Mit jeweils fast 90 Prozent besucht der Großteil der Achtklässler*innen in Nordrhein-Westfalen eine Schule, an der die*der IT-Koordinator*in angibt, dass *Videokonferenzsysteme für die schulbezogene Nutzung* (87.2%) und *Speicherplatz in einem schulischen Netzwerk zum Speichern von Daten* (86.0%) *für Lehrkräfte und Schüler*innen verfügbar* sind. Diese Anteile liegen statistisch im Bereich der Anteile für Deutschland (89.3% bzw. 90.4%) und sind zudem signifikant größer als die auf die jeweiligen internationalen Mittelwerte bezogenen Anteile (82.0% bzw. 55.6%).
- Darüber hinaus besuchen jeweils etwa vier Fünftel der nordrhein-westfälischen Schüler*innen eine Schule, an der die*der IT-Koordinator*in angibt, dass den *Lehrkräften und Schüler*innen ein Zugang zum Internet über das Schulnetzwerk* (80.8%) und *ein Lernmanagement-System* (78.1%) zur Verfügung stehen. Die entsprechenden Anteile in Deutschland (86.2% bzw. 78.3%) und die auf den internationalen Mittelwert bezogenen Anteile (83.8% bzw. 71.1%) liegen statistisch im Bereich der Anteile Nordrhein-Westfalens.
- Weiterhin besuchen etwa 70 Prozent (70.1%) der Schüler*innen in Nordrhein-Westfalen eine Schule, an der die*der IT-Koordinator*in angibt, dass *internetbasierte Anwendungen für gemeinschaftliches Arbeiten für Lehrkräfte und Schüler*innen verfügbar* sind. Der Anteil Nordrhein-Westfalens liegt statistisch im Bereich des Anteils von Deutschland (60.0%), ist jedoch signifikant kleiner als der auf den internationalen Mittelwert bezogene Anteil (79.3%).
- Darüber hinaus besuchen 70.0 Prozent der nordrhein-westfälischen Schüler*innen eine Schule, an der nach Angaben der IT-Koordination ein *Instant-Messenger-Dienst für die schulbezogene Nutzung* für *Lehrkräfte und Schüler*innen* zur Verfügung steht. Der Anteil Nordrhein-Westfalens liegt statistisch im Bereich des Anteils von Deutschland (65.9%), ist jedoch signifikant größer als der auf den internationalen Mittelwert bezogene Anteil (47.8%) und zeigt, dass neben den oben genannten Videokonferenzsystemen auch die Messenger-Dienste in Nordrhein-Westfalen eine Verfügbarkeit aufweisen, die – auch wenn neuere Entwicklungsbedarfe und die aktuelle Nachfrage vielleicht doch zu prüfen wären – mehr als international anschlussfähig ist.
- Nahezu zwei Drittel (64.7%) der Schüler*innen in Nordrhein-Westfalen besuchen eine Schule, an der die*der IT-Koordinator*in angibt, dass *ein schulisches Intranet mit Anwendungen und Arbeitsplätzen für Lehrkräfte und Schüler*innen verfügbar* ist. Dieser Anteil liegt statistisch im Bereich des Anteils von Deutschland (64.3%), ist aber signifikant und deutlich größer als der auf den internationalen Mittelwert bezogene Anteil (37.7%).
- Noch etwas mehr als zwei Fünftel (42.5%) der Schüler*innen in Nordrhein-Westfalen besuchen eine Schule, an der die IT-Koordination angibt, dass *digitale Lernressourcen, auf die offline zugegriffen werden kann*, an Schulen *für Lehrkräfte und Schüler*innen verfügbar* sind. Der entsprechende Anteil in Deutschland (36.4%) und der auf den internationalen Mittelwert bezogene Anteil (43.8%) liegen statistisch im Bereich des Anteils in Nordrhein-Westfalen.

- Weniger als zwei Fünftel (39.0%) der nordrhein-westfälischen Schüler*innen besuchen eine Schule, an der die IT-Koordination die Verfügbarkeit eines *Fernzuganges zu einem Schulnetzwerk von zu Hause aus für Lehrkräfte und Schüler*innen* angibt. Dieser Anteil liegt statistisch im Bereich des Anteils von Deutschland (38.7%), ist jedoch signifikant und um mehr als das Doppelte größer als der auf den internationalen Mittelwert bezogene Anteil (17.7%).

In der Gesamtschau wird ersichtlich, dass sich die Anteile für Nordrhein-Westfalen mit Blick auf alle der hier betrachteten IT-bezogenen Infrastrukturen jeweils statistisch im Bereich der entsprechenden Anteile für Deutschland befinden. Die auf den internationalen Mittelwert bezogenen Anteile liegen in der Regel auch statistisch im Bereich Nordrhein-Westfalens oder fallen sogar in einigen relevanten Bereichen kleiner aus als in Nordrhein-Westfalen. Lediglich im Zusammenhang mit der Verfügbarkeit internetbasierter Anwendungen für gemeinschaftliches Arbeiten lässt sich im internationalen Vergleich für Nordrhein-Westfalen auch unter pädagogisch-didaktischen Gesichtspunkten ein besonderes Entwicklungspotenzial darstellen. Zudem wäre zu prüfen, welchen Stellenwert die hier betrachteten Technologien für das Lehren und Lernen in aktuellen Kontexten haben und ob diese hier möglicherweise entweder als mittlerweile weniger relevant eingeschätzt werden oder ihr Ausbau, aufgrund steigender Relevanz auch unabhängig vom internationalen Vergleich, nochmals zu forcieren wäre.

7.2 Ergebnisse zur Verfügbarkeit von digitalen Medien an Schulen im Verhältnis zur Anzahl der Schüler*innen

Neben den Informationen zur schulischen Verfügbarkeit verschiedener IT-Infrastrukturen werden nachfolgend Ergebnisse zur Verfügbarkeit von digitalen Medien an Schulen im Verhältnis zur Anzahl der Schüler*innen dargestellt. Dazu werden die ICILS-2023-Ergebnisse für Nordrhein-Westfalen in Tabelle 7.2 im internationalen Vergleich dargestellt. Berichtet wird das mittlere IT-Ausstattungsverhältnis in Schulen, das sich aus dem Verhältnis der Anzahl der Schüler*innen zu der Anzahl digitaler Endgeräte (unter Einbezug aller durch Schulen zur Verfügung gestellten digitalen Endgeräte) ergibt. Digitale Endgeräte umfassen per Definition der Studie ICILS alle Desktop-Computer, Laptops und Tablet-Geräte der Schule. Die Ergebnisdarstellung in der Tabelle 7.2 erfolgt aufsteigend sortiert, beginnend mit demjenigen ICILS-2023-Teilnehmerland, das das kleinste mittlere IT-Ausstattungsverhältnis und damit die meisten von der Schule zur Verfügung gestellten digitalen Endgeräte pro Schüler*in aufweist.

Folgende zentrale Ergebnisse werden für Nordrhein-Westfalen ersichtlich:

- Für Nordrhein-Westfalen zeigt sich in ICILS 2023 im Ergebnis ein mittleres IT-Ausstattungsverhältnis von 3.5 : 1 in den Schulen. Dies bedeutet, dass für 3.5 Schüler*innen ein digitales Endgerät in der Schule zur Verfügung steht. Im Vergleich zum vorangegangenen Studienzyklus kann diesbezüglich mit den Ergebnissen von ICILS 2023 eine bedeutsame Entwicklung in Nordrhein-Westfalen nachgezeichnet werden, da das mittlere IT-Ausstattungsverhältnis in ICILS 2018 deutlich ungünstiger ausfiel (12.6 : 1).
- Das mittlere IT-Ausstattungsverhältnis an Schulen liegt in Nordrhein-Westfalen (3.5 : 1) in ICILS 2023 statistisch im Bereich von Deutschland (4.5 : 1). Mit Blick auf den internationalen Vergleich ist das mittlere IT-Ausstattungsverhältnis an Schulen in Nordrhein-Westfalen jedoch signifikant unter dem auf den internationalen Mittelwert bezogenen Verhältnis (11.3 : 1) und dem Mittelwert der Vergleichsgruppe EU (6.6 : 1). Somit kann für die beiden Mittelwerte der internationalen

Tabelle 7.2: Mittlere Verhältnisse der Schüler*innen zu allen durch die Schule zur Verfügung gestellten digitalen Medien für Schüler*innen in ICILS 2023 und ICILS 2018 in Nordrhein-Westfalen im internationalen Vergleich (Mittelwerte nach Angaben aus dem technischen Teil des Fragebogens für Schulen, gewichtet auf die Population der Schüler*innen)

				Mittleres IT-Ausstattungsverhältnis in Schulen Verhältnis Anzahl Schüler*innen zu Anzahl digitaler Medien (unter Einbezug aller durch Schulen zur Verfügung gestellter digitaler Medien für Schüler*innen)			
				ICILS 2023°		ICILS 2018	
		Teilnehmer		M	(SE)	M	(SE)
5	10	USA	▼	0.8 : 1	(0.0)	1.6 : 1	(0.1)
2	8	Norwegen	▼	1.0 : 1	(0.0)	-	-
		Luxemburg	▼	2.1 : 1	(0.2)	4.5 : 1	(0.0)
		Finnland	▼	2.1 : 1	(0.2)	3.4 : 1	(0.3)
		Belgien (Fläm. Gem.)	■	2.2 : 1	(0.5)	-	-
2		Kroatien	■	2.6 : 1	(0.3)	-	-
2	9	Dänemark	■	2.5 : 1	(0.4)	4.6 : 1	(1.2)
		Taiwan	■	2.7 : 1	(0.1)	-	-
2		***Nordrhein-Westfalen***	–	**3.5 : 1**	**(0.5)**	**12.6 : 1**	**(1.0)**
		Republik Korea	■	3.7 : 1	(1.0)	13.6 : 1	(0.8)
2		Österreich	■	4.1 : 1	(0.3)	-	-
2		Schweden	■	4.4 : 1	(3.3)	-	-
		Deutschland	■	**4.5 : 1**	**(0.4)**	**9.7 : 1**	**(0.6)**
2		Lettland	▲	4.9 : 1	(0.4)	-	-
		Frankreich	▲	5.3 : 1	(0.6)	7.2 : 1	(0.9)
		Zypern	▲	5.4 : 1	(0.2)	-	-
7	11	Italien	▲	5.6 : 1	(0.5)	14.3 : 1	(1.7)
2		Tschechien	▲	5.7 : 1	(0.3)	-	-
		Ungarn	▲	6.1 : 1	(0.4)	-	-
		VG EU	▲	**6.6 : 1**	**(0.3)**	**8.7 : 1**	**(0.4)**
2		Spanien	■	8.1 : 1	(2.7)	-	-
		Slowakei	▲	8.5 : 1	(0.4)	-	-
		Malta	▲	8.8 : 1	(0.0)	-	-
2	9	Kasachstan	▲	11.4 : 1	(1.3)	21.7 : 1	(1.2)
		Internat. Mittelwert	▲	**11.3 : 1**	**(0.6)**	**13.1 : 1**	**(0.4)**
1 2	6	Rumänien	▲	11.8 : 1	(3.1)	-	-
		Griechenland	▲	12.6 : 1	(0.9)	-	-
2	9	Portugal	▲	15.7 : 1	(1.8)	16.9 : 1	(1.7)
2		Slowenien	▲	15.7 : 1	(2.3)	-	-
		Oman	▲	19.4 : 1	(3.1)	-	-
3		Bosnien und Herzegowina	▲	30.6 : 1	(3.2)	-	-
2		Serbien	▲	32.5 : 1	(5.3)	-	-
		Aserbaidschan	▲	36.9 : 1	(4.4)	-	-
2		Kosovo	▲	62.2 : 1	(14.4)	-	-
		Uruguay[D]		-	-	30.0 :1	(2.7)

▲ Mittleres IT-Ausstattungsverhältnis in ICILS 2023 signifikant größer als das entsprechende mittlere Verhältnis in Nordrhein-Westfalen in ICILS 2023 ($p < .05$).

■ Kein signifikanter Unterschied mittleres IT-Ausstattungsverhältnis im Vergleich zum entsprechenden mittleren Verhältnis in Nordrhein-Westfalen in ICILS 2023.

▼ Mittleres IT-Ausstattungsverhältnis in ICILS 2023 signifikant kleiner als das entsprechende mittlere Verhältnis in Nordrhein-Westfalen in ICILS 2023 ($p < .05$).

Die mit Zahlen beschrifteten Fußnoten werden in Kapitel 1 in diesem Berichtsband erläutert.
Kursiv gesetzt ist der Benchmark-Teilnehmer Nordrhein-Westfalen.

D Für Gruppen mit unzureichender Datengrundlage werden keine Werte angegeben (gehen auch nicht in die Berechnung der Mittelwerte der beiden Vergleichsgruppen ein).

° Abgebildet wird hier das Verhältnis der Anzahl der Schüler*innen (P_NUMSTD) zur Anzahl digitaler Medien unter Einbezug aller durch Schulen zur Verfügung gestellten digitalen Medien für Schüler*innen (II3G07AA2 + II3G07AB2 + II3G07AC2) und listenweisem Fallausschluss.

IEA: International Computer and Information Literacy Study 2023 © ICILS 2023

Vergleichsgruppen resümierend festgehalten werden, dass in Nordrhein-Westfalen mit Blick auf das mittlere IT-Ausstattungsverhältnis an Schulen nicht nur eine internationale Anschlussfähigkeit erreicht wurde, sondern auch vor allem ein Ausstattungsvorsprung dargestellt werden kann. Die Ausstattungsverhältnisse liegen dabei in neun der hier abgebildeten ICILS-2023-Teilnehmerländer statistisch im Bereich von Nordrhein-Westfalen, wohingegen nahezu alle anderen ICILS-2023-Teilnehmerländer ein signifikant größeres, im Sinne eines ungünstigeren Verhältnisses aufweisen als Nordrhein-Westfalen und somit weniger digitale Geräte pro Schüler*in von den Schulen zur Verfügung gestellt werden.

Bei der Interpretation dieser Ergebnisse ist jedoch zu beachten, dass die ICILS-2023-Teilnehmerländer unterschiedliche Ausstattungskonzepte implementiert haben und an dieser Stelle nur die Geräte berücksichtigt werden, die durch die Schule zur Verfügung gestellt werden. So werden z.B. Geräte aus BYOD-Konzepten (*bring your own device* oder *rent your own device*) hier nicht berücksichtigt, die auch in Schulen in Nordrhein-Westfalen über die Jahre eine immer relevantere Rolle spielen und z.B. auf eltern- bzw. familienfinanzierten Ansätzen beruhen.

7.3 Ergebnisse zur Verfügbarkeit digitaler Anwendungen für die Nutzung durch Lehrkräfte und Schüler*innen

Abbildung 7.2 greift die Verfügbarkeit digitaler Anwendungen für die Nutzung sowohl durch Lehrkräfte als auch durch Schüler*innen auf. Dabei werden die Ergebnisse aus ICILS 2023 für Nordrhein-Westfalen, für Deutschland sowie im internationalen Mittel betrachtet. Erhobene und berichtete Antwortkategorien differenzieren wieder die Verfügbarkeit nach Personengruppen: *für Lehrkräfte und Schüler*innen verfügbar*, *nur für Lehrkräfte verfügbar*, *nur für Schüler*innen verfügbar* sowie *nicht verfügbar*. Die Reihenfolge der dargestellten Ergebnisse in Abbildung 7.2 ist absteigend nach der Größe der Anteile in der Kategorie *für Lehrkräfte und Schüler*innen verfügbar* aus Sicht Nordrhein-Westfalens sortiert. Diese Antwortkategorie wird bei der nachfolgenden Beschreibung der Ergebnisse erneut fokussiert.

Folgende zentrale Ergebnisse werden für Nordrhein-Westfalen ersichtlich:

- Jeweils über 90 Prozent der Achtklässler*innen in Nordrhein-Westfalen besuchen eine Schule, an der nach Angaben der IT-Koordination, *Präsentationssoftware* (94.4%) sowie *Textverarbeitungsprogramme* (93.4%) *für Lehrkräfte und Schüler*innen verfügbar* sind. Die diesbezüglichen Werte für Deutschland (89.8% bzw. 89.5%) sowie die auf den internationalen Mittelwert bezogenen Anteile (94.7% bzw. 94.1%) zeigen ein ähnliches Bild der Verfügbarkeit von Standardsoftware zur Erstellung von Texten und Präsentationen und unterscheiden sich nicht signifikant von den Anteilen in Nordrhein-Westfalen.
- Darüber hinaus besuchen nahezu drei Viertel (73.3%) der nordrhein-westfälischen Schüler*innen eine Schule, an der nach Angaben der IT-Koordination den *Lehrkräften und Schüler*innen Programme zur Aufnahme und Bearbeitung von Videos und Fotos* zur Verfügung stehen. Der Anteil Deutschlands (66.0%) und der auf den internationalen Mittelwert bezogene Anteil (77.6%) liegen auch hier statistisch im Bereich des Anteils Nordrhein-Westfalens.
- Weiterhin besuchen nahezu zwei Drittel (63.3%) der Schüler*innen in Nordrhein-Westfalen eine Schule, an der die*der IT-Koordinator*in angibt, dass *Übungsprogramme oder Apps, bei denen die Lehrkräfte entscheiden können, welche Fragen den Schüler*innen gestellt werden für Lehrkräfte und Schüler*innen* zur Verfügung

Abbildung 7.2: Verfügbarkeit verschiedener digitaler Anwendungen in der Schule in ICILS 2023 in Nordrhein-Westfalen, in Deutschland und im internationalen Mittel (Angaben aus dem technischen Teil des Fragebogens für Schulen, gewichtet auf die Population der Schüler*innen in Prozent)[A]

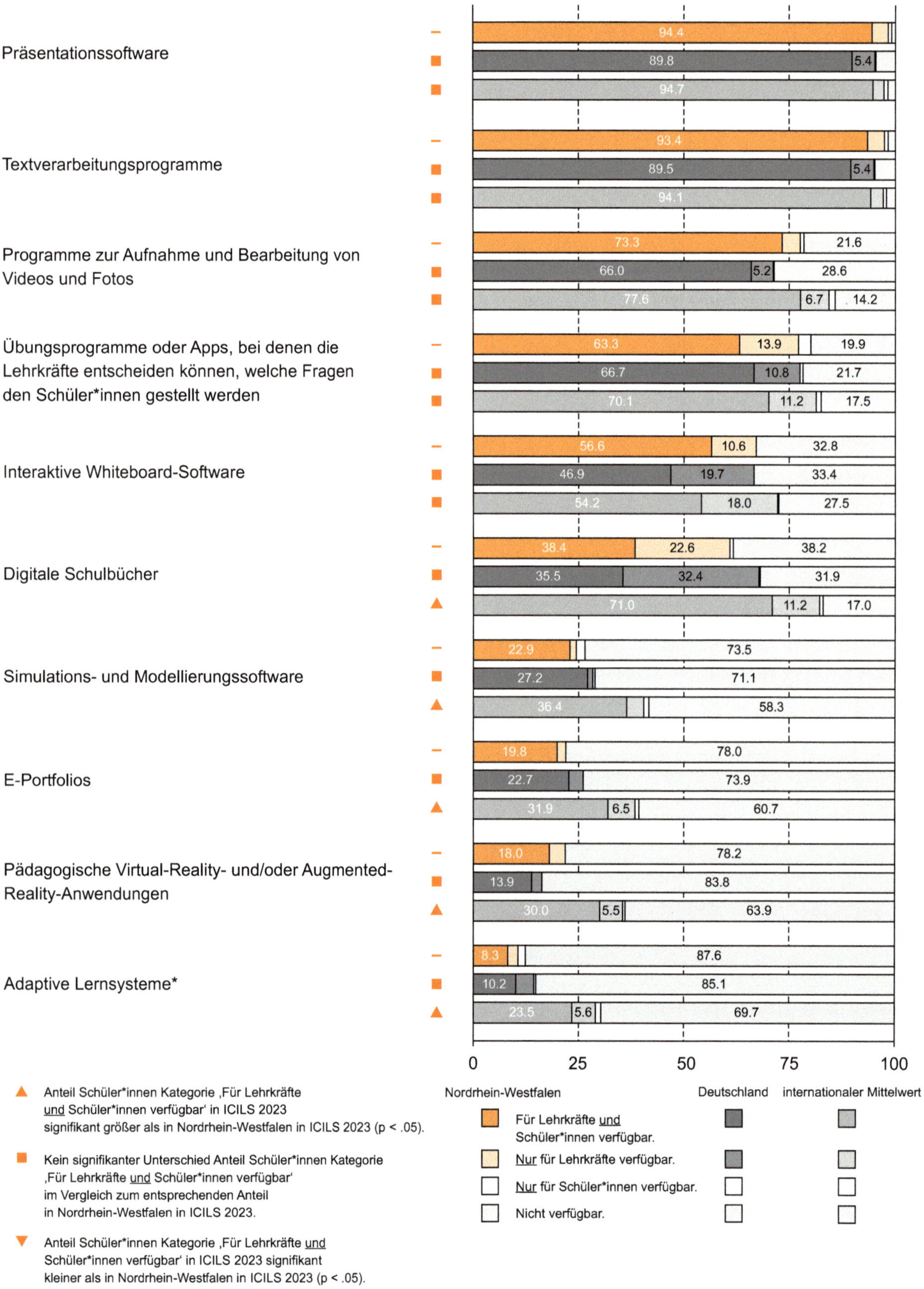

[A] Differenzen zu 100% sind im Rundungsverfahren begründet.

* Vollständige Itemformulierung: „Adaptive Lernsysteme (Software, die Daten der Lernenden sammelt und nutzt, um personalisierte Ressourcen und Lernangebote bereitzustellen, die auf die individuellen Bedürfnisse der Schüler*innen eingehen)

IEA: International Computer and Information Literacy Study 2023

stehen. Der Anteil von Deutschland (66.7%) sowie der auf den internationalen Mittelwert bezogene Anteil (70.1%) liegen statistisch im Bereich des entsprechenden Anteils von Nordrhein-Westfalen.

- Nach Angaben der IT-Koordination besuchen 56.6 Prozent der nordrhein-westfälischen Schüler*innen eine Schule, an der *interaktive Whiteboard-Software für Lehrkräfte und Schüler*innen* zur Verfügung steht. Dabei zeigen sich keine signifikanten Unterscheide zum Anteil in Deutschland (46.9%) sowie in Bezug auf den international Mittelwert bezogenen Anteil (54.2%).
- Nur weniger als zwei Fünftel (38.4%) der nordrhein-westfälischen Schüler*innen besuchen eine Schule, an der nach Angabe der IT-Koordination *digitale Schulbücher für Lehrkräfte und Schüler*innen verfügbar* sind. Dieser Anteil liegt zwar statistisch im Bereich des Anteils von Deutschland (35.5%), ist jedoch signifikant und deutlich kleiner als der auf den internationalen Mittelwert bezogene Anteil (71.0%).
- Zudem besucht in Nordrhein-Westfalen jeweils etwa ein Fünftel der Schüler*innen eine Schule, an der spezifische Anwendungen wie *Simulations- und Modellierungssoftware* (22.9%), *E-Portfolios* (19.8%) und *pädagogische Virtual-Reality- und/oder Augmented-Reality-Anwendungen* (18.0%) *für Lehrkräfte und Schüler*innen verfügbar* sind. Diese Anteile liegen durchweg statistisch im Bereich der Anteile von Deutschland (27.2%, 22.7% bzw. 13.9%), sind aber allesamt signifikant kleiner als die entsprechenden auf die internationalen Mittelwerte bezogenen Anteile (36.4%, 31.9% bzw. 30.0%).
- Deutlich weniger als 10 Prozent (8.3%) der Schüler*innen in Nordrhein-Westfalen besuchen eine Schule, an der die*der IT-Koordinator*in angibt, dass *adaptive Lernsysteme für Lehrkräfte und Schüler*innen verfügbar* sind. Während dieser Anteil noch statistisch im Bereich des Anteils von Deutschland (10.2%) liegt, fällt der auf den internationalen Mittelwert bezogene Anteil (23.5%) hingegen signifikant größer aus.

Insgesamt wird ersichtlich, dass eher etablierte digitale Anwendungen – wie Präsentationssoftware und Textverarbeitungsprogramme – in Nordrhein-Westfalen deutlich flächendeckender zur Verfügung stehen als die vergleichsweise noch innovativeren digitalen Anwendungen, wie *pädagogische Virtual-Reality- oder Augmented-Reality-Anwendungen* und *adaptive Lernsysteme*. Während solche vergleichsweise neueren, digitalen Anwendungen aus internationaler Perspektive bereits umfassenderen Einzug in zahlreiche Bildungssysteme erhalten haben, werden hier für Nordrhein-Westfalen, ebenso wie für Deutschland insgesamt, zu adressierende Entwicklungspotenziale sichtbar. Dies ist auch vor dem Hintergrund ihrer Potenziale zur gezielteren und individuellen Förderung von Schüler*innen zu sehen und der Möglichkeit und Notwendigkeit, mit dem Zugang zu neueren Technologien durch schulische Angebote und pädagogisch-didaktische Nutzung Bildungsungleichheiten entgegenzuwirken.

7.4 Ergebnisse zur Ausstattung der Lehrkräfte mit digitalen Endgeräten durch die Schule

Im Folgenden werden die ICILS-2023-Ergebnisse zur Ausstattung der Lehrkräfte mit digitalen Endgeräten durch die jeweils eigene Schule bzw. den entsprechenden Schulträger (bzw. im internationalen Kontext die in den ICILS-2023-Teilnehmerländern für äußere Schulangelegenheiten zuständigen *educational authorities*) betrachtet. Verglichen werden dazu die Ergebnisse für Nordrhein-Westfalen mit den Ergebnissen für Deutschland sowie dem internationalen Mittel. In der Ergebnisdarstellung werden alle international verfügbaren Antwortkategorien zur Ausstattung mit digitalen Endgeräten durch die

Abbildung 7.3: Ausstattung der Lehrkräfte mit eigenen, digitalen Endgeräten durch die Schule oder den Schulträger in ICILS 2023 in Nordrhein-Westfalen, in Deutschland und im internationalen Mittel (Angaben aus dem technischen Teil des Fragebogens für Schulen, gewichtet auf die Population der Schüler*innen in Prozent)[A]

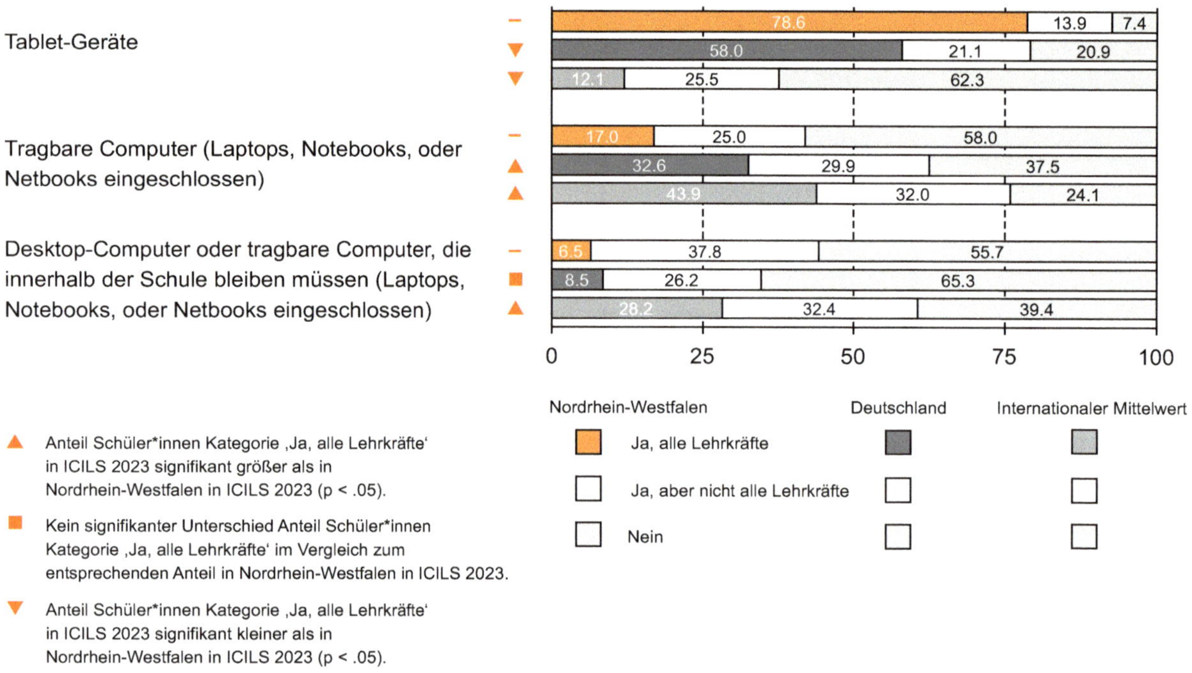

[A] Differenzen zu 100% sind im Rundungsverfahren begründet.

IEA: International Computer and Information Literacy Study 2023

Schule oder den Schulträger präsentiert: *ja, alle Lehrkräfte* und *ja, aber nicht alle Lehrkräfte* sowie *nein*. Die Ergebnisse sind absteigend nach der Größe der Anteile für die Kategorie *ja, alle Lehrkräfte* in Nordrhein-Westfalen sortiert.

Folgende zentrale Ergebnisse werden für Nordrhein-Westfalen ersichtlich:

- Im Ergebnis zeigt sich, dass allein fast 80 Prozent (78.6%) der nordrhein-westfälischen Achtklässler*innen eine Schule besuchen, an der die IT-Koordination in ICILS 2023 angibt, dass *alle Lehrkräfte* mit einem eigenen *Tablet-Gerät* durch die Schule oder den Schulträger ausgestattet sind. Der Anteil in Nordrhein-Westfalen ist damit signifikant und um mehr als 20 Prozentpunkte größer als der entsprechende Anteil in Deutschland (58.0%). Auch ist er signifikant und um ein Vielfaches größer als der auf den internationalen Mittelwert bezogene Anteil (12.1%). Dieses Ergebnis ist umso bemerkenswerter, als dass Nordrhein-Westfalen im Rahmen von ICILS 2018 in Bezug auf die Ausstattung mit tragbaren digitalen Dienstgeräten das Schlusslicht des internationalen Vergleichs bildete (ICILS 2018: Kategorie *Ja, jede Lehrkraft* 0.9%) (ohne Abbildung).
- Fast ein Fünftel (17.0%) der Schüler*innen in Nordrhein-Westfalen in ICILS 2023 besucht eine Schule, an der die*der IT-Koordinator*in angibt, dass *alle Lehrkräfte* durch die Schule oder den Schulträger mit weiteren *tragbaren Computern (Laptops, Notebooks, oder Netbooks eingeschlossen)* ausgestattet sind. Der vorgenannte Anteil Nordrhein-Westfalens fällt damit zwar signifikant geringer aus als der entsprechende, für Deutschland insgesamt ermittelte Anteil (32.6%), ist aber im Zusammenhang mit der Ausstattung der Lehrkräfte mit *Tablet-Geräten* (s.o.) zu betrachten. Der Anteil in Nordrhein-Westfalen ist zudem signifikant und ebenfalls deutlich kleiner als der auf den internationalen Mittelwert bezogene Anteil (43.9%).

- Weiterhin besuchen 6.5 Prozent der Schüler*innen in Nordrhein-Westfalen eine Schule, an der die*der IT-Koordinator*in angibt, dass die Lehrkräfte durch die Schule oder den Schulträger mit *Desktop-Computern oder tragbaren Computern, die innerhalb der Schule bleiben müssen (Laptops, Notebooks, oder Netbooks eingeschlossen)* ausgestattet sind. Der Anteil in Nordrhein-Westfalen liegt hier statistisch im Bereich des Anteils von Deutschland (8.5%), ist aber, auch das sei an dieser Stelle zur Einordnung ergänzt, signifikant und deutlich kleiner als der auf den internationalen Mittelwert bezogene Anteil (28.2%). Anzumerken ist an dieser Stelle nochmals der Hinweis, dass es sich bei der dargelegten Ausstattung der Lehrkräfte nur um durch die Schule bzw. den Schulträger zur Verfügung gestellte Geräte handelt.

7.5 Ergebnisse zur Einschätzung der Lehrkräfte zum technischen Support

Dieses Kapitel abschließend werden Einschätzungen der Lehrkräfte bezüglich des technischen IT-Supports ergänzt, um Schlussfolgerungen zu dessen Qualität ziehen zu können. In Abbildung 7.4 ist die Zustimmung der Lehrkräfte zu verschiedenen Aussagen über den technischen IT-Support an der eigenen Schule in ICILS 2023 in Nordrhein-Westfalen, Deutschland und im internationalen Mittel dargestellt. Dabei wurde die Kategorie *Zustimmung* aus den zusammengefassten Kategorien *stimme voll zu* und *stimme eher zu* gebildet. Die beiden Kategorien *stimme eher nicht zu* und *stimme nicht zu* standen ebenfalls zur Auswahl.

Abbildung 7.4: Einschätzung des technischen IT-Supports aus Perspektive der Lehrkräfte in ICILS 2023 in Nordrhein-Westfalen, Deutschland und im internationalen Mittel (Angaben der Lehrkräfte in Prozent, zusammengefasste Kategorie *Zustimmung*)

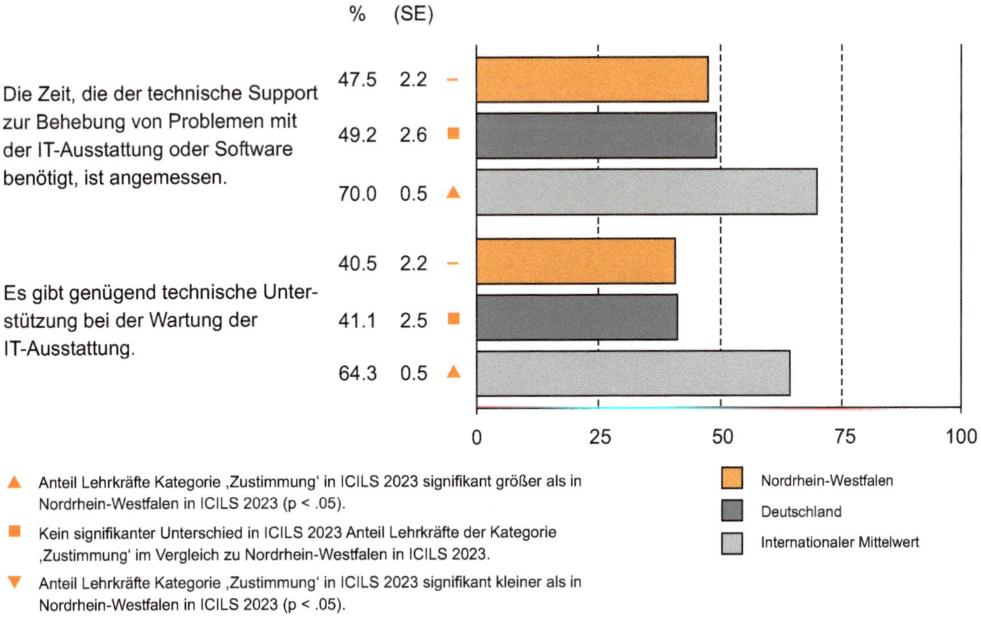

IEA: International Computer and Information Literacy Study 2023 © ICILS 2023

Folgende zentrale Ergebnisse werden für Nordrhein-Westfalen ersichtlich:

- Es wird deutlich, dass weniger als die Hälfte (47.5%) der Lehrkräfte an Schulen in ICILS 2023 in Nordrhein-Westfalen der Aussage zustimmt, dass *die Zeit, die der technische Support zur Behebung von Problemen mit der IT-Ausstattung oder Software benötigt, angemessen ist*. In Deutschland beträgt der diesbezügliche Anteil 49.2 Prozent und liegt statistisch im Bereich des Anteils von Nordrhein-Westfalen. Der auf den internationalen Mittelwert bezogene Anteil beträgt 70.0 Prozent und ist damit signifikant und deutlich größer als der Anteil in Nordrhein-Westfalen.
- Etwa zwei Fünftel (40.5%) der Lehrkräfte in ICILS 2023 in Nordrhein-Westfalen stimmen der Aussage zu, dass *es genügend technische Unterstützung bei der Wartung der IT-Ausstattung gibt*. In Deutschland beträgt der diesbezügliche Anteil 41.1 Prozent und liegt statistisch im Bereich des Anteils von Nordrhein-Westfalen. Auch dieser Aspekt im Kontext des technischen IT-Supports zeigt, dass der auf den internationalen Mittelwert bezogene Anteil mit fast zwei Dritteln (64.3%) *Zustimmung* statistisch signifikant größer ist als der entsprechende Anteil in Nordrhein-Westfalen. In anderen Staaten bzw. Bildungssystemen, vor allen in Taiwan (78.9%), Tschechien (76.8%) und der Republik Korea (73.6%) mit einer Zufriedenheitsrate von jeweils mehr als 70 Prozent (ohne Abbildung), ergeben sich mit ICILS 2023 diesbezüglich durchaus bessere schulische Rahmenbedingungen.

Literatur

Niemann, J., Eickelmann, B., Schaumburg, H. & Fröhlich, N. (2024). Technologische Rahmenbedingungen in Schulen in Deutschland im internationalen Vergleich. In B. Eickelmann, N. Fröhlich, W. Bos, J. Gerick, F. Goldhammer, H. Schaumburg, K. Schwippert, M. Senkbeil & J. Vahrenhold (Hrsg.), *ICILS 2023 #Deutschland. Computer- und informationsbezogene Kompetenzen und Kompetenzen im Bereich Computational Thinking von Schüler*innen im internationalen Vergleich* (S. 217–254). Waxmann. https://doi.org/10.31244/9783830999492.07

Kapitel 8
Kompetenzen im Bereich ‚Computational Thinking' von Schüler*innen in Nordrhein-Westfalen im zweiten internationalen Vergleich

Im vorliegenden Kapitel werden die zentralen Ergebnisse des Zusatzmoduls der Studie ICILS 2023 (*International Computer and Information Literacy Study 2023*) zum Bereich ‚Computational Thinking' präsentiert. Im Fokus stehen die Kompetenzen der Achtklässler*innen in Nordrhein-Westfalen im nationalen und vor allem im internationalen Vergleich. Wo möglich und sinnvoll, werden zudem Vergleiche zu den einschlägigen Ergebnissen der Studie ICILS 2018 gezogen. Während alle ICILS-2023-Teilnehmerländer an der Testung im Bereich der computer- und informationsbezogenen Kompetenzen teilgenommen haben (vgl. Kapitel 2 in diesem Band), war die Teilnahme an dem Zusatzmodul ‚Computational Thinking', wie auch in ICILS 2018, optional. Nordrhein-Westfalen, das zum zweiten Mal als sogenannter Benchmark-Teilnehmer an der Studie teilnimmt, hat sich – wie bereits 2018 – erneut für die Teilnahme an dem ICILS-2023-Zusatzmodul zum Kompetenzbereich ‚Computational Thinking' entschieden. Insgesamt nehmen 24 der 35 ICILS-2023-Teilnehmerländer an dem Zusatzmodul teil (vgl. Tabelle 1.1 in Kapitel 1 in diesem Band). Dabei ist zu berücksichtigen, dass aufgrund unzureichender Datengrundlage keine Ergebnisse für die Niederlande einbezogen werden können. Wie schon in Kapitel 1 in diesem Band beschrieben, werden die Kompetenzen der Schüler*innen im Bereich ‚Computational Thinking' mithilfe eines computerbasierten Instrumentariums in einer softwarebasierten Testumgebung mit eigens für den Kompetenzbereich entwickelten Testmodulen in den an dem Zusatzmodul beteiligten ICILS-2023-Teilnehmerländern erfasst. Zudem werden die Rahmenbedingungen des Kompetenzerwerbs über die Erfassung spezifischer Angaben der Schüler*innen in den Fragebögen erfasst, wobei in diesem Kontext im vorliegenden Kapitel die Förderung des Kompetenzerwerbs im Bereich ‚Computational Thinking' aus der Perspektive der Schüler*innen fokussiert wird. Neben den in allen ICILS-2023-Teilnehmerländern erhobenen Daten werden für die nachfolgenden Analysen zudem Daten aus den sogenannten NRW-spezifischen Ergänzungen des Fragebogens für Schüler*innen (vgl. Kapitel 1 in diesem Band) berücksichtigt. Für den Bereich ‚Computational Thinking' sind dies Aspekte, die sich auf den Umfang in der Schule erlernter Fähigkeiten beziehen.

Den Analysen und Ergebnissen vorangestellt sei, dass der in diesem Kapitel betrachtete Kompetenzbereich für Nordrhein-Westfalen durchaus von besonderem Interesse erscheint, da er eine hohe Affinität zu der sechsten Säule des Medienkompetenzrahmens NRW (Medienberatung NRW, 2017) aufweist. Weiterhin ergeben sich Kontexte und Fragestellungen, die Bezüge zu Inhaltsbereichen des Unterrichtsfaches Informatik aufweisen. Dabei ist zu beachten, dass die im Rahmen von ICILS 2023, und damit im späten Frühjahr 2023, getesteten Achtklässler*innen in Nordrhein-Westfalen der vorletzte Schüler*innenjahrgang ohne das zuvor eingeführte Pflichtfach Informatik in den Klassenstufen 5 bzw. 6 ist. Diesbezüglich sei an dieser Stelle darauf verwiesen, dass in Kapitel 1 des hier vorgelegten Berichtsbandes sowie ausführlich im Berichtsband für

Deutschland (Eickelmann et al., 2024) das dem Bereich ‚Computational Thinking' inhaltlich zugrundeliegende theoretische Konstrukt erläutert wird.

Die nachfolgende Ergebnisdarstellung zum Bereich ‚Computational Thinking' umfasst:

- Ergebnisse zu den Kompetenzen im Bereich ‚Computational Thinking' der Achtklässler*innen in Nordrhein-Westfalen im nationalen und internationalen Vergleich in ICILS 2023 und im Vergleich zu ICILS 2018 in Nordrhein-Westfalen, wobei die Ergebnisse zu den Kompetenzwerten um Angaben der Leistungsstreuung ergänzt werden (Abschnitt 8.1)
- Ergebnisse zur Verteilung der Schüler*innen auf die mit ICILS 2023 erstmals auf empirischer Basis gebildeten Kompetenzstufen im Bereich ‚Computational Thinking' in ICILS 2023 in Nordrhein-Westfalen im internationalen Vergleich und damit auch im Vergleich zu den Ergebnissen für Deutschland (Abschnitt 8.2)
- Vertiefende Ergebnisse von Schulformvergleichen der mittleren Kompetenzwerte und der Leistungsstreuungen der Kompetenzen im Bereich ‚Computational Thinking' von Schüler*innen in ICILS 2023 und zusätzlich im Vergleich zu ICILS 2018 in Nordrhein-Westfalen (Abschnitt 8.3)
- Vertiefende Ergebnisse von Schulformvergleichen zur Verteilung der Schüler*innen auf die Kompetenzstufen im Bereich ‚Computational Thinking' in ICILS 2023 in Nordrhein-Westfalen (Abschnitt 8.4)
- Ergebnisse zum Umfang in der Schule erlernter Fähigkeiten im Bereich ‚Computational Thinking' durch Schüler*innen in Nordrhein-Westfalen, Deutschland und im internationalen Mittel sowie ergänzende Ergebnisse zu dem vorgenannten Themenfeld, zu entsprechenden Fragen, die ausschließlich in Nordrhein-Westfalen erhoben wurden (Abschnitt 8.5)

Weitere, möglicherweise auch für Nordrhein-Westfalen relevante Ergebnisse der Studie ICILS 2023 zu den Kompetenzen und den Rahmenbedingungen des Kompetenzerwerbs im Bereich ‚Computational Thinking' von Schüler*innen im internationalen Vergleich finden sich im Berichtsband der Studie ICILS 2023 für Deutschland (Eickelmann et al., 2024). Dort werden bspw. die Ergebnisse zu den Kompetenzen im Bereich ‚Computational Thinking' unter Berücksichtigung von Hintergrundmerkmalen der Schüler*innen (Geschlecht, Zuwanderungshintergrund und soziale Herkunft) betrachtet sowie der Zusammenhang zwischen Kompetenzen im Bereich ‚Computational Thinking' und den computer- und informationsbezogenen Kompetenzen von Schüler*innen dargestellt. Da die Ergebnisse in dem Berichtsband für Deutschland für alle (mit Ausnahme von den Niederlanden, siehe Kapitel 1) an dem Zusatzmodul teilnehmenden Länder dargestellt sind, finden sich in der vorgenannten Publikation auch die jeweiligen Ergebnisse für Nordrhein-Westfalen, die über die Darstellung eines nationalen und internationalen Vergleiches zugänglich sind.

8.1 Ergebnisse zu den Kompetenzen im Bereich ‚Computational Thinking' der Schüler*innen im internationalen Vergleich

In Abbildung 8.1 werden zunächst die Ergebnisse zu den mittleren Kompetenzwerten im Bereich ‚Computational Thinking' der Achtklässler*innen in Nordrhein-Westfalen im internationalen Vergleich dargestellt. Für einen Vergleich über einen fünfjährigen Zeitraum werden zudem die in ICILS 2018 für Nordrhein-Westfalen ermittelten mittleren Kompetenzwerte dargestellt. Berichtet werden im Einzelnen die mittleren Kompetenzwerte (*M*), die jeweiligen Standardabweichungen (*SD*), die Standardfehler (*SE*) sowie die sogenannten Perzentilbänder, die u.a. die Leistungsstreuung in den

Abbildung 8.1: Kompetenzen im Bereich ‚Computational Thinking' in ICILS 2023 im internationalen Vergleich und in ICILS 2018 in Nordrhein-Westfalen

	Teilnehmer	**M**	**(SE)**	**SD**	**(SE)**	
	Taiwan	548	(3.9)	110	(2.2)	▲
	Republik Korea	537	(3.3)	122	(1.9)	▲
2	Tschechien	527	(2.9)	95	(1.9)	▲
	Belgien (Fläm. Gem.)	509	(6.3)	109	(3.2)	▲
2	Dänemark	504	(3.5)	112	(2.7)	▲
	Finnland	502	(5.2)	120	(2.9)	▲
	Frankreich	499	(3.9)	103	(2.2)	▲
	Slowakei	498	(3.7)	108	(2.7)	▲
2	Lettland	495	(5.2)	111	(2.7)	▲
2	Schweden	486	(4.8)	123	(2.5)	▲
2 8	Norwegen	485	(3.7)	122	(2.5)	▲
2	Portugal	484	(4.0)	95	(2.8)	▲
	VG EU	**483**	**(1.0)**	**110**	**(0.6)**	▲
	Internat. Mittelwert	**483**	**(0.9)**	**112**	**(0.5)**	▲
	Italien	482	(3.0)	94	(2.2)	▲
	Deutschland	**479**	**(3.8)**	**111**	**(2.6)**	▲
2	Österreich	476	(3.9)	107	(2.2)	▲
	Luxemburg	476	(2.5)	114	(1.6)	▲
5	USA	461	(7.1)	123	(3.0)	■
2	***Nordrhein-Westfalen***	**461**	**(4.1)**	**111**	**(2.6)**	–
2	Slowenien	448	(3.2)	106	(1.8)	▼
	Malta	438	(3.1)	132	(2.2)	▼
2	Kroatien	429	(4.4)	119	(2.7)	▼
2	Serbien	422	(5.1)	115	(2.2)	▼
	Uruguay	421	(4.3)	113	(2.3)	▼
	Vergleich ICILS 2018					
	Nordrhein-Westfalen	**485**	**(3.0)**	**95**	**(2.4)**	▲

▲ Mittelwert in ICILS 2023 signifikant größer als in Nordrhein-Westfalen in ICILS 2023 (p < .05).

■ Kein signifikanter Unterschied zum Mittelwert in Nordrhein-Westfalen in ICILS 2023.

▼ Mittelwert in ICILS 2023 signifikant kleiner als in Nordrhein-Westfalen in ICILS 2023 (p < .05).

▲ Mittelwert in ICILS 2018 signifikant größer als in Nordrhein-Westfalen in ICILS 2023 (p < .05).

■ Kein signifikanter Unterschied zum Mittelwert in Nordrhein-Westfalen in ICILS 2023.

▼ Mittelwert in ICILS 2018 signifikant kleiner als in Nordrhein-Westfalen in ICILS 2023 (p < .05).

Die mit Zahlen beschrifteten Fußnoten werden in Kapitel 1 in diesem Berichtsband erläutert.
Kursiv gesetzt ist der Benchmark-Teilnehmer Nordrhein-Westfalen.

IEA: International Computer and Information Literacy Study 2023

Teilnehmerländern sowie in den Vergleichsgruppen abbilden. Ergänzend zur reinen Betrachtung der Mittelwerte veranschaulichen die Perzentilbänder in Abbildung 8.1 mit der Leistungsstreuung die Heterogenität der Kompetenzwerte: Je größer der mittlere Kompetenzwert, desto weiter rechts liegt die Mitte des Perzentilbandes. Zusätzlich zeigt die Breite des Perzentilbandes die Leistungsstreuung der Schüler*innen an, d.h., wie stark die Testergebnisse der Schüler*innen im Durchschnitt um den Mittelwert des jeweiligen Teilnehmerlandes streuen. Dieser Wert kann in seiner Interpretation auch als Indikator für die Bildungsgerechtigkeit innerhalb eines Landes in Bezug auf die Kompetenzen im Bereich ‚Computational Thinking' dienen. Die in der zugehörigen Abbildung 8.1 dargestellten Ergebnisse sind absteigend nach der Höhe der mittleren Kompetenzwerte der Schüler*innen sortiert.

Folgende zentrale Ergebnisse werden für Nordrhein-Westfalen ersichtlich:

- In ICILS 2023 erreichen die nordrhein-westfälischen Achtklässler*innen im Mittel 461 Punkte in den Kompetenzen im Bereich ‚Computational Thinking'. Damit ist auch in diesem Kompetenzbereich für Nordrhein-Westfalen im Vergleich zu ICILS 2018 (485 Punkte) ein signifikanter und deutlicher Kompetenzrückgang von gerundet 25 Punkten zu verzeichnen.
- Der mittlere Kompetenzwert der Schüler*innen in ICILS 2023 in Nordrhein-Westfalen liegt statistisch signifikant und erstmals unter dem Wert Deutschlands (479 Punkte) sowie signifikant unter dem internationalen Mittelwert (483 Punkte) und unter dem Mittelwert der europäischen Vergleichsgruppe EU (483 Punkte).
- Im internationalen Vergleich erreichen die Schüler*innen in 16 der für den hier betrachteten Kompetenzbereich zu berücksichtigenden ICILS-2023-Teilnehmerländer ein signifikant höheres Kompetenzniveau im Bereich ‚Computational Thinking'. Besonders hohe mittlere Kompetenzniveaus zeigen sich dabei in Taiwan (548 Punkte), der Republik Korea (537 Punkte) sowie in Tschechien (527 Punkte).
- An dieser Stelle sei zur weiteren Einordnung ergänzt, dass die mittleren Kompetenzen im Kompetenzbereich ‚Computational Thinking' in Deutschland insgesamt im Zeitraum von ICILS 2018 bis ICILS 2023 zwar auch als vergleichsweise niedrig zu bezeichnen sind (Eickelmann et al., 2024), aber, im Gegensatz zu Nordrhein-Westfalen, nicht über die Zeit rückläufig sind.
- Signifikant niedrigere mittlere Kompetenzwerte als in Nordrhein-Westfalen im Bereich ‚Computational Thinking' liegen in lediglich fünf der hier berichteten Teilnehmerländer vor (Slowenien: 448 Punkte, Malta: 438 Punkte, Kroatien: 429 Punkte, Serbien: 422 Punkte, Uruguay: 421 Punkte).
- Keine signifikanten Unterschiede bezogen auf den mittleren Kompetenzstand der Schüler*innen im Vergleich zu Nordrhein-Westfalen zeigen sich nur in den USA (461 Punkte).
- Die Leistungsstreuung der Kompetenzen der Achtklässler*innen im Bereich ‚Computational Thinking' zwischen dem 5. und dem 95. Perzentil des Kompetenzspektrums (siehe Abbildung 8.1) beträgt in ICILS 2023 in Nordrhein-Westfalen gerundet 367 Punkte. Die geringste Streubreite liegt bei gerundet 308 Punkten in Italien und die größte Streubreite bei gerundet 436 Punkten in Malta. Deutschland weist mit 368 Punkten eine ähnliche Streubreite wie Nordrhein-Westfalen auf. Zu ergänzen sei, dass die Streubreite in ICILS 2018 in Nordrhein-Westfalen im Bereich ‚Computational Thinking' gerundet 313 Punkte betrug.

8.2 Ergebnisse zur Verteilung der Schüler*innen auf die Kompetenzstufen der Kompetenzen im Bereich ‚Computational Thinking' im internationalen Vergleich

Die Verteilung der Schüler*innen auf die erstmals auf empirischer Basis mit ICILS 2023 gebildeten Kompetenzstufen im Bereich ‚Computational Thinking' der Schüler*innen in Nordrhein-Westfalen im internationalen Vergleich wird in Abbildung 8.2 dargelegt. Dabei wird im mittleren Teil der Abbildung 8.2 die prozentuale Verteilung auf die Kompetenzstufen dargestellt. Im rechten Teil der zugehörigen Abbildung sind zudem die kumulierten Anteile der Schüler*innen aufgeführt, die die entsprechenden Kompetenzstufen erreichen, womit anschaulich die Anteile jeweils rechnerisch zusammengefasst sind. Sortiert sind die Ergebnisse in der Darstellung absteigend nach der Höhe des Anteils der Schüler*innen in den ICILS-2023-Teilnehmerländern, die die höchste Kompetenzstufe V im Bereich ‚Computational Thinking' erreicht haben. Eine vollständige und umfängliche Beschreibung der Kompetenzstufen im Bereich ‚Computational Thinking' findet sich in Kapitel 8 (Eickelmann et al., 2024) des ICILS-2023-Berichtsbandes für Deutschland.

Folgende zentrale Ergebnisse werden für Nordrhein-Westfalen ersichtlich:

- In Nordrhein-Westfalen weist ein sehr geringer Anteil (3.0%) der Schüler*innen in ICILS 2023 Kompetenzen im Bereich ‚Computational Thinking' der obersten Kompetenzstufe V auf. Der entsprechende Anteil ist signifikant kleiner als in Deutschland (5.1%) und als der auf den internationalen Mittelwert bezogene Anteil (5.9%) sowie als der Mittelwert der europäischen Vergleichsgruppe EU (5.2%). Lediglich dieser kleine Anteil der Schüler*innen ist somit in der Lage, selbstständig komplexe Problemlösungen im Bereich ‚Computational Thinking' herbeizuführen oder Codierungslösungen zu testen und zu verfeinern. Erwähnenswert ist, dass in der Republik Korea (15.4%) und Taiwan (15.1%) ein deutlich höherer Anteil der Schüler*innen die höchste Kompetenzstufe V erreicht. Bei der Betrachtung aller weiteren ICILS-2023-Teilnehmerländer zeigt sich insgesamt, dass jeweils nur relativ geringe Anteile der Schüler*innen diese Kompetenzstufe erreichen.
- Über zwei Fünftel (41.5%) der Schüler*innen in ICILS 2023 in Nordrhein-Westfalen erreichen nur die unteren beiden Kompetenzstufen I und II. Damit verfügt ein nicht unerheblicher Teil der Schüler*innen in Nordrhein-Westfalen über sehr geringe Kompetenzen im Bereich ‚Computational Thinking'. Dieser Anteil ist signifikant höher als der Anteil in Deutschland (36.2%) und als der auf den internationalen Mittelwert bezogene Anteil (33.9%) sowie der Anteil der Vergleichsgruppe EU (33.2%). Ein signifikant niedrigerer Anteil der Schüler*innen auf den unteren beiden Kompetenzstufen kann für 16 der abgebildeten ICILS-2023-Teilnehmerländer festgestellt werden. Lediglich in Uruguay (55.2%), Serbien (54.5%), Kroatien (52.3%) und Malta (48.4%) sind die entsprechenden Anteile der Schüler*innen auf den unteren beiden Kompetenzstufen signifikant höher als in Nordrhein-Westfalen.
- Das zuvor dargestellte Ergebnis präzisierend, zeigt sich, dass mehr als ein Achtel (12.8%) der Achtklässler*innen in ICILS 2023 in Nordrhein-Westfalen sogar nur Kompetenzen im Bereich ‚Computational Thinking' auf der untersten Kompetenzstufe I erreicht. Schüler*innen, die sich auf dieser Kompetenzstufe verorten lassen, verfügen lediglich über rudimentäre Fertigkeiten bezogen auf Aspekte des Kompetenzbereichs ‚Computational Thinking' wie bspw. in Bezug auf die Konzeptualisierung von Problemen und die Operationalisierung von Lösungen. Der entsprechende Anteil Nordrhein-Westfalens liegt statistisch im Bereich des Anteils von Deutsch-

Abbildung 8.2: Prozentuale Verteilung der Schüler*innen auf die Kompetenzstufen im Bereich ‚Computational Thinking' in ICILS 2023 in Nordrhein-Westfalen im internationalen Vergleich

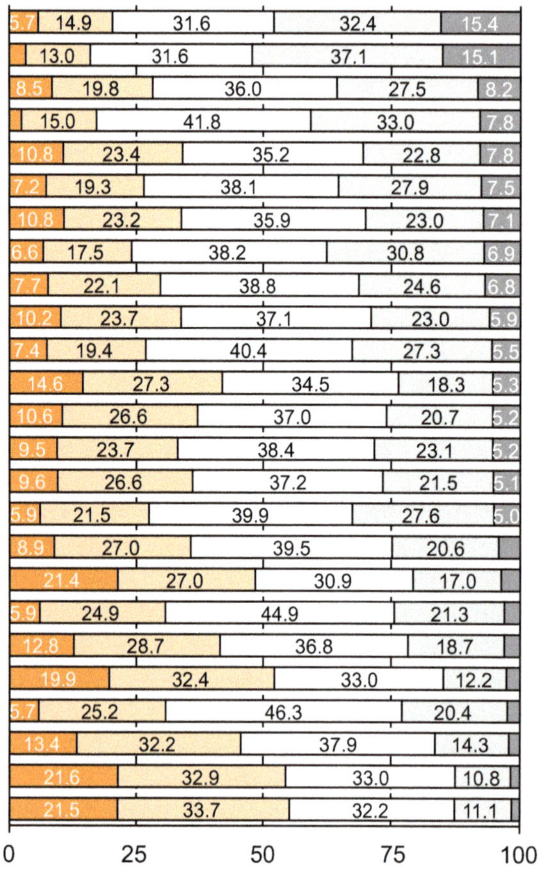

	Teilnehmer[A]	I	II	III	IV	V	Anteil (%) der Schüler*innen, der mindestens diese Kompetenzstufe erreicht: II %	III %	IV %	V %
	Republik Korea	5.7	14.9	31.6	32.4	15.4	94.3	79.5	47.9	15.4
	Taiwan		13.0	31.6	37.1	15.1	96.8	83.8	52.2	15.1
	Finnland	8.5	19.8	36.0	27.5	8.2	91.5	71.7	35.7	8.2
2	Tschechien		15.0	41.8	33.0	7.8	97.6	82.6	40.8	7.8
2	Schweden	10.8	23.4	35.2	22.8	7.8	89.2	65.8	30.6	7.8
2	Dänemark	7.2	19.3	38.1	27.9	7.5	92.8	73.5	35.4	7.5
2 8	Norwegen	10.8	23.2	35.9	23.0	7.1	89.2	66.0	30.1	7.1
	Belgien (Fläm. Gem.)	6.6	17.5	38.2	30.8	6.9	93.4	75.9	37.7	6.9
2	Lettland	7.7	22.1	38.8	24.6	6.8	92.3	70.2	31.4	6.8
	Internat. Mittelwert	10.2	23.7	37.1	23.0	5.9	89.8	66.1	29.0	5.9
	Slowakei	7.4	19.4	40.4	27.3	5.5	92.6	73.2	32.7	5.5
5	USA	14.6	27.3	34.5	18.3	5.3	85.4	58.1	23.5	5.3
	Luxemburg	10.6	26.6	37.0	20.7	5.2	89.4	62.8	25.9	5.2
	VG EU	9.5	23.7	38.4	23.1	5.2	90.5	66.8	28.3	5.2
	Deutschland	9.6	26.6	37.2	21.5	5.1	90.4	63.8	26.6	5.1
	Frankreich	5.9	21.5	39.9	27.6	5.0	94.1	72.5	32.7	5.0
2	Österreich	8.9	27.0	39.5	20.6		91.1	64.2	24.7	4.2
	Malta	21.4	27.0	30.9	17.0		78.6	51.6	20.7	3.7
2	Portugal	5.9	24.9	44.9	21.3		94.1	69.2	24.3	3.0
2	***Nordrhein-Westfalen***	12.8	28.7	36.8	18.7		87.2	58.5	21.6	3.0
2	Kroatien	19.9	32.4	33.0	12.2		80.1	47.7	14.8	2.6
	Italien	5.7	25.2	46.3	20.4		94.3	69.1	22.9	2.4
2	Slowenien	13.4	32.2	37.9	14.3		86.6	54.4	16.4	2.1
2	Serbien	21.6	32.9	33.0	10.8		78.4	45.5	12.5	1.7
	Uruguay	21.5	33.7	32.2	11.1		78.5	44.8	12.6	1.5

% der Schüler*innen, die genau Kompetenzstufe I erreichen
% der Schüler*innen, die genau Kompetenzstufe II erreichen
% der Schüler*innen, die genau Kompetenzstufe III erreichen
% der Schüler*innen, die genau Kompetenzstufe IV erreichen
% der Schüler*innen, die genau Kompetenzstufe V erreichen

Die mit Zahlen beschrifteten Fußnoten werden in Kapitel 1 in diesem Berichtsband erläutert.
Kursiv gesetzt ist der Benchmark-Teilnehmer Nordrhein-Westfalen.

[A] Differenzen zu 100% sind im Rundungsverfahren begründet.

IEA: International Computer and Information Literacy Study 2023 © ICILS 2023

land (9.6%) und des auf den internationalen Mittelwert bezogenen Anteils (10.2%). Jedoch fällt der Anteil Nordrhein-Westfalens signifikant größer aus als der Anteil der Vergleichsgruppe EU (9.5%). Besonders große Anteile zeigen sich auf dieser Kompetenzstufe für Serbien (21.6%), Uruguay (21.5%) und Malta (21.4%). Auffällig kleine Anteile lassen sich diesbezüglich bspw. in Tschechien (2.4%), Taiwan (3.2%), Italien (5.7%), Portugal (5.9%) und Frankreich (5.9%) feststellen.

- Der höchste prozentuale Anteil (36.8%) der Schüler*innen in Nordrhein-Westfalen im Vergleich zu den anderen abgebildeten Kompetenzstufen lässt sich der Kompetenzstufe III zuordnen. Schüler*innen, die diese Kompetenzstufe erreichen, besitzen grundlegende Fertigkeiten bspw. in Bezug auf die Planung und Erstellung algorithmischer Lösungen. Dieser Anteil von Nordrhein-Westfalen unterscheidet sich nicht signifikant von dem Anteil Deutschlands (37.2%). Zudem liegt Nordrhein-Westfalen in ICILS 2023 mit diesem Ergebnis statistisch im Bereich des auf den internationalen Mittelwert bezogenen Anteils (37.1%) und des Anteils der Vergleichsgruppe EU (38.4%).

- Wird der Fokus auf die Kompetenzstufe IV gerichtet, so zeigt sich in ICILS 2023 in Nordrhein-Westfalen, dass etwa ein Fünftel (18.7%) der Schüler*innen u.a. in der Lage ist, Problemstellungen im Zusammenhang mit Simulationen, bedingter Logik und Interpretation von Daten zu bearbeiten. Der Anteil Nordrhein-Westfalens ist dabei signifikant kleiner als der entsprechende Anteil in Deutschland (21.5%). Auch die Anteile, die sich auf den internationalen Mittelwert (23.0%) und auf den Anteil der Vergleichsgruppe EU (23.1%) beziehen, fallen signifikant höher aus als der entsprechende Anteil in Nordrhein-Westfalen.

8.3 Vertiefende Ergebnisse von Schulformvergleichen der mittleren Kompetenzstände und Leistungsstreuung der Kompetenzen im Bereich ‚Computational Thinking'

Der folgende Abschnitt präsentiert die Ergebnisse der Schulformvergleiche zu Kompetenzständen und zur Leistungsstreuung im Bereich ‚Computational Thinking' von Schüler*innen in ICILS 2023 in Nordrhein-Westfalen. Zusätzlich werden zum Vergleich die diesbezüglich für ICILS 2018 bereits berichteten Ergebnisse dargestellt. Differenziert wird dabei jeweils nach Achtklässler*innen an Gymnasien und Achtklässler*innen an Schulen anderer Schulformen der Sekundarstufe I. Zu ergänzen ist an dieser Stelle, dass Förderschulen im Rahmen dieser Schulformvergleiche nicht berücksichtigt werden können, da ihr Anteil in der Gesamtstichprobe für Nordrhein-Westfalen zu gering ist, um mit ICILS 2023 statistisch verlässliche Aussagen über Schüler*innen dieser Schulform treffen zu können (vgl. dazu auch Kapitel 1 in diesem Band).

In Abbildung 8.3 sind die Ergebnisse zu den mittleren Kompetenzen im Bereich ‚Computational Thinking' sowie die Leistungsstreuung von Achtklässler*innen nach Schulform in ICILS 2023 und ICILS 2018 in Nordrhein-Westfalen dargestellt.

Folgende zentrale Ergebnisse werden für Nordrhein-Westfalen ersichtlich:

- In ICILS 2023 in Nordrhein-Westfalen erreichen die Achtklässler*innen an den Gymnasien im Mittel 539 Punkte (*SD* = 88 Punkte) in den Kompetenzen im Bereich ‚Computational Thinking', wohingegen der entsprechende Wert von Schüler*innen an den nicht gymnasialen Schulformen in Nordrhein-Westfalen mit 417 Punkten (*SD* = 96 Punkte) signifikant und sehr viel geringer ist. Der Unterschied beträgt gerundet 122 Punkte. Besonders die ermittelten außerordentlich niedrigen Kompetenzen zuungunsten der Schüler*innen an den nicht gymnasialen Schulformen in Nordrhein-Westfalen erscheinen besorgniserregend hoch.
- Ergänzend ist anzumerken, dass der Kompetenzunterschied in den mittleren Kompetenzen im Bereich ‚Computational Thinking' zwischen den Schüler*innen der beiden betrachteten Schulformen in ICILS 2023 (Unterschied: 122 Punkte, siehe oben) zudem noch einmal signifikant höher ausfällt als in ICILS 2018 (Unterschied: 92 Punkte). Die Disparitäten zwischen Gymnasien und anderen Schulformen der Sekundarstufe I im Kompetenzbereich ‚Computational Thinking' haben sich damit über einen Zeitraum von fünf Jahren in Nordrhein-Westfalen verstärkt.

Abbildung 8.3: Mittlere Kompetenzen im Bereich ‚Computational Thinking' von Schüler*innen nach Schulform in ICILS 2023 und in ICILS 2018 in Nordrhein-Westfalen

	M	(SE)	SD	(SE)
ICILS 2023				
Gymnasien	539	(4.2)	88	(3.3)
Andere Schulformen der Sek. I	417	(4.5)	96	(2.6)
ICILS 2018				
Gymnasien	542	(4.8)	78	(2.7)
Andere Schulformen der Sek. I	450	(4.1)	87	(2.5)

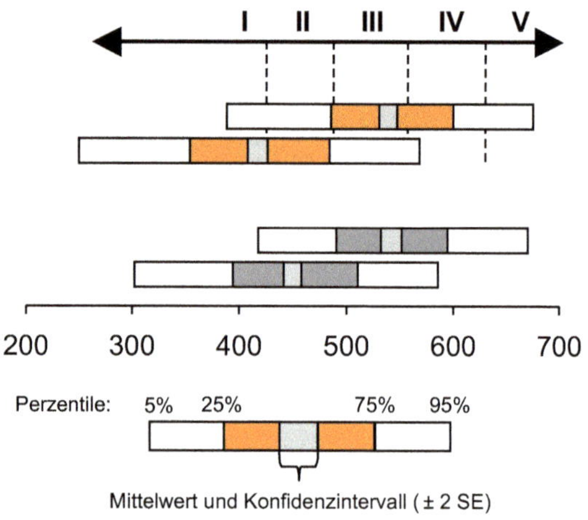

IEA: International Computer and Information Literacy Study 2023

- Betrachtet man die beiden Schulformen einzeln, so stellt man fest, dass sich im Bereich ‚Computational Thinking' die mittleren Kompetenzen der Gymnasiast*innen seit ICILS 2018 (542 Punkte) nicht signifikant verändert haben. Dahingegen sind die mittleren Kompetenzwerte der Schüler*innen an anderen Schulformen der Sekundarstufe I in ICILS 2023 (417 Punkte) im selben Zeitraum, also im Vergleich zu ICILS 2018 (450 Punkte), signifikant zurückgegangen.
- Als Maß für die Heterogenität der Kompetenzen über alle Schulen der betrachteten beiden Schulformen kann die Streubreite herangezogen werden. Es zeigt sich, dass diese in ICILS 2023 in Nordrhein-Westfalen an beiden Schulformen erheblich ist. So liegt die Streubreite der Kompetenzen der Gymnasiast*innen im Bereich ‚Computational Thinking' zwischen dem 5. und dem 95. Perzentil des Kompetenzspektrums in Nordrhein-Westfalen bei 287 Punkten. Die Streubreite der Kompetenzen von Schüler*innen anderer Schulformen der Sekundarstufe I fällt im Vergleich zu der Streubreite der Kompetenzen der Gymnasiast*innen mit 317 Punkten nochmals etwas größer aus.

8.4 Vertiefende Ergebnisse von Schulformvergleichen hinsichtlich der Verteilung der Schüler*innen auf die Kompetenzstufen der Kompetenzen im Bereich ‚Computational Thinking'

In dem nun folgenden Abschnitt werden vertiefende Ergebnisse von Schulformvergleichen hinsichtlich der Verteilung der Schüler*innen auf die für den Bereich ‚Computational Thinking' in ICILS 2023 gebildeten Kompetenzstufen für Nordrhein-Westfalen dargestellt (vgl. Abbildung 8.4). Dem Studiendesign entsprechend (vgl. Kapitel 2 in diesem Band) wird dabei erneut zwischen Achtklässler*innen an Gymnasien und Schüler*innen an Schulen anderer Schulformen der Sekundarstufe I differenziert. Dabei wird das Augenmerk sowohl auf die jeweiligen Anteile der Schüler*innen auf der höchsten Kompetenzstufe V der Kompetenzen im Bereich ‚Computational Thinking' gelegt als auch auf die Verteilung auf die beiden unteren Kompetenzstufen (I und II).

Abbildung 8.4: Prozentuale Verteilung der Schüler*innen auf die Kompetenzstufen im Bereich ‚Computational Thinking' nach Schulform in ICILS 2023 in Nordrhein-Westfalen

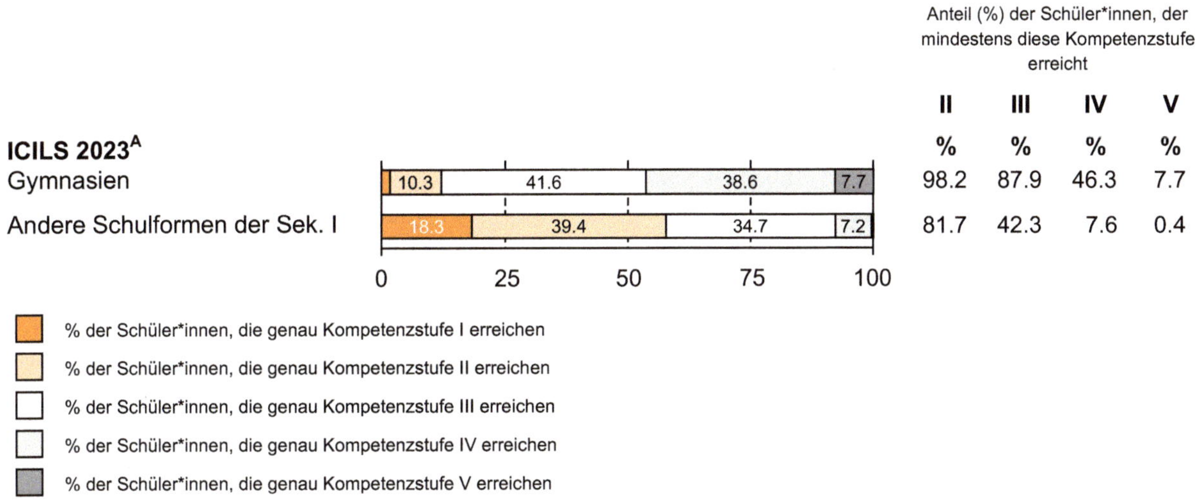

[A] Differenzen zu 100% sind im Rundungsverfahren begründet.

IEA: International Computer and Information Literacy Study 2023 © ICILS 2023

Folgende zentrale Ergebnisse werden für Nordrhein-Westfalen ersichtlich:

- Die höchste Kompetenzstufe V im Bereich ‚Computational Thinking' wird von 7.7 Prozent der Achtklässler*innen der Gymnasien in ICILS 2023 in Nordrhein-Westfalen erreicht. Im starken Gegensatz dazu steht der äußerst geringe Anteil von 0.4 Prozent der Schüler*innen anderer Schulformen der Sekundarstufe I, welcher der Kompetenzstufe V zuzuordnen ist.
- In ICILS 2023 in Nordrhein-Westfalen beträgt der Anteil der Achtklässler*innen an den Gymnasien, der lediglich über Kompetenzen im Bereich ‚Computational Thinking' auf den unteren beiden Kompetenzstufen verfügt, 12.1 Prozent. In starkem Kontrast zu diesem Ergebnis zeigt sich, dass der entsprechende Anteil an Schüler*innen an den nicht gymnasialen Schulformen in Nordrhein-Westfalen mit 57.7 Prozent signifikant höher ist.

Alle weiteren Informationen zur Kompetenzstufenverteilung nach Schulformen sind bei Interesse der zugehörigen Abbildung 8.4 zu entnehmen.

8.5 Ergebnisse zum Umfang in der Schule erlernter Fähigkeiten im Bereich ‚Computational Thinking' durch Schüler*innen

Nachdem in den vorherigen Abschnitten Ergebnisse der ICILS-2023-Studie bzw. des Zusatzmoduls zu den Kompetenzen der Achtklässler*innen im Bereich ‚Computational Thinking' dargestellt wurden, werden in dem nachfolgenden Abschnitt Ergebnisse zum Umfang der in der Schule erlernten Fähigkeiten im Bereich ‚Computational Thinking' aufgegriffen. Diese werden aus der Sicht der Schüler*innen in Nordrhein-Westfalen und im Vergleich dazu in Deutschland sowie im Vergleich zum internationalen Mittel aufgezeigt (Abbildung 8.5). Die Schüler*innen in ICILS 2023 in Nordrhein-Westfalen wurden zudem im Rahmen der bundeslandspezifischen Ergänzung in den Fragebögen (vgl. Kapitel 1 in diesem Band) zu weiteren, in der Schule erlernten Fähigkeiten im Bereich

‚Computational Thinking' befragt. Auch hierzu werden ausgewählte Ergebnisse im Folgenden dargestellt (Abbildung 8.6) und erläutert.

Umfang in der Schule erlernter Fähigkeiten im Bereich ‚Computational Thinking' in Nordrhein-Westfalen, Deutschland und im internationalen Vergleich

Abbildung 8.5 bildet den Umfang erlernter Fähigkeiten im Bereich ‚Computational Thinking' durch Achtklässler*innen in Bezug auf verschiedene Aufgaben in ICILS 2023 in Nordrhein-Westfalen, in Deutschland und im internationalen Mittel ab. Von den Schüler*innen berichtete, in der Schule erlernte Fähigkeiten im Bereich ‚Computational Thinking' sind (1) eine Lösung, die für ein Problem funktioniert, zur Lösung eines anderen Problems verwenden, (2) ein schwieriges Problem lösen, indem man es in mehrere leichtere Probleme zerlegt, (3) Aufgaben durch systematische Anordnung der notwendigen Bearbeitungsschritte planen, (4) in Daten Regelmäßigkeiten (Muster) erkennen, (5) Flussdiagramme erstellen, um darzustellen, wie ein Computerprogramm funktionieren sollte sowie (6) Daten nutzen, um lebensnahe Probleme besser zu verstehen. Die Ergebnisse sind absteigend nach Ausprägung der Kategorie *mindestens im mittleren Umfang* (zusammengesetzt aus den Kategorien *in großem Umfang* und *in mittlerem Umfang*) sortiert.

Folgende zentrale Ergebnisse werden für Nordrhein-Westfalen ersichtlich:

- Immerhin fast zwei Drittel (66.3%) der Achtklässler*innen in Nordrhein-Westfalen geben an, dass sie in der Schule *mindestens im mittleren Umfang* erlernt haben, *eine Lösung, die für ein Problem funktioniert, zur Lösung eines anderen Problems zu verwenden.* Dieser Anteil fällt im Vergleich zu Deutschland (62.0%) signifikant größer aus, ist jedoch kleiner als der auf den internationalen Mittelwert bezogene Anteil (77.0%).
- *Ein schwieriges Problem lösen, indem man es in mehrere leichtere Probleme zerlegt,* haben weiterhin fast drei Fünftel (58.1%) der Schüler*innen in Nordrhein-Westfalen *mindestens im mittleren Umfang* in der Schule erlernt. Der Anteil Nordrhein-Westfalens unterscheidet sich nicht signifikant von dem Anteil Deutschlands (54.6%). Allerdings ist der auf den internationalen Mittelwert bezogene Anteil (70.5%) dagegen signifikant größer als der Anteil Nordrhein-Westfalens.
- Weiterhin zeigt sich, dass die *Planung von Aufgaben durch systematische Anordnung der notwendigen Bearbeitungsschritte* von mehr als der Hälfte (54.5%) der nordrhein-westfälischen Schüler*innen nach eigenen Angaben in der Schule *mindestens im mittleren Umfang* erlernt wird. Der Anteil Nordrhein-Westfalens unterscheidet sich hier nicht signifikant von dem Anteil Deutschlands (53.5%). Der auf den internationalen Mittelwert bezogene Anteil (69.2%) ist dagegen erneut signifikant größer als der Anteil Nordrhein-Westfalens.
- *In Daten Regelmäßigkeiten (Muster) zu erkennen*, hat nach eigenen Angaben etwa die Hälfte (48.7%) der Schüler*innen in Nordrhein-Westfalen *mindestens im mittleren Umfang* in der Schule erlernt. Der Anteil Nordrhein-Westfalens unterscheidet sich nicht signifikant von dem Anteil Deutschlands (45.4%). Der Anteil, der sich auf den internationalen Mittelwert (59.5%) bezieht, ist dagegen auch in diesem Kontext signifikant größer als der Anteil Nordrhein-Westfalens.
- In Nordrhein-Westfalen in ICILS 2023 geben mehr als zwei Fünftel (44.7%) der Schüler*innen an, dass sie *mindestens im mittleren Umfang* gelernt haben, *Daten zu nutzen, um lebensnahe Probleme besser zu verstehen.* Der Anteil Nordrhein-Westfalens unterscheidet sich nicht signifikant von dem Anteil Deutschlands (45.2%). Der auf den internationalen Mittelwert bezogene Anteil (63.3%) ist dagegen signifikant größer als der Anteil Nordrhein-Westfalens.

Abbildung 8.5: Umfang erlernter Fähigkeiten im Bereich ‚Computational Thinking' durch Schüler*innen in der Schule in ICILS 2023 in Nordrhein-Westfalen, Deutschland und im internationalen Mittel (Angaben der Schüler*innen in Prozent)[A]

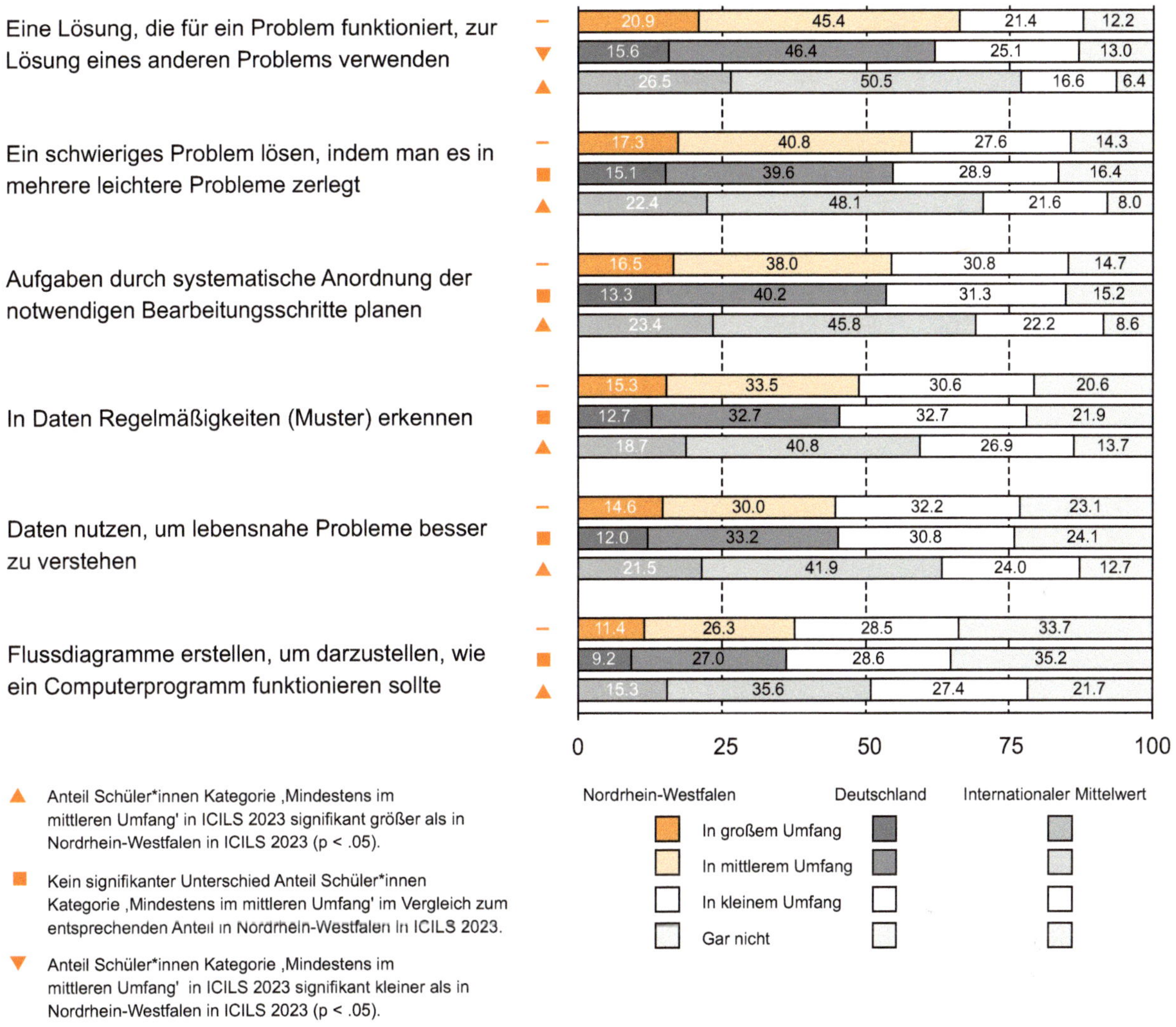

[A] Differenzen zu 100% sind im Rundungsverfahren begründet.

IEA: International Computer and Information Literacy Study 2023 © ICILS 2023

- Weniger als zwei Fünftel (37.7%) der Schüler*innen in Nordrhein-Westfalen geben an, *mindestens im mittleren Umfang* in der Schule erlernt zu haben, *Flussdiagramme zu erstellen, um darzustellen, wie ein Computerprogramm funktionieren sollte*. Der Anteil Nordrhein-Westfalens unterscheidet sich nicht signifikant von dem Anteil Deutschlands (36.2%). Der auf den internationalen Mittelwert bezogene Anteil (50.9%) ist dagegen signifikant erneut größer als der Anteil Nordrhein-Westfalens.

Für vertiefende Analysen wäre hier durchaus interessant zu schauen, welche schulischen bzw. unterrichtlichen Tätigkeiten insbesondere in den sehr starken Teilnehmerländern im Kompetenzbereich ‚Computational Thinking' zum Tragen kommen. Weiterhin kann bei Interesse der Abbildung 8.5 insbesondere entnommen werden, zu welchen Anteilen der Schüler*innen die jeweiligen Fähigkeiten nach Angaben der Achtklässler*innen in der Schule *in großem Umfang* oder *gar nicht* gefördert werden.

Umfang in der Schule erlernter Fähigkeiten im Bereich ‚Computational Thinking' in Nordrhein-Westfalen

In Abbildung 8.6 werden weitere Aspekte des Umfanges der in der Schule erlernten Fähigkeiten im Bereich ‚Computational Thinking' aus der Perspektive der Achtklässler*innen in Bezug auf verschiedene Aufgaben in ICILS 2023 in Nordrhein-Westfalen dargestellt. Hierbei handelt es sich um ausschließlich für Nordrhein-Westfalen erhobene Aspekte. Daher ist an dieser Stelle – wie eingangs bereits erwähnt – weder ein nationaler noch ein internationaler Vergleich möglich. Die von den nordrhein-westfälischen Schüler*innen angegebenen Einschätzungen beziehen sich dabei im Einzelnen auf den Umfang des Erlernens von Fähigkeiten in drei verschiedenen Bereichen: (1) Finden von Problemlösungen, die sich auch auf andere Probleme übertragen lassen, (2) Entwicklung und Umsetzung von Strategien zur Problemlösung sowie (3) Beschreibung und Reflektion der Bedeutung von Algorithmen. Die Ergebnisse sind absteigend nach Ausprägung der Kategorie *mindestens im mittleren Umfang* (zusammengesetzt aus den Kategorien *in großem Umfang* und *in mittlerem Umfang*) sortiert.

Abbildung 8.6: Umfang erlernter Fähigkeiten im Bereich ‚Computational Thinking' durch Schüler*innen in der Schule in ICILS 2023 in Nordrhein-Westfalen (Angaben der Schüler*innen in Prozent)[A]

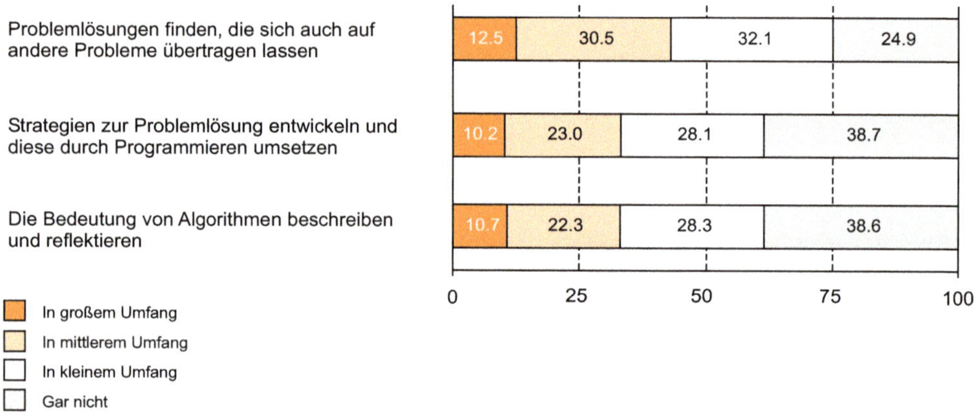

[A] Differenzen zu 100% sind im Rundungsverfahren begründet.

IEA: International Computer and Information Literacy Study 2023 © ICILS 2023

Folgende zentrale Ergebnisse werden für Nordrhein-Westfalen ersichtlich:

- Mehr als zwei Fünftel (43.0%) der nordrhein-westfälischen Achtklässler*innen geben an, dass sie in der Schule *mindestens im mittleren Umfang* gelernt haben, *Problemlösungen zu finden, die sich auch auf andere Probleme übertragen lassen.*
- *Strategien zur Problemlösung entwickeln und diese durch Programmieren umsetzen,* hat etwa ein Drittel (33.2%) der Schüler*innen in Nordrhein-Westfalen in der Schule *mindestens im mittleren Umfang* gelernt.
- Ebenfalls etwa ein Drittel (33.1%) der Schüler*innen in Nordrhein-Westfalen geben in ICILS 2023 an, *die Bedeutung von Algorithmen beschreiben und reflektieren mindestens im mittleren Umfang* in der Schule gelernt zu haben.

Auch hier kann bei Interesse der zugehörigen Abbildung 8.6 vertiefend insbesondere entnommen werden, zu welchen Anteilen der Schüler*innen die jeweiligen Fähigkeiten nach Angaben der Achtklässler*innen in der Schule *in großem Umfang* oder *gar nicht* gefördert werden.

Literatur

Eickelmann, B., Vahrenhold, J., Drossel, K., Niggemeier, J. & Niemann, J. (2024). Kompetenzen im Bereich ‚Computational Thinking' von Schüler*innen in Deutschland im zweiten internationalen Vergleich. In B. Eickelmann, N. Fröhlich, W. Bos, J. Gerick, F. Goldhammer, H. Schaumburg, K. Schwippert, M. Senkbeil & J. Vahrenhold (Hrsg.), *ICILS 2023 #Deutschland. Computer- und informationsbezogene Kompetenzen und Kompetenzen im Bereich Computational Thinking von Schüler*innen im internationalen Vergleich* (S. 255–287). Waxmann. https://doi.org/10.31244/9783830999492.08

Medienberatung NRW. (2017). *Medienkompetenzrahmen NRW*. https://medienkompetenzrahmen.nrw/

Kapitel 9
Zusammenschau der Ergebnisse der Studie ICILS 2023 und mögliche Entwicklungsperspektiven für Nordrhein-Westfalen

Welche übergreifenden Erkenntnisse und Schlüsse lassen sich nun auf der Grundlage der in diesem Berichtsband vorgelegten Ergebnissen der Studie ICILS 2023 für den schulischen Bildungsbereich in Nordrhein-Westfalen ziehen? In dem hiermit vorgelegten abschließenden Kapitel des Berichtsbandes für ICILS 2023-NRW werden zur Beantwortung dieser Fragestellung zunächst in einer Zusammenschau die zentralen Ergebnisse der Studie zusammengeführt (Abschnitt 9.1). Ausgehend von diesen und den in den Kapiteln 2 bis 8 ausführlicher dargestellten Ergebnissen der Studie werden im Abschnitt 9.2 mögliche Entwicklungsperspektiven für den schulischen Bildungsbereich in Nordrhein-Westfalen im Sinne einer Diskussionsgrundlage für zukünftige Entwicklungen vorgelegt. Diese sind entlang des theoretischen Modells der Studie ICILS 2023 in Faktoren auf den Ebenen schulischer Voraussetzungen und Prozesse systematisiert und fokussieren auf eine zeitgemäße und chancengerechte Entwicklung des Lehrens und Lernens sowie auf die Zielperspektive des Erwerbs digitaler Kompetenzen. Das Kapitel schließt mit einer Abschlussbemerkung, die den Gehalt der Studie in Bezug auf die Zurverfügungstellung von Steuerungswissen in der (digitalen) Transformation abschließend reflektiert (Abschnitt 9.3).

9.1 Zusammenschau der Ergebnisse aus ICILS 2023 für Nordrhein-Westfalen

Als Bundesland erhält Nordrhein-Westfalen mit der international vergleichenden Schulleistungsstudie ICILS 2023 zum zweiten Mal nach ICILS 2018 (Eickelmann et al., 2020; Eickelmann et al., 2019) eigene Ergebnisse. Diese beziehen sich auf den Stand der digitalen Kompetenzen von Achtklässler*innen und stellen zudem umfangreiche Informationen zum schulischen Lehren und Lernen mit digitalen Medien als auch zu digitalisierungsbezogenen Rahmenbedingungen an Schulen bereit. Die in dem hier vorgelegten Berichtsband präsentierten Ergebnisse der Studie ICILS 2023 zeigen für Nordrhein-Westfalen verschiedene Entwicklungslinien auf, die jedoch durchaus in unterschiedliche Richtungen gehen.

Besonders auffällige und deutliche Weiterentwicklungen lassen sich insbesondere für die Ausweitung und Verbesserung technologischer Rahmenbedingungen in den Schulen im Land aufzeigen (Kapitel 7 in diesem Band). In Bezug auf die IT-Ausstattung zeigt sich bspw. eine nun erfolgte internationale Anschlussfähigkeit Nordrhein-Westfalens in der Verfügbarkeit schulischen WLANs, die jedoch immer noch nicht alle Schüler*innen erreicht. Ein besonders hervorzuhebendes Ergebnis ist zudem die deutlich verbesserte Ausstattung von Lehrkräften mit Dienstgeräten, die einer Vollausstattung nahekommt. Weiterhin ist das mit ICILS 2023 festgestellte, seit ICILS 2018 nochmals deutlich gestiegene digitalisierungsbezogene Engagement der Lehrkräfte hervorzuheben (Kapitel 6 in diesem Band). Die diesbezüglichen Weiterentwicklungen werden hier u.a. in der Regelmäßigkeit und der selbstverständlichen Nutzung digitaler Medien im Arbeits- und Unterrichtsalltag eines Großteils der nordrhein-westfälischen Lehrkräfte sichtbar. Dies ist auch im Zusammenhang mit den mit ICILS 2023 festgestellten Veränderungen und der Weiterentwicklungen im Bereich der Lehrkräfteaus- und -fortbildung in Nordrhein-Westfalen zu sehen. Deutlich wird jedoch auch, dass die Maßnahmen und Fortschritte der letzten Jahre bisher nur bei einem Teil der Schüler*innen wirksam geworden sind. So berichtet etwa nur ein Viertel der Achtklässler*innen, dass sie im Unterrichtsalltag digitale Medien für das Lernen und für schulische Aufgaben nutzen. Es zeigt sich zudem, dass die Schüler*innen durchaus noch andere Vorstellungen einer zukunftsfähigen Schule haben als die Schule und den Unterricht, den sie erleben. Dies spiegelt sich nicht nur in den zwar etwas gestiegenen schulischen Nutzungshäufigkeiten digitaler Medien wider, sondern vor allem in den Wünschen und Perspektiven der Schüler*innen auf ihr Lernen und Leben in einer digitalen Welt (vgl. Kapitel 4). Hinzu kommt, dass die Betrachtung der Ergebnisse ein sehr ambivalentes Bild auf das Handeln und Priorisieren von Schulleitungen in Nordrhein-Westfalen ergibt und sich zudem für bestimmte Entwicklungsbereiche an Schulen, z.B. Entscheidungen bzw. Einstellung von technischem Personal, nur eine eingeschränkte Handlungsautonomie der Schulen zeigt (vgl. Kapitel 5 in diesem Band).

Die im Kern der Studie stehenden digitalen Kompetenzen der Schüler*innen sind in beiden betrachteten Testdomänen (vgl. Kapitel 2 und 8) in den letzten Jahren in Nordrhein-Westfalen sogar teilweise sehr drastisch rückläufig. So verfügen in alarmierender Weise mittlerweile fast die Hälfte (47.7%) der nordrhein-westfälischen Achtklässler*innen nur über sehr geringe computer- und informationsbezogene Kompetenzen. Im Vergleich dazu lag der Anteil in ICILS 2018 bei als bereits zu hoch wahrgenommenen 35.8 Prozent. Zudem zeigen sich erhebliche Bildungsungleichheiten, die im internationalen Vergleich in besorgniserregender Weise hervorstechen. In Bezug auf die mittleren Kompetenzstände und den Rückgang der digitalen Kompetenzen der Schüler*innen über den betrachteten Fünfjahreszeitraum ergibt sich vor dem Hintergrund der verschiedenen digitalisierungsbezogenen Maßnahmen und Entwicklungen in Nordrhein-Westfalen somit ein möglicherweise auf den ersten Blick in der Deutlichkeit nicht unbedingt erwartbares Bild, das sowohl die Schüler*innen an den Gymnasien als auch vor allem aber die Schüler*innen an den nicht gymnasialen Schulformen betrifft.

In der Zusammenschau stellen die Ergebnisse der Studie ICILS 2023 den schulischen Bildungsbereich in Nordrhein-Westfalen damit nun vor die große Aufgabe, die digitale Transformation zukunftsorientierter und chancengerechter für alle Kinder und Jugendlichen im Land zu gestalten. Hierbei können die Ergebnisse der Studie ICILS 2023 durchaus konkrete Anhaltspunkte für gezielte Planungen und Entwicklungen geben. Aus der Betrachtung der Ergebnisse und der Identifikation von Stärken und Entwicklungsbereichen lassen sich so mögliche Perspektiven für den schulischen Bildungsbereich in Nordrhein-Westfalen ableiten. Der Betrachtung möglicher Entwicklungsperspektiven sei jedoch vorangestellt, dass sich alle in diesem Band dargestellten und hier nochmals übergreifend zusammengeführten Ergebnisse und Informationen der ICILS-2023-Studie auf Mittelwerte beziehen, die über Schulen, Schulleitungen, IT-Koordinationen, Lehrkräfte und Schüler*innen hinweg gebildet werden. Diese Mittelwertbetrachtungen würdigen vielfach nicht in angemessener Weise die innovative, schüler*innen- und zukunftsbezogene Arbeit vieler Schulen im Land. Von diesen Schulen, die sich in vertiefenden Analysen identifizieren und beschreiben lassen (vgl. u.a. Gerick et al., 2023 zur Vertiefung von ICILS 2018-NRW), kann und sollte über die hier dargestellten möglichen Entwicklungsperspektiven auch zukünftig im Sinne eines Transfer- und Netzwerkgedankens systemisch gelernt werden.

9.2 Mögliche Entwicklungsperspektiven aus ICILS 2023 für Nordrhein-Westfalen

Aus der ICILS-2023-Studie lassen sich für den schulischen Bildungsbereich in Nordrhein-Westfalen mögliche – und auf der Grundlage der vor allem in Bezug auf die erreichten mittleren Kompetenzen eher wenig erfreulichen Ergebnisse – durchaus notwendig erscheinende Entwicklungsperspektiven ableiten. Diese ergeben sich insbesondere aus den vielfältigen, empirisch gewonnenen Ergebnissen der Studie ICILS 2023, die die Stärken und Entwicklungsbereiche des schulischen Bildungsbereichs in Nordrhein-Westfalen sichtbar machen. Dabei sind Zukunftsperspektiven aber gleichsam immer in einem Gesamtkontext von Entwicklungen zu sehen.

Als Analyse- und Entwicklungsstruktur bietet sich zur Systematisierung der hier vorgeschlagenen Entwicklungsperspektiven die Struktur des Rahmenmodells der ICILS-Studie an (vgl. Kapitel 1 in diesem Band). Dieses eignet sich zum einen, da es die Grundlage für die Entwicklung der internationalen Erhebungsinstrumente war. Zum anderen folgt es als Kontext-Input-Prozess-Output-Modell einem Verständnis, wie es in Nordrhein-Westfalen bspw. auch der Referenzrahmen Schulqualität NRW (QUA-LiS NRW, 2020) abbildet. Zudem stellt es auf der Ebene der Ergebnisse und des *Outputs* die Schüler*innen, ihre Lernerfolge, ihre Kompetenzentwicklung und ihre Chancen zur gesellschaftlichen Teilhabe in den Vordergrund. Es beschreibt mit dieser Sichtweise einerseits, welche Voraussetzungen, und andererseits, welche Prozesse dazu beitragen, dass digitale Transformation gelingt und alle Schüler*innen im Land von aktuellen und zukünftigen Entwicklungen vielleicht besser als bisher profitieren können. Die Merkmalsbereiche, in denen sich die im Modell abgebildeten identifizierten Stellschrauben verorten lassen, sind dabei nicht unabhängig voneinander zu sehen und nicht in allen Teilen trennscharf. Jedoch ist zu beachten, dass die Entwicklungsbereiche auf der Ebene der schulischen Voraussetzungen, also des *Inputs*, eher die Systemebene adressieren, wohingegen die Ebene der Prozesse vor allem eben auch den vorhandenen schulischen Handlungsspielraum kenntlich macht.

Die hier vorgeschlagenen Entwicklungsperspektiven gälte es in Nordrhein-Westfalen nun zu diskutieren und vor dem Hintergrund der in vielen Bereichen nicht erfreulichen und durchaus besorgniserregenden ICILS-2023-Ergebnisse zudem weiterzudenken, zu ergänzen und in konkrete Maßnahmen, die idealerweise an den Gesamtkontext der Entwicklungen im Land anschließen, zu überführen. Dabei bildet die wirksame Weiterentwicklung schulischen Lehrens und Lernens sowie die chancengerechte Förderung digitaler Kompetenzen der Schüler*innen den Bezugspunkt.

9.2.1 Mögliche Entwicklungsperspektiven aus ICILS 2023 für Nordrhein-Westfalen auf der Ebene der Voraussetzungen

Für die Ebene der Voraussetzungen weist das Rahmenmodell der Studie ICILS (vgl. Kapitel 1 in diesem Band) vier Merkmalsbereiche aus, von denen angenommen wird, dass sie maßgeblich dazu beitragen, den Erwerb digitaler Kompetenzen von Schüler*innen zu unterstützen. Dabei werden vor allem Aspekte adressiert, die auf der Systemebene gestaltbar sind und zentrale schulische Rahmenbedingungen aufgreifen. Für diese vier Merkmalsbereiche ergeben sich aus den Ergebnissen der ICILS-2023-Studie für Nordrhein-Westfalen die folgenden Hinweise auf mögliche Entwicklungsperspektiven.

(i) Entwicklungsperspektiven auf der Voraussetzungsebene in Bezug auf Merkmale des Bildungssystems

Die weit und übergreifend formulierten Aspekte des Bildungssystems und damit der Ebene der gesellschaftlichen Kontexte umfassen in dem ICILS-Modell als Entwicklungsbereiche der Struktur des Bildungssystems vor allem die Curricula und (Kern-) Lernpläne, die bildungsbezogene Kommunikationsinfrastruktur, die Struktur der (digitalisierungsbezogenen) Lehrkräfteaus- und -fortbildung, die Ausstattung und Anbindung von Bildungseinrichtungen, u.a. an das Internet, sowie Strategien und Maßnahmen zur Entwicklung des Lehrens und Lernens mit digitalen Medien.

Für Nordrhein-Westfalen ergeben sich hier konkrete Anhaltspunkte, die an Vorhandenes anknüpfen sollten, damit sie eine möglichst hohe Passung zu den digitalisierungsbezogenen Entwicklungen der Schulen haben und diese vor dem Hintergrund der vielfältigen Aufgaben nicht überfordern. Dies kann u.a. dadurch geschehen, dass neue Empfehlungs- und Strategiepapiere (z.B. zu KI) nicht als weitere Dokumente, sondern als Weiterentwicklungen anknüpfend an vorhandene Strategiepapiere und Vorgaben angebunden und in einer Gesamtstrategie gebündelt werden. Davon profitieren auch die kompetenzbereichsübergreifenden Bemühungen im Land, wie sie derzeit in Modellprojekten zu KI erprobt werden. Besondere Relevanz sollte dabei, neben der noch immer nicht flächendeckend gegebenen notwendigen digitalen Infrastruktur, die Perspektive der Schüler*innen und ihre Kompetenzentwicklung haben. Hier gilt es vor dem Hintergrund der mit ICILS für den Bereich des Digitalen festgestellten Kompetenzverluste und Bildungsungleichheiten sowohl nochmals in der Lehrkräfteaus- und -fortbildung als auch in der Qualifizierung und Sensibilisierung der weiteren Akteur*innen im System Schule, vor allem der Schulaufsichten und der Schulleitungen, gezielter anzusetzen. Dies wäre auch durch entsprechende curriculare Weiterentwicklungen in allen Fächern, insbesondere möglicherweise auch in dem neuen Pflichtfach Informatik, abzubilden. Hierbei gilt es vor allem, folgt man den Ergebnissen der Studie, die nicht gymnasialen Schulformen besser als bisher mitzudenken und zu unterstützen. Ansatzpunkte ergeben sich hier auch in der besseren Nutzung von Strukturen der regionalen Bildungslandschaften, die mit dem Blick auf Bildungskontexte, -ketten und -übergänge zur Förderung der in der Digitalität benötigten Kompetenzen genutzt und unterstützend aktiviert werden könnten.

(ii) Entwicklungsperspektiven auf der Voraussetzungsebene in Bezug auf Schulmerkmale

In dem ICILS-Modell werden auf der Voraussetzungsebene in Bezug auf Schulmerkmale alle Teilaspekte zusammengeführt, die sich auf notwendige und verfügbare Gelingensbedingungen auf die Schul- und Unterrichtsebene beziehen. Hierzu gehört u.a. die Verankerung von digitalen Medien in schulischen Konzepten, die schulische IT-Ausstattung und der bereitgestellte technische sowie pädagogische IT-Support, die Einstellungen der schulischen Akteur*innen und ihre digitalisierungsbezogenen Kompetenzen und Vorerfahrungen sowie das in Schulen eingehende (und auf der Prozessebene weiterzuentwickelnde) gemeinsame Verständnis über den Einsatz digitaler Medien zur Unterstützung von Lehr- und Lernprozessen.

Für Nordrhein-Westfalen ergeben sich auch hier mögliche konkrete Anhaltspunkte. Diese können, folgt man den Ergebnissen der ICILS-2023-Studie für NRW, auf durchaus beachtliche Zwischenerfolge der letzten Jahre, vor allem im Bereich der technologischen Entwicklungen und der veränderten zukunftsbezogenen engagierten Einstellungen der Lehrkräfte und Schüler*innen zurückgreifen. Dennoch zeigen die Ergebnisse auch, dass eine Modernisierung sowie eine ständige Aktualisierung von IT-Infrastrukturen und -Ausstattungen auch in Zukunft hochrelevant sein werden und sich hier bereits erste Lücken auftun, die es zügig zu schließen gilt. Hier ergibt sich, wie eigentlich immer im Kontext der digitalisierungsbezogenen Entwicklungen in Schulsystemen, eine Ungleichzeitigkeit von Möglichkeiten (derzeit u.a. im Bereich von KI) und einem ganzheitlich gedachten und auch realisierbaren Gesamtkonzept, das auch die Schaffung und Bereitstellung aller technischen Voraussetzungen und die Ermöglichung pädagogischer Entwicklung berücksichtigt, die die Innovationskapazität hat, alle Schulen, alle Lehrkräfte und vor allem alle Schüler*innen im Land zu erreichen. Die Steuerung der Transformationsprozesse auf der Schulebene durch die Schulleitungen ist dabei zentral. Hier kommt es aber darauf an, wie die Ergebnisse der Studie zeigen, verstärkt Prioritäten nicht nur auf die schulische Technologie-, sondern vor allem auf die Personalentwicklung zu setzen. Digitalisierungsbezogene Bildungsziele gilt es auf der Schulebene nicht nur zu formulieren, sondern auch Strategien für ihre Überprüfung und Realisierung – auch zur Schaffung einer höheren Verbindlichkeit (Gerick et al., 2023) – zu entwickeln.

(iii) Entwicklungsperspektiven auf der Voraussetzungsebene mit Bezug zu den familiären und außerschulischen Hintergrundmerkmalen der Lernenden

Neben den Merkmalen des Bildungssystems und der Schulen werden in dem ICILS-Modell familiäre und außerschulische Hintergrundmerkmale (der Schüler*innen) im Kontext der notwendigen Voraussetzungen für die erfolgreiche Förderung und Entwicklung digitaler Kompetenzen als eigener Bereich angeführt. Diese umfassen u.a. den Zugang und die Ausstattung der Schüler*innen mit digitalen Medien, wozu nach wie vor insbesondere auch Internetanbindungen gehören, die zum (schulischen) Lernen genutzt werden können. Dabei erscheint zudem aus theoretischer Sicht eine Differenzierung und systemische Sensibilisierung für die soziale Herkunft der Schüler*innen bzw. ihrer Familien, ihren Zuwanderungshintergrund sowie die Familiensprache als Hintergrundmerkmale für den Bereich der digitalen Kompetenzen wichtig.

Die diesbezüglichen Ergebnisse aus ICILS 2023 für Nordrhein-Westfalen sind äußerst besorgniserregend, sodass hier schon auf der Voraussetzungsebene gezielte Unterstützungsmaßnahmen zu konzipieren sind. Bei allen aktuellen und zukünftigen Entwicklungen im schulischen Bildungsbereich, und das gilt – vor dem Hintergrund der alarmierenden Ergebnisse der ICILS-2023-Studie für Nordrhein-Westfalen – nicht nur für den Bereich der Förderung digitaler Kompetenzen. Bei allen Bildungsplänen, Innovationsprojekten und Transformationsbestrebungen gilt es die Hintergrundmerkmale der Lernenden und ihre unterschiedlichen Voraussetzungen mitzudenken. Ein zentraler Schritt erscheint hier für Nordrhein-Westfalen die noch bessere und auch digitale Unterstützung von Schulen in herausfordernden Lagen sowie die Schaffung von Unterstützungsstrukturen von bildungsbenachteiligten Schüler*innen auch an Schulen, an denen sich die Herausforderungen nicht derart stark kumulieren, sondern ‚nur' jeweils einen Teil der Schüler*innenschaft betrifft. Hier wäre in einem ersten Schritt auch im Hinblick auf die anstehenden KI-Entwicklungen noch einmal verstärkt und mit Nachdruck an der Ausstattung der Schüler*innen mit digitalen Endgeräten und dem erforderlichen Zugang zu digitalen Lernressourcen anzusetzen (KMK, 2024).

*(iv) Entwicklungsperspektiven auf der Voraussetzungsebene in Bezug zu individuellen Merkmalen der Schüler*innen*

Als nochmals separaten Aspekt greift das Modell der Studie ICILS mit der Ebene der Schüler*innen ihre individuellen Merkmale auf und verortet diese auf der Voraussetzungsebene als zentrale Gelingensbedingungen des Erwerbs digitaler Kompetenzen. Hierzu gehören neben den Merkmalen Alter und Geschlecht u.a. die individuelle Bildungsaspiration, aber auch die jeweiligen Motivationslagen und die Perspektiven der Schüler*innen auf das Lernen in der digitalen Welt sowie auf gesellschaftliche, digitalisierungsbezogene Entwicklungen.

Für Nordrhein-Westfalen ergeben sich auf der Grundlage der Studie ICILS 2023 in diesem Bereich durchaus interessante Erkenntnisse, die nicht nur zukunftsbezogene Entwicklungsperspektiven erfordern, sondern vor allem auch für systemische und schulische Weiterentwicklungen besser genutzt werden können. Im Kern geht es für Nordrhein-Westfalen nunmehr darum, die Perspektive der Kinder und Jugendlichen stärker und gezielter in die (digitale) Transformation schulischer Bildung einzubeziehen und dabei ihre unterschiedlichen Merkmale, Vorkenntnisse sowie Erwartungen an Schule, Lernen und Interessenslage partizipativ miteinzubeziehen. Für den Bereich des Erwerbs digitaler Kompetenzen gehören hierzu aber auch die Verfügbarkeit von und die Ausstattung mit digitalen Endgeräten, die zum Lernen genutzt werden können. Vor dem Hintergrund der hier vorgelegten Ergebnisse sowie in Anbetracht der dynamischen Möglichkeiten, die KI für das individuelle Lernen birgt, scheint eine 1:1-Ausstattung mit digitalen Endgeräten, die in Teilen, aber nicht flächendeckend, in Nordrhein-Westfalen schon realisiert ist, zielführend (und unumgänglich).

9.2.2 Mögliche Entwicklungsperspektiven aus ICILS 2023 für Nordrhein-Westfalen auf der Ebene der Prozesse

Für die Ebene der Prozesse weist das Rahmenmodell der Studie ICILS 2023 ebenfalls die vier bereits für den Bereich der Voraussetzungen ausgeführten Merkmalsbereiche aus. Diese adressieren jedoch hinsichtlich ihrer Wirksamkeit und Relevanz nun die Prozessebene und eröffnen dabei auch für die schulische Arbeit konkrete Gestaltungsspielräume. Dabei werden im Folgenden die Ergebnisse der ICILS-2023-Studie für Nordrhein-Westfalen diesem auf die Prozessebene bezogenen Analyseraster zugeordnet und reflektiert, woraus sich Hinweise auf mögliche Perspektiven für die Weiterentwicklung des schulischen Bildungsbereichs ergeben, die erneut vor allem auch auf die Zielperspektive der Kompetenzentwicklung abheben.

(i) Entwicklungsperspektiven auf der Ebene der Prozesse in Bezug auf Merkmale des Bildungssystems

Auf der Ebene der Prozesse wird im Rahmenmodell der Studie ICILS in Bezug auf Merkmale des Bildungssystems, wie bereits hinsichtlich der Voraussetzungsebene (s.o.) der gesamtgesellschaftliche Kontext einbezogen. Jedoch geht es nicht nur um den Einbezug und die Bereitstellung von geeigneten systemischen Rahmenbedingungen. Vielmehr werden mit den Prozessen die besonderen Handlungsspielräume und damit die Prozessmerkmale des Bildungs- bzw. Schulsystems adressiert. Hierzu gehören Strategieentwicklungen zur Implementation digitaler Medien in Schule und Unterricht, die Festschreibung und Entwicklung diesbezüglicher Zielsetzungen und Konzepte, vor allem auch zu digitalisierungsbezogenen Professionalisierungsmaßnahmen aller schulischer Akteur*innen sowie die Entwicklung und Bereitstellung von digitalen Lerninhalten jenseits von Ausstattung, die in bisherigen Konzepten als Hard- und Software gedacht ist.

Mit diesem Verständnis von einer Gestaltbarkeit von Bildung ergeben sich auf der Grundlage der Ergebnisse der ICILS-2023-Studie für Nordrhein-Westfalen verschiedene Entwicklungsperspektiven, die jeweils in der Dynamik und mit erforderlicher Agilität zu konkretisieren und weiterzuentwickeln sind. Hierzu gehört im Sinne einer tragfähigen Vision von (schulischer) Bildung als unverzichtbares Fundament und Ausgangspunkt allen Handelns und Planens die Entwicklung einer Gesamtstrategie, die prozesshaft und damit transformativ ausgerichtet ist (vgl. auch Eickelmann, Gerick et al., 2024; MSB NRW, 2022). Dabei müssen Unterstützungssysteme für die schulische Umsetzung mitgedacht werden. Hierzu gehören konkrete Unterrichtsmaterialien für alle Schulformen und -fächer, die auf den Kernlehrplänen basieren und u.a. an den Medienkompetenzrahmen NRW anknüpfen, aber auch neuere Entwicklungen (Stichwort: KI) aufgreifen und anbinden. Aufgrund der Belastungsstrukturen wird dabei entscheidend sein, dass digitale Ressourcen für Schulen in Nordrhein-Westfalen besser auffindbar sind und so zu Verfügung gestellt werden, dass sie einer Bewertung der spezifischen Einsatz- und Nutzungsmöglichkeiten einen schnellen Zugriff erlauben.

(ii) Entwicklungsperspektiven auf der Ebene der Prozesse in Schule und Unterricht

Zentral für das Erreichen von Schüler*innen und damit für die Förderung ihres Kompetenzerwerbs sind die in der Schule und im Unterricht stattfindenden Prozesse. Diese umfassen das Handeln von Schulleitungen, den Lehrkräften sowie den weiteren in Schul- und Unterrichtsentwicklungen eingebundenen schulischen Akteur*innen. Die Ebene der Prozesse in Schule und Unterricht wird im ICILS-Rahmenmodell, ausgerichtet auf die Förderung und den Erwerb digitaler Kompetenzen, daher umfassend berücksichtigt und liefert über die digitalisierungsbezogene Konkretisierung der Inhaltsbereiche im Zusammenspiel mit den ICILS-2023-Ergebnissen für Nordrhein-Westfalen so ebenfalls Anhaltpunkte für Entwicklungsperspektiven. Im Rahmenmodell selbst sind als theoretisch hinterlegte Stellschrauben für gelingende Entwicklungen explizit die schulischen Prioritäten und die Zielsetzungen des Einsatzes digitaler Medien benannt. Neben dem besonders hervorgehobenen Schulleitungshandeln umfasst diese Ebene zudem den Einsatz digitaler Medien zum Lehren und Lernen sowie dessen Evaluation, im Sinne eines schulischen Monitorings und Im-Blick-Behaltens der Umsetzungen. Weiterhin werden auf dieser Ebene der Wissens- und Kompetenzerwerb über und mit digitalen Medien, die zugehörigen Entwicklungsprozesse zur Verbesserung von Lehr- und Lernprozessen mit digitalen Medien sowie die schulischen und unterrichtlichen Maßnahmen zur Förderung der digitalen Kompetenzen der Schüler*innen adressiert. Über die Schüler*innen hinausgehend werden zudem die digitalisierungsbezogene Kooperation der Schule und der schulischen Akteur*innen benannt. Als eigener Bereich wird weiterhin die digitalisierungsbezogene Professionalisierung aller schulischer Akteur*innen, insbesondere damit auch der Lehrkräfte, der Schulleitungen und im umfassenderen Verständnis auch des Weiteren pädagogischen und technischen Personals an Schulen, benannt. Den Gesamtkontext, der zwar einer Messung nicht unmittelbar zugänglich ist, bilden auf der Prozessebene die Schul- und Lernkultur.

Die ICILS-2023-Studie liefert für Nordrhein-Westfalen zu diesem Bereich besonders umfangreiche Ergebnisse, aus denen sich die nachfolgenden möglichen Entwicklungsperspektiven ableiten lassen. So wird deutlich, dass Schulleitungen in der digitalen Transformation auch vor dem Hintergrund vielfacher und veränderter Anforderungen sowohl besser unterstützt und qualifiziert, aber gleichsam zum Teil stärker in die Pflicht genommen werden müssten, eine zukunftsorientierte Veränderung des Lehrens und Lernens so mitzugestalten und zu steuern, dass an ihren Schulen alle Schüler*innen davon profitieren (vgl. auch Eickelmann, Casamassima et al., 2024; KMK, 2021). Schulleitungen an nicht gymnasialen Schulen und an Schulen in herausfordernden Lagen sind hier, vor dem Hintergrund der ICILS-2023-Ergebnisse, in Nordrhein-Westfalen in besonderer Weise zu stärken. Weiterhin gilt es, lern- und kompetenzförderliche Ressourcen für Schulen besser nutzbar zu machen. Hier bieten sich die Kooperation mit außerschulischen Partnern der Region sowie außerunterrichtliche Lernangebote an. Die Potenziale des Ganztags können dabei zudem im Sinne einer gezielteren Förderung digitaler Kompetenzen und erweiterten Lernarrangements gefördert und genutzt werden. Für Schulen gilt es zudem, die Frage der Priorisierung zu klären. Geht es vorrangig um die Förderung der fachlichen Kompetenzen oder gibt es Wege, fachliche Kompetenzen nicht nur durch das Digitale zu unterstützen, sondern fachliche Lernsettings zu schaffen, die gezielt auch digitale Kompetenzen fördern. Die Grundlagen dafür sind u.a. über die erfolgte Integration des Medienkompetenzrahmens NRW in die Kernlehrpläne ab der Grundschule an in Nordrhein-Westfalen gelegt. Eine Wirksamkeit allein aufgrund formaler Verankerung scheint es jedoch nicht zu geben und wäre in der Fläche in Nordrhein-Westfalen auf der Schulebene jeweils von den Fachkollegien gezielter im Hinblick auf unterrichtliches und außerunterrichtliches Lernen zu erschließen.

(iii) Entwicklungsperspektiven auf der Ebene der Prozesse mit Bezug zu den familiären und außerschulischen Hintergrundmerkmalen der Lernenden

Zur Ebene des familiären und außerschulischen Hintergrunds der Schüler*innen liefert das ICILS-Modell ebenfalls einen Beitrag auf der Ebene der Prozesse. An dieser Stelle findet sich in aktuellen Diskussionen immer häufiger wieder das Denkmuster, dass ‚Schule' an diesen Merkmalen nichts ändern kann und diese allein der Ebene der Voraussetzungen zuzuordnen seien. Das Verständnis im ICILS-Modell ist jedoch ein anderes: Es geht nicht um die Änderung unveränderbar erscheinender Dinge, sondern um ihr Aufgreifen. Dies betrifft nicht nur Aspekte des Ausgleichs von Bildungsungleichheiten, sondern auch – wie auch in der Studie ICILS anhand der Ergebnisdarstellung herausgearbeitet – die Förderung von besonders am Bereich des Digitalen interessierten, begabten und engagierten Schüler*innen. Dabei sind, folgt man dem ICILS-Modell, im familiären und außerschulischen Kontext vor allem der Umgang mit digitalen Medien und auch der Wissens- und Kompetenzerwerb über und mit digitalen Medien einzubeziehen.

Ohne im Einzelnen die diesbezüglichen ICILS-2023-Ergebnisse nochmals zu wiederholen und auf die sichtbar gewordenen Herausforderungen in Nordrhein-Westfalen hinzuweisen – diese können vor allem den Kapiteln 2, 3, 4 und 8 entnommen werden – ergeben sich für Nordrhein-Westfalen die nachfolgenden möglichen und weitergedachte Entwicklungsperspektiven für den schulischen Bildungsbereich, die über diesen hinauszudenken sind. Hierzu gehört es, Bildungsnetzwerke und digitalisierungsbezogene außerschulische Angebote von weiteren Bildungspartner*innen in der Region und anderen Bildungsakteur*innen zu stärken und, wo möglich, mit schulischen Kontexten zu verzahnen. Ein weiterer Ansatzpunkt wäre, die Eltern in die digitalen Bildungsprozesse ihrer Kinder (stärker) einzubeziehen und niedrigschwellige Angebote und Kommunikationsstrukturen, z.B. auch über Lernmanagementsysteme (aus der LOGINEO-Familie) zu schaffen. Ziel wäre es, dem schulischen Lernen einen Ankerpunkt und eine Zugänglichkeit in den Familien über digitale Möglichkeiten zu geben.

*(iv) Entwicklungsperspektiven auf der Ebene der Prozesse in Bezug zu individuellen Prozessen der Schüler*innen*

Das ICILS-Modell greift zuletzt in seinem hierarchischen Ansatz als unterste, aber nicht minder wichtige Ebene in Bezug auf die Gestaltung und Weiterentwicklung von Prozessen die Ebene der Schüler*innen auf und fokussiert hier die im Kontext des Erwerbs digitaler Kompetenzen notwendigen und zuträglichen individuellen Prozesse. Hierzu gehören insbesondere die Selbstwirksamkeit im Umgang mit digitalen Medien, die Einschätzungen der eigenen Fähigkeiten sowie die Einstellungen und Verhaltensweisen in Bezug auf digitale Medien im Allgemeinen sowie zum Lernen.

Hieraus ergeben sich für schulische und unterrichtliche Bildungsprozesse auch ohne Kenntnis der ICILS-2023-Ergebnisse unmittelbar Anknüpfungspunkte, die adressiert werden können. In Teilen zeigt zudem die Studie ICILS 2023 für Nordrhein-Westfalen hier durchaus schon sehr positive Ergebnisse, z.B. im Hinblick darauf, welche Relevanz die Schüler*innen digitalen Medien für ihre eigenen Zukunftsperspektiven und die unserer Gesellschaft individuell beimessen (Fröhlich et al., 2024). Jedoch lassen sich auch Ansätze für zukünftig nochmals verstärkt zu diskutierende Entwicklungsperspektiven aus den nordrhein-westfälischen Ergebnissen der Studie ableiten. Dabei gilt es an den positiven Einstellungen und Wünschen der Schüler*innen für das Lernen mit digitalen

Medien und ihre klare Aussage anzuknüpfen, dass sie hier auch an ihre Schule die Erwartungen richten, dieses zu ermöglichen. Jedoch ist es auch essenziell, die Motivation und die Bildungsaspiration, unabhängig von der (sozialen) Herkunft der Schüler*innen, zu fördern und zu verdeutlich, dass in einer von Digitalität geprägten Welt, klassisches Inhaltswissen leicht verstanden, aber dadurch noch nicht durchdrungen ist und zudem neue Kompetenzen mehr als zuvor erforderlich sind. Abschließend sei an dieser Stelle zu ergänzen, dass sich bereits jetzt abzeichnet, dass die für den schulischen Bereich nutzbaren und derzeit in der Entwicklung stehenden KI-Anwendungen insbesondere auf der Ebene der individuellen (Lern-)Prozesse der Schüler*innen besonderes Potenzial haben und sich hier zukünftige Wirksamkeitsperspektiven ergeben, die mit der ICILS-2023-Studie noch nicht erfasst sind.

9.3 Abschlussbemerkung

Die zahlreichen, engagierten und durchdachten digitalisierungsbezogenen Maßnahmen im schulischen Bildungsbereich in Nordrhein-Westfalen der letzten Jahre scheinen bisher nur in Teilen zu greifen und vor allem längst nicht alle Schüler*innen gleichermaßen zu erreichen. Während allgemein die Erwartung zunächst war, dass zudem die Pandemiezeit in der Breite zu einem Digitalisierungsschub geführt habe, kann rückblickend festgestellt werden, dass sie gleichsam zum einen zu einer Unterbrechung von pädagogischen Innovationen geführt hat und sich zum anderen nur stellenweise ein Automatismus für nachhaltig wirksame Entwicklungen ergeben hat. Zudem stand zuletzt, informiert durch die Ergebnisse der großen anderen Bildungsstudien, das Nachholen und die Förderung von Grundkompetenzen, vor allem im Bereich des Lesens und in Teilen auch im Bereich mathematischer Kompetenzen im Vordergrund. Diese Kompensationsbemühungen haben neben den weiteren gestiegenen und bekannten schulischen Belastungsfaktoren viel Energie und Zeit gebunden. Umso beachtlicher sind die Ergebnisse des mit ICILS 2023 festgestellten hohen digitalisierungsbezogenen Engagements der Lehrkräfte und der Lehrkräftebildung in Nordrhein-Westfalen. Daran und an der Motivation, den Interessen und den Erwartungen der Schüler*innen an ihre Bildung und die Möglichkeiten, über das Digitale eigene Zukunftsperspektiven entwickeln zu können, kann in den nächsten Jahren angeknüpft werden. Diesbezüglich können viele strukturgebende Vorarbeiten, wie z.B. die Integration des Medienkompetenzrahmens NRW in die Lehrpläne aller Schulformen und -fächer, auch für zukünftige Entwicklungen Rahmen geben, die die Förderung digitaler Kompetenzen für alle Schüler*innen im Land betreffen. Die nächsten Themen, insbesondere die Rolle von KI für das schulische Lernen, scheinen nunmehr unlängst aufgegriffen, wenngleich ihre Potenziale noch längst nicht für alle Lernenden nutzbar gemacht sind und sich hier neue Fragen der Lehrkräfteprofessionalisierung, der benötigten Schüler*innenkompetenzen sowie der zukunftsbezogenen Veränderung des Lehrens und Lernens ergeben. Wichtig wird es daher für Nordrhein-Westfalen nun sein, diese und alle noch kommenden digitalisierungsbezogenen Entwicklungen so zu gestalten, dass von ihnen alle Schüler*innen profitieren können und sich dabei vor allem auch die digitale Spaltung in Nordrhein-Westfalen nicht noch weiter vergrößert (vgl. auch KMK, 2024). Entsprechende Unterstützungsstrukturen auf allen Ebenen des Schulsystems sind auszubauen und weiterzuentwickeln. Hier gilt es auch die Schulleitungen in ihrer Schlüsselrolle für schulische Entwicklungen zu stärken und auch die Schulaufsichten zu adressieren. Dabei kann in Nordrhein-Westfalen an zahlreiche Vorarbeiten, regionale und überregionale Vernetzungen sowie an die verstärkten Kooperationen mit den Schulträgern angeknüpft werden. Bei den nun anstehenden Entwicklungen können die mit ICILS 2023 für Nordrhein-Westfalen vorgelegten Ergebnisse und die in diesem Kapitel systematisierten und formulierten möglichen

Entwicklungsperspektiven für den schulischen Bildungsbereich eine Diskussionsgrundlage bilden.

Literatur

Eickelmann, B., Casamassima, G., Drossel, K. & Fröhlich, N. (2024). *ICILS 2023 im Überblick. Zentrale Ergebnisse, Entwicklungen über ein Jahrzehnt und mögliche Entwicklungsperspektiven*. Waxmann. https://doi.org/10.31244/9783830999416

Eickelmann, B., Gerick, J., Hauck-Thum, U. & Maaz, K. (Hrsg.). (2024). *Navigator Bildung Digitalisierung. Konzeptionierung und Orientierung zum Stand der digitalen Transformation im schulischen Bildungsbereich in Deutschland*. https://www.forumbd.de/wp-content/uploads/2024/08/240828-FBD-Navigator-Bildung-Digitalisierung.pdf

Eickelmann, B., Labusch, A., Drossel, K. & Vennemann, M. (Hrsg.). (2020). *ICILS 2018 #NRW. Vertiefende Analysen und Befunde für Nordrhein-Westfalen im internationalen Vergleich*. Waxmann.

Eickelmann, B., Massek, C. & Labusch, A. (2019). *ICILS 2018 #NRW. Erste Ergebnisse der Studie ICILS 2018 für Nordrhein-Westfalen im internationalen Vergleich*. Waxmann. https://doi.org/10.25656/01:18167

Fröhlich, N., Schaumburg, H., Eickelmann, B., Gerick, J., Drossel, K. & Domke, M. (2024). Die Perspektive der Schüler*innen auf das Lernen mit digitalen Medien und den Erwerb computer- und informationsbezogener Kompetenzen in Deutschland im internationalen Vergleich. In B. Eickelmann, N. Fröhlich, W. Bos, J. Gerick, F. Goldhammer, H. Schaumburg, K. Schwippert, M. Senkbeil & J. Vahrenhold (Hrsg.), *ICILS 2023 #Deutschland. Computer- und informationsbezogene Kompetenzen und Kompetenzen im Bereich Computational Thinking von Schüler*innen im internationalen Vergleich* (S. 117–148). Waxmann. https://doi.org/10.31244/9783830999492.04

Gerick, J., Eickelmann, B., Panten, B., Rothärmel, A., Rau, M. & Gottschalk, T. (2023). *Abschlussbericht zum Forschungsprojekt ‚Gelingensbedingungen und Transfer von erfolgreichen Digitalisierungsprozessen an Schulen in Nordrhein-Westfalen' (‚GuTe DigiSchulen NRW')*. TU Braunschweig/Universität Paderborn. https://www.tu-braunschweig.de/fileadmin/Redaktionsgruppen/Institute_Fakultaet_6/Schulpaedagogik/pdf-Dateien/GuTeDigiSchulenNRW_Abschlussbericht_2023_Gerick_Eickelmann_et_al_final.pdf

KMK (Ständige Konferenz der Kultusminister der Länder in der Bundesrepublik Deutschland). (2021). *Lehren und Lernen in der digitalen Welt. Die ergänzende Empfehlung zur Strategie „Bildung in der digitalen Welt". Beschluss der Kultusministerkonferenz vom 09.12.2021*. https://www.kmk.org/fileadmin/veroeffentlichungen_beschluesse/2021/2021_12_09-Lehren-und-Lernen-Digi.pdf

KMK (Ständige Konferenz der Kultusminister der Länder in der Bundesrepublik Deutschland). (2024). *Handlungsempfehlung für die Bildungsverwaltung zum Umgang mit Künstlicher Intelligenz in schulischen Bildungsprozessen. Themenspezifische Handlungsempfehlung (Beschluss der Bildungsministerkonferenz vom 10.10.2024)*. https://www.kmk.org/fileadmin/veroeffentlichungen_beschluesse/2024/2024_10_10-Handlungsempfehlung-KI.pdf

MSB NRW (Ministerium für Schule und Bildung des Landes Nordrhein-Westfalen). (2022). *Impulspapier II. Zentrale Entwicklungsbereiche für das Lernen in der digitalen Welt*. https://www.schulministerium.nrw/system/files/media/document/file/impulspapier_ii_zentrale_entwicklungsbereiche_220303.pdf

QUA-LiS NRW (Qualitäts- und UnterstützungsAgentur – Landesinstitut für Schule). (2020). *Aktualisierung des Referenzrahmens Schulqualität NRW*. https://www.schulentwicklung.nrw.de/referenzrahmen/index.php?bereich=23232